ファーストステップ教養講座

ケースで学ぶ 憲法ナビ

第2版

JN122879

みらい

は じ め に

　本書は、大学生になって初めて「憲法」を学ぶ人が途中でつまずかないように、最後まで興味を持って勉強できるようにナビゲーションしていく本です。

　みなさんは、「憲法」と聞いて、どんなイメージを持っているでしょうか？　国民主権とか平和主義とか、なんだか堅そうなイメージがありませんか？　あるいは、政治家や一部の人たちがいろいろ言っているだけで、私たちの普段の生活には関係なさそうだと思っていないでしょうか。たしかに、高校の政治経済で習う憲法はそういう内容が多く、実際にも堅い側面が少なくありません。けれども、憲法を学んでいくと、意外と私たちの身近なところにも憲法問題がひそんでいることに気づきます。

　このように、憲法問題は身近なところにひそんでいるのですが、何が憲法問題になるのかは憲法のことを知っておかなければわかりません。でも、ただ知るだけでは将来何の役に立つかわかりませんよね？　「自分は裁判とか関係ないだろうし、法律家や公務員になりたいわけでもないから、憲法も関係ないや」と思っている人もいるかもしれません。けれども、憲法を勉強することは、憲法のことを知るだけでなく、判例や学説を理解することで思考力や論理力が身につきますし、憲法問題を考えることで問題解決能力を養うことにもつながります。こうした力は社会人になってからも必要なスキルで、一般企業に就職した場合にも役立つことがあるはずです。

　そうはいっても、判例や学説にはむずかしい言葉や言い回しがたくさん出てきますし、とっつきにくいところがあるのも確かです。そこで、本書では身近な事例を素材にしながら憲法の内容やポイントを解説することで興味を持って憲法を学んでもらおうと思っています。これを読んでいくうちに、少しずつどんなことが憲法の問題になるのかを身につけ、考える力を養ってもらえればうれしいです。

第 2 版はじめに

　本書が2017年3月に刊行されて以来、憲法の入門書として幸いにも多くの読者に読んでいただくことができました。初版刊行から3年半が経ったこともあり、新しい判例、法律の制定・改正などを取り入れつつ、重要テーマについて新たに項目を設けるなどの追加・修正をしています。

　本書の基本的なコンセプトは初版と変わりませんが、最近の注目すべき憲法問題として、1票の格差や、憲法改正について、新たな項目として取り上げることにしました。こうした変更点も含めた初版の見直しによって、本書の内容はより一層充実したものになったのではないかと自負しております。第2版も引き続き、多くの読者に親しまれることを願っています。

　最後に、第2版の刊行にあたっては、初版と同じく、みらい編集企画課の小川眞貴子氏の周到なご配慮をいただいたことに、執筆者を代表して、心より御礼を申し上げたいと思います。

2021年1月

編著者　大 林 啓 吾
　　　　小 林 祐 紀

執筆者一覧

50音順、＊印は編者

綾部 六郎	（名古屋短期大学現代教養学科助教）	第1章6、第3章3
今井 健太郎	（志學館大学法学部講師）	第3章2・4、Column ④
岩切 大地	（立正大学法学部教授）	第2章3、第4章2、第8章1、Column ②⑧
＊大林 啓吾	（慶應義塾大学法学部教授）	第2章1、第9章、Column ⑩
岡根 好彦	（阪南大学経済学部准教授）	第2章2、第4章4、第10章、Column ⑤⑪
河嶋 春菜	（東北福祉大学総合福祉学部准教授）	第5章2
小池 洋平	（信州大学全学教育センター准教授）	第6章2・3、第8章2、Column ⑨
＊小林 祐紀	（琉球大学大学院法務研究科准教授）	序章、第1章1、第5章4、第7章、Column ⑦
菅谷 麻衣	（拓殖大学政経学部助教）	第11章
瑞慶山 広大	（九州産業大学地域共創学部講師）	第1章5
堀口 悟郎	（岡山大学大学院社会文化科学研究科・法学部准教授）	第1章2・3、Column ①
牧野 力也	（松山大学法学部准教授）	第3章1、第6章1、Column ③⑥
山本 健人	（北九州市立大学法学部准教授）	第1章4、第4章3、第5章3
吉川 智志	（大阪大学大学院法学研究科准教授）	第4章1、第5章1

目　　　次

パンダイラスト…イケナオミ

本書の使い方

◎本書の特徴・構成

本書は、初めて憲法を学ぶ人にとって、身近な事例から興味をもって読み進めていけるように、工夫しています。全体の構成は下記のとおりです。

| 序章「憲法総論」
(全体構造を理解しよう) | → | 第Ⅰ編「人　権」
(個人の権利を理解しよう) | → | 第Ⅱ編「統治機構」
(国のしくみを理解しよう) | → | 第Ⅲ編「憲法の基本原理」
(さらに深く学びたい人へ) |

※　なお、各章は、憲法条文の順番や人権の分類にこだわらず、身近な事例の場面ごとに構成しています。そして、各節はそれぞれ独立しており、興味をもったところから自由に読むことができます。

◎学習の流れ

① ＣＡＳＥ……日常生活のなかで起こり得そうな事例をあげていますが、ここには憲法問題がひそんでいます。まずは問題意識をつかんでください。

② 本　　文……CASE にまつわる憲法問題やポイントを説明しています。最後に CASE に対する解答やヒントが載っています。しっかり読んで自分でも考えてみてください。

③ 注　　釈

🔍 ★ポイント★ ……本文の内容の重要ポイントを追加で解説しています。

⚖ 判　例 ……………判例は憲法問題を解決するうえで重要な指針になります。とくに先例として価値が高いものに最高裁判所の判例があります。

📝 用語解説 ………専門的な語句をわかりやすく解説しています。

④ ○×問題……その項目の内容を理解したかどうかをチェックするためにご利用ください。

⑤ コ ラ ム……憲法に関連する幅広いテーマを扱っています。日常生活のなかにある憲法を感じ取ってみてください。

> 身近な事例から
> いっしょに憲法を
> 学んでいこう！

シロクロ
はっきりできる
かな？

★憲法を学ぶにあたっての基本ルール★

・ **法令・条約略語**　法令名や条約名の長いものについては、一般的な通称(略称)を用いています。

　(例)　「日本国とアメリカ合衆国との間の相互協力及び安全保障条約」→「日米安保条約」

・ 判例略語

最判→最高裁判所判決	最大判→最高裁判所大法廷判決
最決→最高裁判所決定	最大決→最高裁判所大法廷決定
高判→高等裁判所判決	地判→地方裁判所判決　　　簡判→簡易裁判所判決

＊　たとえば、「ポポロ事件」(最大判昭和38年5月22日)は、1952年に東京大学で起きた「ポポロ事件」に対して、昭和38年5月22日に最高裁判所大法廷で出された判決を意味します。

序章　憲法を学ぶ前に

　みなさんは、「憲法」というとどんなイメージをもつでしょうか。憲法という言葉は、法のなかでみなさんが一番聞いたことのあるものでしょう。小学校の社会科から中学校の公民、高校の政治・経済に至るまで、何度も勉強してきたものです。そのため、国民主権、平和主義、基本的人権の尊重という憲法の三大原理をはじめ、生存権、教育を受ける権利、新しい人権というような事柄もなんとなく知っているのではないでしょうか。

　でも、みなさんは個々の用語を知識として知っているとしても、憲法が私たちの普段の生活に関係していると感じることはあまりないのではないでしょうか。だから、「憲法はむずかしい、堅苦しい」って感じている人が（受講生に聞いても）結構多いんです。そこで、本書では、身近な例を素材にしながら、憲法の内容やポイントを解説しています。意外と私たちの身近なところにも憲法問題が潜んでいることに気づいてもらい、少しでも興味・関心をもってもらいたいと思っています。

　まず序章では、第１章からの学習に先立って、いくつか知っておいたほうがよいと思われること（前提となる事柄）を学習していきます。教科書の冒頭からあれこれと必要だからと小むずかしい話をたくさんされると学習意欲（ヤル気）が下がってしまうので、ここでは簡潔に話をすることにしましょう。

① 憲法とはなにか──実質的意味の憲法

　憲法という言葉は、さまざまな意味で用いられることがあります。それぞれの意味での憲法がなにかを知ることを通じて、私たちの日本国憲法がどのような特徴をもつものなのかを理解してもらいたいと思います。ここで、「なぜさまざまな意味で用いられるのか？　使い方はひとつではないのか？」と疑問に思った人もいるのではないでしょうか。次のことを考えてみてください。みなさんはどこの国にも「憲法」が存在すると考えていると思いますが、たとえば、イギリスには「日本国憲法」や「アメリカ合衆国憲法」のように「イギリス憲法」という名称のものは存在しません（初耳ですよね？）。これらの例からわかるように、「憲法」という言葉はひとつの事柄だけを指すわけではないのです。

　まず、私たちが使っている「憲法」という言葉は、英語やフランス語のconstitution（スペルは同じ！）の訳語として用いられています。このconstitutionという言葉は、「構成、構造、組織」などを意味しますが、国家の基本構造とい

う意味でも用いられます。つまり憲法は、国家のあり方を定めた基本的な法（国家のルール）であることを意味します。これを「**実質的意味の憲法**」といいます。憲法というものは、国家の基本秩序を構成している法ということなので、民主政の国だけではなく、さまざまな政治体制を採用する国家にも当然に存在するものなのです。ただ、実質的意味の憲法といった場合には、法典（体系的に編成された成文法*1）の形式をとらなければならないわけではありません。いくつかの重要な法律が集まって国家のあり方を定めていれば、その国は実質的意味の憲法を有していることになります。そのため、イギリスには「イギリス憲法」という名称をもった単一の法典はありませんが、統治のあり方に関する法が存在することから実質的意味の憲法が存在するといえるのです。

これに対して、「**形式的意味の憲法**」があります。これは、その内容に関係なく憲法という名前のついた法典があれば「憲法」をもっていることになります。そのため、独裁国家であっても、その国が「憲法」という法典を有していれば、形式的意味の憲法は存在することになります。

では、日本の憲法と独裁国家にある憲法の違いはどこにあるのでしょうか。それは、近代立憲主義の条件を取り入れた憲法かどうかによって区別されます。1789年のフランス人権宣言16条が、「権利の保障が確保されず、権力の分立が定められていない社会はすべて、憲法をもつものではない」と明確に示しているように、**人権保障**と**権力分立**という内容が近代立憲主義の条件ということになります。こうした意味で用いられる場合の憲法を「**立憲的意味（近代的意味）の憲法**」とよびます。そのため、国家のあり方を定めた基本的な法が存在しても、人権保障と権力分立の内容を含んでいないものは立憲的意味の憲法とはいえないことになります。日本国憲法もこの近代立憲主義の内容を受け継いでいて、人権保障と権力分立が定められています。

② 憲法と法律の違い

憲法を民法や刑法といった法律と（「法」という名称がつくことから）同じものと考えている人が結構いますが、それは誤りです。ここでは、憲法と法律の違いをしっかりと頭に入れておきましょう。

(1) 制定主体（国民）

第1に、みなさんの日常生活に身近な法律は（国民の代表者から構成される）国会の議決によって制定されますが、憲法は国会が制定したのではなく国民が制定したものなのです。そのため、憲法を改正するためには、必ず国民投票にかけなければならないことになっています。

（2）最高法規

　第2に、憲法は、法体系のなかで一番強い効力をもつ最高位に位置づけられます。憲法は**最高法規**とよばれ、憲法に反する法律やその他の法令は無効になります。国家の諸権力のうち、立法権は法律を制定し、行政権は命令を制定しますが、立法権にしても行政権にしても憲法によって作られた権力になります。そのため、国家の諸権力はその根拠となる憲法には反することができないことになり、憲法は諸法令に優位し、最高法規としての地位を占めるのです。

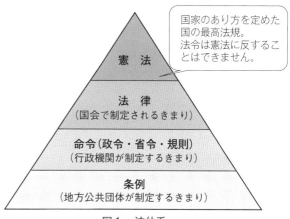

国家のあり方を定めた国の最高法規。法令は憲法に反することはできません。

図1　法体系

（3）組織規範と授権規範

　第3に、憲法は国家の諸機関（国会、内閣、裁判所）の組織を定める（**組織規範**）とともに、それらの機関が担うべき権限を配分する（**授権規範**）という性格を持ちます。法律を制定する機関やその手続をまず決定するのは憲法ということになるのです。

（4）制限規範

　第4に、憲法は諸機関に権限を配分すると同時に、それ以外の権限行使を認めない（**制限規範**）という性格ももちます。国家の諸権力が憲法によって創設される以上、諸権力は憲法が定めた枠内でのみ権限の行使が可能になるのです。

　以上の理由から、憲法と法律は性格がまったく異なるものであるといえます。

3）憲法の中身

　憲法は、人権保障と権力分立という2つの構成要素を含むものであることはすでに述べたとおりですが、人権保障と権力分立といっても国によってその中身には違いがあります。詳しい内容は各章の学習で理解してもらいたいと思いますので、ここでは大まかな全体像だけ触れておくことにしましょう。

（1）人権

　日本国憲法は第3章で基本的人権を列挙しています。これらの人権は、①**自由権**、②社会権、③国務請求権、④参政権に分類されます。

　まず、①の自由権は、**国家からの自由**ともいわれるように、国家が何もしないこと（不作為）を求める権利です。具体的には、思想・良心の自由（憲法19条）、信教の自由（憲法20条）、表現の自由（憲法21条）、職業選択の自由（憲法22条）など

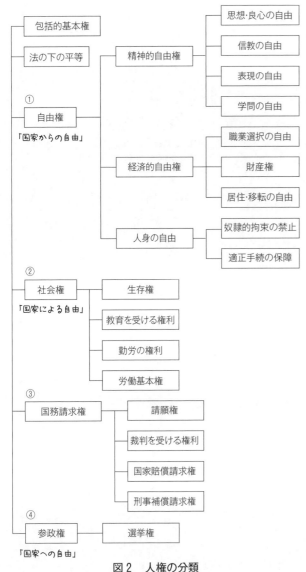

図2　人権の分類

があります。次に、②の社会権は、**国家による自由**ともいわれるように、国家に自由を実現するための一定の行動（作為）を求める権利です。具体的には、生存権（憲法25条）、教育を受ける権利（憲法26条）、労働基本権（憲法28条）があてはまります。また、③の国務請求権は、政治や裁判で人権を実現するために、国家に一定の行動（作為）を求める権利で、具体的には、請願権（憲法16条）、国家賠償請求権（憲法17条）、裁判を受ける権利（憲法32条）などがあります。

　そして、④の参政権は、**国家への自由**ともいわれるように、国家の意思形成に国民が参加する権利で、選挙権（憲法15条）があてはまります。このほかに、人権の基本的な原理・原則として、包括的基本権（憲法13条）と法の下の平等（憲法14条）があります。人権とひとくちにいっても、その性格や実現方法が異なるということを知ったうえで、第Ⅰ編の学習を進めてください。

(2) 統　　治

　日本国憲法は、さまざまな人権を保障するために、国家権力を立法権、行政権、司法権と３つに分けたうえで、各権力を国会、内閣、裁判所という機関に配分しています。このように権力を分立しているのは、国家権力がひとりの独裁者やひとつの機関に集中すると、その権力の濫用によって、国民の権利・自由が侵される危険性があり、それを防止するためなのです。各機関に権力を分割しただけでは、ある機関が暴走したときに歯止めをかけることができなくなるおそれがあります。そこで、憲法は各機関に抑制と均衡（チェック＆バランス）が機能するような権限も与えています。たとえば、裁判所は司法権として法をめぐる紛争解決の役割を任されていますが、あわせて他の機関による権限の行使が憲法に反するものでないかどうかの審査を行う権限（**違憲立法審査権**）も付与されています。憲法が人権を保障するために、国家権力についてさまざまな仕組みを用意していますので、このことをふまえたうえで、第Ⅱ編の学習を進めてください。

第 I 編

日常生活から憲法を考えてみよう

本編では、身のまわりの生活から憲法問題をとり
あげ、とくに「人権」について学びます。

第 1 章

学校生活と憲法

1 高校の校則 VS. 自分らしさ──自己決定権

◆**CASE**◆　髪を染めたら退学ですか？

　公立のS高校の生徒だった17歳のAさんは、以前からあこがれていた有名ロック・バンドへの加入を機に、たびたびライブが行われることもあって、黒髪を茶髪に染め、パーマをかけました。しかし、Aさんの通うS高校は、髪の毛の染色や脱色をしたり、パーマをかけたりすることを禁止する校則を定めていました。そこで、Aさんの担任の教師を含め、複数の教師がAさんに髪の毛を元どおりにするよう説得を試みましたが、Aさんは断固として譲らなかったため、S高校の校長はAさんを退学処分としました。Aさんは入学してから無遅刻無欠席で、学校内での学習・生活態度に問題はなく、学業成績も優れていました。退学処分を受けたAさんは高校に抗議をしたものの受け入れられなかったので、退学処分の取消しを求めて裁判所に訴訟を提起しました。

> 校則も憲法につながっているのかな

1 茶髪にする人権？

　みなさんは中学や高校時代に、校則で髪の毛の染色や脱色をすること、パーマをかけることが禁止されていた経験はありませんか。さらに、校則で髪の毛の長さ、靴下の色、カバンや靴の指定を受けたことはありませんか。校則に違反しているという理由で試験を受けさせてもらえなかった、あるいは停学や退学処分を受けたという話を聞いたことはありませんか。

　もちろん、生徒であるからには学校の規則である校則を守ることは当たり前だという意見や、服装や髪型などにこだわっていないで勉強を一生懸命やるべきだという意見もあるでしょう。他方で、勉強をしっかりやっているのだから服装や髪型はどうだっていいだろう、人を見た目でマイナスに評価するのはおかしい、という主張もあるのではないでしょうか。

　実は、こうした校則は子どもの人権を侵害する憲法違反（違憲）のものであるかもしれません。なぜなら、これらの校則が制約しているのは、憲法上保障を受ける**人権**であるかもしれないからです。でも、憲法に「髪型の自由」という規定はなかったような……。

②　新しい人権を生み出す？

　憲法の条文をみると、髪型の自由や服装の自由などという規定は存在しません。では、憲法に明文で保障された人権でなければ、私たちは「人権が侵害された」と主張できないのでしょうか。そうではありません。憲法に明文で保障されていなくても、一定の権利は憲法の保障を受けます。それが「**新しい人権**」というものです。みなさんも知っているように、日本国憲法は1946年に制定されましたが、その後一度も改正されていないことからわかるように改正することはなかなかむずかしいわけです。したがって、憲法を人々の生活や意識の変化に応じて、その枠内で発展させていくこと（**憲法解釈**）は、憲法を適用する際の重要な部分でもあるのです。

　新しい人権は、憲法が作られた当初には想定されていなかった権利で、社会的・経済的状況の変化のなかで法的救済の必要性が指摘されるようになった権利を指します。

③　幸福追求権

(1)　意　　義

　さまざまな新しい人権を導き出す際に根拠とされる条文が、憲法13条の「**幸福追求権**」です。憲法13条は、前段の「**個人の尊重**」と、後段の「**生命、自由及び幸福追求**」に対する権利、すなわち幸福追求権との２つの部分から構成されています。

　前段の個人の尊重は、個人の平等かつ独立した人格価値の尊重という**個人主義**原理が国の政治の基本であることを意味しています。そして、後段部分は、前段の個人の尊重と結びついて、憲法14条以下の個別的な人権規定に列挙されていない人権を認める根拠となる**包括的な人権規定**とされています。したがって、幸福追求権とは、自分にとって何が「幸福」なのかを、みずから決定し、それを「追求」できることを保障する権利を意味します。ただし、ここで注意しなければならないのは、憲法13条を根拠にすれば、みずからの幸福を追求するために必要な行為のすべてが権利として保障されるわけではないということです。では、どのような内容であれば幸福追求権として保障を受けるのでしょうか。[*1]

(2)　幸福追求権から導出される権利

　憲法13条から導き出される権利としては、**プライバシー権**[*2]、**肖像権**、**自己決定権**、**名誉権**、**環境権**などがあります。

　名誉権とは、人の社会的評価から自由な個人の私的生活の領域を保護するプライバシー権とは異なり、社会的な評価である名誉の保護を求める権利、特に事実

憲法13条
すべて国民は、個人として尊重される。生命、自由及び幸福追求に対する国民の権利については、公共の福祉に反しない限り、立法その他の国政の上で、最大の尊重を必要とする。

★ポイント★

*1　幸福追求権の範囲について、学説では、個人の人格的生存（人間らしく生きること）に不可欠な利益に限定する立場（人格的利益説）と、そのような限定なくあらゆる生活領域における行為の自由が含まれるとする立場（一般的自由権説）が対立しています。

*2　詳しくは、第2章1 (p.36~)を参照。

判　例

*3　大阪国際空港公害訴訟（最大判昭和56年12月16日）

　大阪国際空港を離着陸する航空機の騒音により損害を受けた近隣住民が国を相手に、午後9時から午前7時までの空港の使用差止め、過去および将来の損害賠償を請求した事件。第二審の大阪高裁は人格権にもとづく侵害行為の差止請求を認めた（環境権の主張の趣旨を認めた）のに対し、最高裁は環境権につき判断せず、過去の損害賠償だけを認めました。

用語解説

*4　インフォームド・コンセント

　患者が医師から十分な説明を受け、それを理解し、同意したうえで医療行為を選択するという考え方。

判　例

*5　エホバの証人輸血拒否事件（最判平成12年2月29日）

　宗教上の理由から一切の輸血を拒否する意思をもつ患者に対して、救命手段が輸血以外にない場合には輸血するという病院の方針を説明しないまま輸血を伴う手術を行い、医師の不法行為責任が問われた事件。最高裁は、「患者が、自己の宗教上の信念に反するとして、輸血を伴う医療行為を拒否するとの明確な意思を有している場合、このような意思決定をする権利は、人格権の一内容として尊重されなければならない」として、医師の説明義務違反を認めました。

に反する表現内容による社会的評価の低下から保護する権利を意味します。最高裁も「人格権としての個人の名誉」の保護が憲法13条の要請であることを認めています。

　環境権とは、健康で快適な生活を維持する条件としての良い環境を享受し、これを支配する権利とされています。環境権は、1960年代の高度成長の負の側面としての公害やさまざまな環境被害をふまえて提唱されるようになりました。しかし、環境権の内容（自然環境のみか、文化的環境まで含むのか）、主体（誰の権利が侵害されたのか）、法的性格（損害賠償や差止請求ができるのか）が不確定であることもあって、最高裁は環境権を正面から認めていません。[*3]

④ 自己決定権

(1)　内　　　容

　自己決定権とは、個人が一定の私的な事柄について、他者から干渉されることなく、自由に決定することができる権利を意味します。自己決定権も憲法13条の幸福追求権のひとつとして考えられています。

　自己決定権の内容については、次の4つに分類されます。①自己の生命・身体の処分にかかわる事柄、②結婚など家族の形成・維持にかかわる事柄、③リプロダクション（生殖）にかかわる事柄、④ライフ・スタイルにかかわる事柄です。①については、延命治療を拒否して人間らしい死を迎えようとする尊厳死や積極的に死を求める積極的安楽死が問題となります。②は、誰と、いつ、どのような家族をつくるかなどが関係します。③のなかには、妊娠や出産、妊娠中絶や避妊などが含まれ、④のなかには、髪型や服装の自由をはじめ、生活習慣等にかかわるものなどが含まれます。

　なお最高裁は、自己決定権一般を正面から認めておらず、医療関係で**インフォームド・コンセント**[*4]の法理により医師の説明義務を認めるにとどまっています。[*5]

(2)　制　　　約──公共の福祉

　自己決定権の内容として保障される行為に該当するとしても、無制限に認められるわけではありません。憲法13条で権利が保障されるとしても、それは同条後段に書かれているように「公共の福祉に反しない限り」ということになります。このことは13条が権利の総則的規定であることから、他の条文で保障された権利も同様に**公共の福祉**の制限の下に置かれることになります。では、公共の福祉による人権制約の程度はどのように判断されるのでしょうか。この点、「公共の福祉」という言葉は非常に抽象的なもので、多様な内容を含みうる不確定な概念であることから、安易に人権制約を認めることにもつながりかねません。そのため、公共の福祉の意味内容をめぐる議論ではなく、個々の具体的な事件において人権制約

が憲法に反しないかどうかを、**制約の根拠・態様・程度**等を検討したうえで、人権制約に**合理的な理由**があるかどうかによって判断することが重要になります。

5　未成年者の場合は？

　自己決定権が憲法13条を根拠に認められるとしても、他の人権と同様に、公共の福祉のための制約に服するということは理解できたでしょう。では、未成年者の場合に成人と常に同じ扱いを受けるのでしょうか、それとも成人以上の制約を受けることもあるのでしょうか。

　未成年者であっても成人同様に人権を主張することができます。しかし、成人であれば、その行為の意味を十分理解したうえで、それを行うか否かをみずから決定することができますが、未成年者は精神的にも肉体的にも未成熟であることから、人権の性質によっては成人以上の制約が認められることがあります。つまり、未成年者がその判断能力の未熟さゆえに、みずからを傷つけるような行為をしないように、その自己決定権にも制約を設ける必要が認められるということです。このような制約は、一般に**パターナリズム**[*6]にもとづく制約とよばれています。しかし、未成年者といってもその判断能力は年齢によって異なり、小学生には十分理解できないことも、高校生には十分理解できることもあります。したがって、未成年者であるとの理由だけで人権を必要以上に制限するべきではありません。このようなパターナリズムにもとづく制約の認められる範囲は年齢とともに狭くなるというように限定的に考えるべきでしょう。

6　Aさんはどうなるのか？

　これまでの内容をふまえて、冒頭のCASEを考えてみましょう。学校の校則で茶髪やパーマを禁止すること、この校則に違反した生徒を退学処分にしたことはどのように評価できるのでしょうか。

(1)　Aさんの行為は憲法の保障を受けるか

　まず、憲法13条にもとづく幸福追求権の内容（自己決定権）として髪型の自由が含まれるかどうか考えてみましょう。第1に、憲法13条を他の人権規定と同様に重要な行為だけを保護するものと理解する場合（**人格的利益説**）には、次の2つの答えが考えられるでしょう。ひとつは、茶髪にすることやパーマをかけることは、他の人権に比べてささいなものであって、同じように考えることはできない（権利を否定する）という見方です。もうひとつは、髪型は自分の個性や自分らしさを主張し、みずからそれを確認するためには大変重要な行為だ（権利を肯定する）という見方です。前者ではなく後者の考え方を支持するならば、茶髪に

用語解説

*6　パターナリズム
(paternalism)
　親が子どもの利益を考えて子どもの自由を制限するように、強い立場にある人が弱い立場の人の意に反して、弱い立場の人の利益になるとの理由から、その人の自由を制限することを意味し、後見主義や父権主義ともいわれます。

することもパーマをかけることも憲法13条の幸福追求権に含まれることになります。第2に、憲法13条を個別的な人権規定によって保護されないあらゆる行為を保護していると理解する場合（**一般的自由権説**）には、茶髪にすることもパーマをかけることも憲法13条の幸福追求権に含まれることになります。

(2)　S高校の校則は合理的な制約といえるか

　次に、自己決定権として保護を受ける行為を制約するS高校の校則が合理的なものかどうか考えてみましょう。問題となった校則を掲げる目的について高校側は「高校生にふさわしい髪型を維持させ、髪型の乱れからくる非行化を防止し、よって勉学に励む時間を確保する」ことにあると主張するでしょう。この非行化を飲酒・喫煙・万引き・いじめなどの行為を指すとするならば、学校側がこれら非行行為を防止し、勉学に励む時間を確保させることは、高校教育に必要かつ正当な目的といえそうです。

　しかし、高校生のAさんからすれば、茶髪にしたり、パーマをかけたりすることと非行や学業成績の低下との間に直接の因果関係はないと主張するでしょう。たしかに、かりに茶髪やパーマにすることに非行の兆候があらわれるとしても、髪型を元通りにすることで非行問題が解決すると断言するのはむずかしそうです。そうであるならば、茶髪にしたり、パーマをかけたりする行為は、学習態度や非行と直接的な関係をもつわけではなく、また他の生徒に実害を与えることもなく、学校側の本来の教育指導範囲であるはずの学校内の生活だけにかかわる問題でもなくなってくることになります。

　以上のことをふまえると、茶髪やパーマにする・しないの選択は、高校生であれば生徒の自主的な判断にゆだねるのが幸福追求権の趣旨を尊重することにつながるでしょう。したがって、S高校の茶髪・パーマを一律に全面禁止する校則は高校教育に必要最小限の制約とはいえないため違憲の疑いが強く、それにもとづく退学処分も認められないということになると思われます。[*7]

★ポイント★

＊7　私立高校の場合には、公立高校と異なり私的な団体であるため、国や地方公共団体の公権力の行使をコントロールすることを目的とする憲法は直接適用されません。私立高校の場合には、学校と生徒の関係は契約関係のため、学校の校則を守るという契約の内容が、私法上の一般原則である「公序良俗」（社会的な妥当性）に反する著しく不合理な場合にだけ、そのような校則は民法上無効ということになります。

○×問題

①　自己決定権とは、自己の個人的な事柄について、公権力から干渉されることなくみずから決定することができる権利である。

②　健康で快適な生活を維持する条件としての良い環境を享受し、これを支配する権利としての環境権は判例上認められている。

2　学生が教員を選んじゃダメ？──学問の自由

某アイドルグループみたいだね

◆CASE◆　大学教員総選挙

　　地方の公立大学であるＡ大学は、入学者数の大幅な定員割れに悩まされていました。この状況に危機感を募らせた学長は、入学者を増やすには学生本位の改革が不可欠だと考え、各学部の教授会の猛反対を押し切って、「大学教員総選挙」という制度を新設しました。学生による授業評価アンケートの平均点が最も低かった教員はただちに解雇し、教員を新規採用する際には学生アンケートで最も人気が高かった候補者を採用する、という制度です。この制度による解雇の第１号となったＢ先生は、解雇の無効を訴えて訴訟を提起し、「大学教員総選挙」は憲法23条に反すると主張しました。

①　天皇機関説事件の教訓

　　昔々、あるところに、**美濃部達吉**先生という大変高名な学者がいらっしゃいました。美濃部先生は、1873年に兵庫県で生まれ、1897年に東京帝国大学（現在の東京大学）を卒業後、内務省勤務を経て、1900年に東京帝国大学助教授に着任、1902年に同大学教授に昇任されました。こうして20代の若さで東大教授になられたわけですが、すごいのはキャリアだけではありません。美濃部先生は、野球界でいう川上哲治のような偉人で（といっても野球好きにしか通じないでしょうが）、研究者人生を通して常に学界をリードされ、優れた弟子を何人も育てられ、日本の憲法学・行政法学の礎を築かれたのです。

美濃部達吉

　　そんな美濃部先生が唱えた学説のひとつに、**天皇機関説**というものがあります。正確に説明しようとするとむずかしいのですが、ごく簡単にいえば、この学説は、国家は会社、天皇は代表取締役のようなものだと考えます。ある会社が従業員を雇っている場合、その従業員の仕事や給料などを最終的に決定するのは代表取締役ですが、従業員に給料を支払う義務を負い、従業員に働いてもらう権利をもつのは会社ですね。天皇機関説は、それと同様に、統治を行う主体は天皇ではなく国家であり、天皇は国家の最高機関としてその意思を決定するのだと説きました[*1]。この学説は、憲法学の通説となり、昭和天皇自身も賛同されたそうです。

　　ところが、その後軍部が台頭してくると、天皇機関説は危険な思想として右翼から排撃されるようになります。前述のとおり、天皇機関説は、統治権の主体は国家であり天皇ではないと説いていたのですが、その点が国体（天皇が統治する国家体制）に反すると批判されたのです。「神である天皇陛下を会社に雇われた代表取締役と同視するとは何事か！」というような批判ですね。政府も、軍部の

★ポイント★

*1　「天皇が国家の意思を決定する」と聞いて驚かれたかもしれませんが、当時これは当たり前のことでした。なぜなら、大日本帝国憲法は天皇が統治権の総攬者（すべての国家権力を一手に担う存在）だと定めていたからです。国民が国家の意思を決定する主体（主権者）となったのは、日本国憲法が制定されてからのことです。

11

『国体の本義』

主張を受け入れて、天皇機関説を徹底的に排除しました。美濃部先生の主著3冊を発売禁止処分にし、大学などで天皇機関説を教えることを禁止し、さらには、文部省（現在の文部科学省）が作成して全国の教育機関に配布した『国体の本義』というパンフレットにおいて、天皇機関説を誤った理論だと批判したのです。

　この天皇機関説事件に典型的にみられるように、戦前の日本では、国家にとって都合の悪い学説が否定され、排除されることがありました。そのような歴史への反省から、憲法23条は学問の自由を保障したのです。

② 学問の自由

(1) 内　　容

　憲法23条が保障する「学問の自由」は、次の3つの自由を内容とするものだと解釈されています。

憲法23条
学問の自由は、これを保障する。

　第1に、**研究の自由**です。これは学問の自由の核心をなすといってよいでしょう。研究したいテーマについて自由に研究できることは、真理の探究を本質とする学問にとって不可欠です。

　第2に、**研究成果の発表の自由**です。研究によってすばらしい成果をあげたとしても、その成果がひとりの頭のなかにあるだけでは、ほとんど何の役にも立ちません。研究成果は、論文や学会報告などによって発表してこそ意味があります。そこで、研究成果の発表の自由を保障する必要があるわけです。美濃部先生の主著を発売禁止処分にしたことは、この自由を侵すものだといえるでしょう。

　第3に、**教授の自由**（教育の自由）です。美濃部先生が憲法学の礎を築かれ、その上にさまざまな憲法学説が積み重ねられて、今私たちが学んでいる憲法理論が形成されたように、学問とは脈々と受け継がれるなかで発展を遂げるものです。ですから、教授の自由もまた、学問にとって不可欠ということができます。政府が大学などで天皇機関説を教えることを禁止したのは、この自由の侵害にあたるでしょう。なお、教授の自由は、大学教員だけでなく、小学校・中学校・高校等の教員にも一定程度保障されると解釈されています。[*2]

*2　詳しくは、第1章6 (p.32) を参照。

(2) 現代的な問題

　ここまでの説明を聞いて、読者のみなさんはこう思われているかもしれません。戦前ならともかく、この時代に、国家が学問の自由を侵害する事態など起こりうるのだろうか。大学教員が自由に研究をして、その成果を自由に発表して、大学で自由に授業をすることなど、今では当たり前のことではないか、と。

　たしかに、戦前に比べれば学問はかなり自由になったといえるでしょう。しかし、問題がなくなったわけではありません。むしろ、今日では、社会の複雑化や科学の進歩などに伴い、戦前よりもやっかいな問題が生じてさえいます。

　たとえば、現代の科学技術をもってすれば、いわゆるクローン人間をつくることも不可能ではないようです。しかし、日本を含めた世界各国は、クローン人間をつくることを法律で禁止しています。つまり、クローン人間に関する研究の自由を、国家が制限しているのです。

　なぜクローン人間をつくってはいけないのでしょうか。クローン技術規制法の1条を読むと、「人の尊厳の保持、人の生命及び身体の安全の確保並びに社会秩序の維持」のためだ、と書かれています。たしかに、クローンをつくられた人は「世界に1人だけの、かけがえのない存在」ではなくなるおそれがありますし、クローン技術が未完成であった場合、身体や精神に欠陥を抱えた人間が生まれてくるかもしれません。また、同じ人間が複数存在するという状況は、現行の法制度などが想定していない事態ですから、社会に混乱をもたらすおそれもあります。

　しかし、たとえばアインシュタインのような天才科学者のクローン人間をつくれば、科学がさらなる発展を遂げ、人々に大きな利益をもたらすかもしれません。あるいは、カズオ・イシグロさんの小説『わたしを離さないで』のような話になりますが、臓器提供をするための存在としてクローン人間をつくれば、今よりも多くの命を助けることができそうです。そのような無限の可能性に魅せられて、クローン人間をつくりたいと熱望する科学者もいるでしょう。彼らの研究の自由を国家が制限することは、はたして許されるのでしょうか。

　大変むずかしい問題ですが、この機会にぜひ考えてみてください。

(3)　大学教員の特権？

　ところで、みなさんすでにお気づきかもしれませんが、今までお話してきた内容は、すべて大学教員の自由に関することですね。それでは、学問の自由は、大学教員にしか保障されないのでしょうか。

　そうではありません。一般国民にも学問の自由はちゃんと保障されています。最高裁も、**ポポロ事件**[*3]という有名な判決のなかで、次のように述べています。憲法23条が「学問の自由はこれを保障すると規定したのは、一面において、広くすべての国民に対してそれらの自由を保障するとともに……」と。

　あれ、でも「一面において」とは、どういうことでしょう。実は、この判決文は次のように続くのです。「他面において、大学が学術の中心として深く真理を探究することを本質とすることにかんがみて、特に大学におけるそれらの自由を保障することを趣旨としたものである」と。つまり、最高裁は、一般国民にも学問の自由は保障されるけれども、昔から学術の中心は大学だから、大学教員には特に手厚く保障されるのだ、と解釈したのです。

　本来人権はすべての人に等しく保障されるものですが、学問の自由は少し例外的で、大学教員という限られた人々にだけ手厚く保障されます。その意味では、学問の自由には大学教員の特権としての側面があるといえるかもしれません。

⚖️ 判 例

[*3]　ポポロ事件（最大判昭和38年5月22日）
　東京大学公認サークル「劇団ポポロ」が同大学の教室で演劇発表会を開催していたところ、警察官が警備情報収集の必要ありと認めてその教室に立ち入ったことが、大学の自治（⇒次の3）を侵害しないかが問題となった事件。最高裁は、本件演劇発表会は、学問活動ではなく実社会の政治的社会的活動というべきものであるし、公開の集会というべきものでもあるから、大学の自治を享有せず、したがって警察官の立入りは大学の自治を侵害するものではない、と判断しました。

③ 大学の自治

(1) 内　容

　学問の自由には大学教員の特権としての側面がある、ということを説明しました。それに関連した話なのですが、憲法23条は、学問の自由だけでなく、**大学の自治**をも保障している、と解釈されています。大学の自治というのは、大学内の事柄について、大学が国家から独立して自主的に決定することです。

　大学の自治の具体的内容としては、少なくとも、**教員人事の自治**と**施設・学生管理の自治**が認められると理解されています。誰を教員として採用するか、施設をどのように使用するか、学生をどのように扱うかなどは、大学が自主的に決定できる事柄だというわけです。^{*4}

(2) 自治の主体

　大学内の事柄を大学自身が決定するといっても、大学には、理事長、学長、教員、事務職員、学生など、多様かつ多数のメンバーがいます。それらのメンバー全員でいちいち多数決をするというのは現実的ではありません。ですから、メンバーのうち誰かに決定権を与える必要があります。では、憲法23条は誰に決定権を与えていると解釈すべきでしょうか。

　普通、ある団体が決定を行うとき、最終的な決定権をもつのは、その団体のトップ（責任者）ですね。そうすると、大学についても同様に、経営面のトップである理事長や、教学面のトップである学長が決定権をもつ、と考えるのが自然かもしれません。しかし、憲法学の通説は、そうは考えません。通説は、理事長や学長ではなく、教員集団（**教授会**）が決定権をもつのだと解釈します。それはなぜかというと、学問の専門家である教員こそが、学術的な事柄（たとえば採用候補者の研究業績の価値）を最も適切に評価・判断できると考えられるからです。たしかに、たとえば元会社役員の理事長が専門的な学術論文を読んでも、普通はチンプンカンプンでしょうね。

　ところが、2014年の学校教育法改正により、現行の法律上は、教授会ではなく学長が大学の意思決定機関とされています（学校教育法93条参照）。上記の通説を徹底するならば、この規定は憲法23条に違反する疑いが強いでしょう。

(3) 大学生のポジション

　大学生のみなさんは、ここまでの話を聞いて、きっと大きな疑問を抱かれていると思います。おいおい、理事長や学長か、それとも教授会って、重要なメンバーを忘れてないか。大学の主役は学生だろう、と。

　学生は大学の自治の主体に含まれるか。この論点が問題となったのが、先ほども出てきたポポロ事件です。少し複雑な判決なのですが、単純化すれば、最高裁は次のように説きました。大学生は、大学教員とは異なり、一般国民以上の学問

★ポイント★

*4　比較的よく問題となるのは、大学構内への警察官の立入りです。この点、愛知大学事件（名古屋高判昭和45年8月25日）は、「大学内への警察官の立入りは、裁判官の発する令状による場合は別として、一応大学側の許諾または了解のもとに行うことを原則とすべきである」が、「許諾なき立入りは、必ずしもすべて違法とは限ら」ず、「当初より大学当局側の許諾了解を予想し得ない場合、特に警備情報活動としての学内立入りの如き場合」に違法となると説いています。

の自由と大学の自治を当然に享有するものではない。大学生がそれらを享有することがあるのは、大学教員が有する特別な学問の自由と自治の「効果」としてにすぎない、と。つまり、大学の自治の主体は大学教員であり、学生は大学教員が許す範囲で自治を享有するにとどまる、ということです[*5]。

　少し冷たい気もしますが、たしかに、学術的な事柄は学問の専門家である教員が決定すべきだという観点からすれば、学問の基礎を学ぶ途上にある学生は自治の主体ではない、と考えることになるでしょう。

4）「大学教員総選挙」は憲法23条に反するか？

　最後に、まとめもかねて、冒頭の CASE について考えてみましょう。B 先生は「大学教員総選挙」という制度は憲法23条に反すると主張していますが、はたしてこの主張は認められるのでしょうか。

　憲法23条は、学問の自由として、①研究の自由、②研究成果の発表の自由、③教授の自由を保障しています。では、学生アンケートによって教員の解雇や採用を決定する「大学教員総選挙」は、これらの自由を侵害するでしょうか。微妙な問題ではありますが、侵害しないと考えるのが素直でしょう。なぜなら、A 大学に解雇や採用拒否をされたとしても、研究などをすること自体が禁じられるわけではないからです。

　もっとも、憲法23条は、学問の自由とともに、大学の自治も保障しており、それには教員人事の自治が含まれます。そして、通説は、大学の自治の主体は教授会である、つまり教員人事などは教授会が決定しなければならない、と解釈しています。この通説に従えば、教授会ではなく学生が教員人事を決定する「大学教員総選挙」制度は、憲法23条に反する疑いが強いでしょう（厳密には、採用と解雇では扱いが異なりうるのですが、そういう細かい話は置いておきます）。これに対し、学生が自治の主体であると解釈すれば、この制度は憲法23条に適合するといえますが、最高裁はそのような見解を否定しています（ポポロ事件）。

　以上のとおり、通説に従った場合、「大学教員総選挙」という制度は、憲法23条に反すると考えられます。

◯×問題

① 　人権はすべての個人に平等に保障されるべきものであるから、学問の自由が大学教員にだけ手厚く保障されるということはない。

② 　憲法23条は、学問の自由だけでなく、大学の自治をも保障している。

判例

[*5]　これに対し、東北大学事件控訴審判決（仙台高判昭和46年5月28日）は、学生には「大学自治の運営について要望し、批判し、あるいは反対する当然の権利」があると説いています。もっとも、この判決も、学生に教員人事や施設管理などを「決定」する権限までは認めていません。

3　国歌をロパクしてもいいですか？──思想・良心の自由

◆CASE◆　国歌のロパク

　Ａ県立Ｂ高校の３年生であるＣさんは、５日後に控えた卒業式で国歌を斉唱するのが嫌でした。なぜなら、日本史を学ぶうちに、「君が代」は過去の戦争と結びついた歌だと考えるようになっていたからです。そこで、担任教員や校長に自分の考えを話し、国歌斉唱で「ロパク」をしてもよいか相談したのですが、返答はNO。校長からは「生徒には国歌への敬意を身につけてもらいたい。ロパクなど言語道断だ」と叱られ、担任教員からは「君がちゃんと声を出して歌っているか、私が近くでチェックする」と言われました。そのため卒業式で嫌々「君が代」を歌ったＣさんでしたが、どうしても学校の対応に納得できなかったため、Ａ県に損害賠償を求める訴訟を提起しました。

「君が代」は世界で最も古い歌詞の国歌だよ

1　No More 治安維持法

　「取調室の天井を渡っている梁に滑車がついていて、それの両方にロープが下がっていた。龍吉はその一端に両足を結びつけられると逆さに吊し上げられた。それから『どうつき』のように床に頭をどしんどしんと打ちつけた。その度に堰口を破った滝のように、血が頭一杯にあふれる程下がった。彼の頭、顔は文字通り火の玉になった。眼は真赤にふくれ上がって、飛び出した」。

　これは、小林多喜二の小説『一九二八年三月十五日』の一節で、龍吉という人物が警察に拷問されているシーンです。なぜ龍吉は拷問されたのか。それは、彼が共産主義者[*1]だからです。

　共産主義者だというだけで拷問を受ける。小説ならではの創作と思いたいところですが、残念ながら、これは現実に起きたことです。ロシア革命後、共産主義思想が世界的に拡大していくことに脅威を感じた大日本帝国政府は、共産主義組織の構成員等を罰する**治安維持法**という法律を制定しました。そして、1928年3月15日、共産党員など約1,600名を治安維持法違反の容疑で一斉に検挙しました。この「三・一五事件」を、当事者らへの取材をもとに小説化したのが、『一九二八年三月十五日』なのです。

　また、この小説の作者である小林多喜二自身も、治安維持法違反の容疑で拷問を受け、29歳の若さで帰らぬ人となりました。共産主義者に対する拷問の実態を徹底的に暴き出した「プロレタリア文学の旗手」を、政府はよほど危険視していたのでしょう。ステッキなどで執拗に殴打されたのか、小林の遺体は異常に腫れ上がり、特に下半身は内出血で見るも無惨な状態でした。

★ポイント★
*1　共産主義とは、私有財産を否定し、すべての財産を共有することによって、貧富の格差のない社会を実現しようとする思想のことです。なお、憲法29条は私有財産制を保障していると解釈されていますので（⇒第4章2）、現行憲法下では日本が共産主義国家となることはできません。

このように、戦前の日本では、政府にとって都合の悪い思想の持ち主が、ただそれだけの理由で処罰されることがありました。そのような歴史への反省から、思想・良心の自由を保障する憲法19条が定められたのです。

憲法19条
思想及び良心の自由は、これを侵してはならない。

② 「思想及び良心」の意味

(1) 「思想」と「良心」

それでは、憲法19条にいう「思想及び良心」とは、何を指すのでしょうか。

まず「思想」と「良心」の違いですが、これは気にしなくて構わないというのが通説です。そんなテキトーでよいのかと驚かれたかもしれませんが、よいのです。なぜならば、ある精神作用が「思想」にあたろうが「良心」にあたろうが、その効果は同じだからです。どちらも「侵してはならない」とされており、その取扱いに違いがない以上、両者を区別する実益はないということですね。

(2) 「思想及び良心」の範囲

次に、どのような精神作用が「思想及び良心」にあたるのかということが問題になります。それが「ものの見方・考え方」に限られ、事実の認識・記憶は含まれないということまでは争いがないのですが、「ものの見方・考え方」であればすべて「思想及び良心」にあたるのかというと、見解が分かれます。すべて「思想及び良心」にあたるとする**広義説**と、人生観や世界観など、人格形成の核心をなすものに限られるとする**狭義説**が対立しているのです。

この点、最高裁の立場は、必ずしも明らかではありません。**謝罪広告事件**という判決では、裁判官の個別意見において広義説と狭義説が対立しましたが、多数意見はこの論点に立ち入らずに結論を下しています。

(3) 憲法に反する思想も保護されるのか？

少し抽象的な話が続きましたので、眠気覚ましもかねて、ひとつ問題を出しましょう。今年で90歳になるXさんは、10代のころから、「愚かな国民を国政に関与させる民主政などというものは、百害あって一利なし。日本の政治は聡明な天皇陛下による独裁にゆだねるべきだ」と考えてきました。この考えは、思想・良心の自由によって保護されるでしょうか。

Xさんの考えは、一種の世界観というべきものですから、前述の狭義説をとったとしても「思想及び良心」にあたりそうです。しかし、民主政を廃止して天皇による独裁政治を行うべきだという思想は、憲法の基本原理である民主主義に反しています。そして、憲法によって認められた思想・良心の自由が、その憲法の基本原理に反する思想を保護するということは、いわば生みの親に対する裏切りであるようにも思えます。そうすると、このような思想は「思想及び良心」に含まれないと考えるべきなのでしょうか。

⚖️ **判 例**

＊2 謝罪広告事件（最大判昭和31年7月4日）
　原告の名誉を毀損した被告に対し、「貴下の名誉を傷け御迷惑をおかけいたしました。ここに陳謝の意を表します」という内容の謝罪広告を命じる判決が、被告の思想・良心の自由を侵害しないかが問題となった事件。最高裁は、「単に事態の真相を告白し陳謝の意を表明するに止まる程度のもの」であれば強制執行することも許されると説き、上記判決を合憲と判断しました。

　眠気覚ましどころか、余計に睡魔に襲われたかもしれませんが、とても重要な問題ですので、ぜひじっくりと考えてみてください。

❸　「侵してはならない」の意味

(1)　伝統的通説

　次に、「侵してはならない」という文言（もんごん）の解釈に移りましょう。思想・良心の自由を「侵してはならない」とは、伝統的には、以下のことを保障したものだと考えられてきました。

　第1に、特定の思想・良心を強制することの禁止です。たとえば、天皇を崇拝せよと強制するようなことは、許されません。また、強制ではなく教化、つまり洗脳等によって特定の思想・良心を植えつけることも、禁じられています。

　第2に、思想・良心を理由とした不利益取扱いの禁止です。共産主義者を処罰した治安維持法や、共産主義者を公職や報道機関等から追放したレッドパージ[*3]などは、今日では許されません。たとえ「〇〇人は全員抹殺すべきだ」というような危険な思想であったとしても、その思想を有しているというだけで処罰することは、禁じられています。

　第3に、いわゆる**沈黙の自由**です。戦前の警察が治安維持法違反の容疑者に対して行ったように、思想・良心の告白を強要することは、許されません。また、思想・良心を探索することも禁止されるという見解が有力です。

　なお、これらの保障は、思想・良心が内心にとどまる限り、絶対的なものだと考えられています。「絶対的」ということは、それらに対する制限が合憲となる余地は一切ないということです。なぜかといえば、心の内にある思想・良心は、それが行為となって外部にあらわれない限り、他人に迷惑をかけるおそれがないからです。誰にも迷惑をかけていない以上、「公共の福祉」による制限は認められないですよね。[*4]

(2)　思想・良心に反する行為の強制

　前述の伝統的通説が思想・良心の自由に対する侵害としてとらえてきたのは、いずれも思想・良心そのものを標的とした規制でした（これを思想・良心の自由に対する**直接的制約**とよびます）。それでは、ある「行為」を命じただけであり、思想・良心そのものを標的としてはいないという場合、憲法19条違反と判断される余地はないのでしょうか。命じられた行為が思想・良心に反するものであったとしても、我慢して従わないといけないのでしょうか。この点に関する最重要判例が**君が代起立斉唱事件**[*5]です。

　都立高校の教員であるX先生は、卒業式で国歌斉唱を実施することに反対していました。卒業生のなかには、祖国が日本に侵略された歴史を学ぶ在日朝鮮人・

⚖️判例

*3　レッドパージ事件（最大決昭和27年4月2日）
　共同通信社が、レッドパージを命じた「マッカーサー書簡」に従い、共産党員とその支持者である従業員30数名を解雇したことが、従業員の思想・良心の自由を侵害しないかが問題となった事件。最高裁は、憲法を含む日本の法令は、連合国軍総司令部（GHQ）最高司令官マッカーサーの「指示に抵触する限りにおいてその適用を排除される」ため、マッカーサー書簡に従ってなされた本件解雇は有効であるとしました。

*4　「公共の福祉」については、第1章1（p.8）を参照。

🔍ポイント

*5　最判平成23年5月30日。なお、信教の自由に関する事案ですが、第1章4のCASE（p.21）や同節で紹介されている「エホバの証人剣道受講拒否事件判決」（p.23）などでも、同種の問題が生じています。

在日中国人の生徒もいる。彼らに対し、その侵略戦争の象徴であった「日の丸」や「君が代」を強制することは、教師としての良心に反する。そう考えていたのです。しかし、校長は、そんなX先生に対して、卒業式での国歌斉唱の際、国旗に向かって起立し、国歌を斉唱せよと命じました[*6]。この職務命令は、X先生の思想・良心の自由を侵害するのではないか。これが本事件の争点です。

　最高裁は、本件職務命令は、思想・良心の自由に対する直接的制約には該当しないが、X先生の歴史観・世界観に由来する行動（国旗・国歌に対する敬意の表明の拒否）とは異なる行為（国旗・国歌に対する敬意の表明の要素を含む行為）を求める点で、思想・良心の自由に対する**間接的制約**にあたる、と説きました。伝統的通説がとらえてこなかった間接的制約という制約態様を認めたわけです。

　ただし、この間接的制約には、思想・良心の自由の「絶対的保障」は認められませんでした。最高裁は、間接的制約をただちに違憲とするのではなく、職務命令の目的・内容や制約の態様等を総合的に較量して、その制約を許容しうる程度の必要性・合理性が認められるか否かという観点から合憲性を審査すべきだとしたのです。

　この審査の結果、本件職務命令は合憲と結論づけられました[*7]。上記の起立斉唱行為は「慣例上の儀礼的な所作」にすぎないこと、卒業式にふさわしい秩序を確保しつつ式典の円滑な進行を図ることが必要であること、卒業式で国歌を斉唱するよう指導せよと学習指導要領に定められていること、公立高校の教員は法令等や上司の命令に従うべき立場にあることなどが、その理由です。

(3) 私人間効力

　さて、続いてご紹介するのは、**三菱樹脂事件**[*8]という判決です。私企業である三菱樹脂は、入社試験の際、受験者に思想に関する事項（学生運動に参加していたか否かなど）を申告させました。この行為は受験者の思想・良心の自由を侵害するか、というのが本事件の争点です。

　ここまでの説明をふまえて考えれば、これは沈黙の自由に対する侵害だといえそうですよね。しかし、問題は、その行為を行ったのが**私人**（公務員ではない者）だということです。はたして、憲法19条は私人間にも適用されるのでしょうか[*9]。

　憲法は国家をしばるものであり、私人をしばるものではありません。また、私人間に憲法が介入することは、**私的自治**[*10]の侵害にもなりかねません。しかし他方で、企業等は、個人とは比べものにならないほど大きな力をもった存在です。そのような**社会的権力**による人権侵害を見過ごすべきではないでしょう。また、憲法が最高法規である以上（憲法98条1項）、私人間に適用される法令も、憲法に適合的に解釈されなければならないはずです。

　そこで、最高裁は、憲法を私人間に直接適用することは許されないが、法令の「適切な運用」により「社会的許容性の限度を超える侵害に対し基本的な自由や

★ポイント★

*6　校長がこのような職務命令をした背景には、教育委員会からの要請があります。東京都教育委員会は、都立高校の各校長宛に、入学式や卒業式等において国旗掲揚・国歌斉唱を適正に実施することを求める通達を発していたのです。

★ポイント★

*7　本判決後、「君が代訴訟」における中心的争点は、職務命令の合憲性から、職務命令違反を理由とする懲戒処分の適法性へと移りました。この点、君が代懲戒処分事件（最判平成24年1月16日）は、「不起立行為に対する懲戒において戒告を超えてより重い減給以上の処分を選択することについては、本件事案の性質等を踏まえた慎重な考慮が必要となる」と説き、懲戒処分の一部を違法と判断しています。

*8　最大判昭和48年12月12日。

★ポイント★

*9　私人間効力は、思想・良心の自由に限った問題ではありません。実際、昭和女子大事件（最判昭和49年7月19日）では政治活動の自由（憲法21条）、日産自動車事件（最判昭和56年3月24日）（⇒第3章2）では平等権（憲法14条）、百里基地訴訟（最判平成元年6月20日）では平和主義（憲法9条）の私人間効力が問題となっています。

用語解説

*10　私的自治
　私人間の法律関係は
当事者の自由意思に任
せるべきであるという
考え方のことで、私法
（私人間を規律する法）の
大原則とされています。

★ポイント★

*11　ただし、本判決
の結論は、原告（労働
者）の敗訴ではなく、
「破棄差戻し」となり
ました。なぜかという
と、原告は雇入れを拒
否されたのではなく、
雇入れ後の試用期間中
に本採用を拒否された
ところ、最高裁はそれ
を「解雇」と評価し、
その解雇に客観的合理
性が認められるか否か
を原審で審査すること
が必要だと判断したの
です。なお、差戻審に
おいては、本採用拒否
の撤回、原告の職場復
帰、和解金1,500万円
の支払いを内容とす
る、原告の全面勝訴と
いうべき和解が成立し
ています。

平等の利益を保護」することは可能である、と説きました。これは、私人間に適用される法令について、憲法に適合した解釈を行うことにより、憲法を私人間に間接的に適用するという、**間接適用説**をとったものと評価されています。

　では、この見解を前提とした場合、企業が受験者に思想に関する事項を申告させる行為は違法となるのでしょうか。最高裁は、適法だと説きました。企業は契約締結の自由を有するため、特定の思想を有することを理由に雇入れを拒否しても当然に違法とはいえない。したがって、雇い入れるか否かを決定するにあたって思想に関する事項の申告を求めることも違法ではない、というのがその理由です。[*11]契約の締結という場面では、私的自治が特に強く要請されるため、思想・良心の自由を重視した法解釈を行うことが困難だったのでしょう。

④　ロパクを許さなかったのは憲法19条違反？

　最後に、まとめもかねて、冒頭の CASE を検討してみましょう。

　「君が代」は過去の戦争と結びついた歌だという C さんの考えは、一種の歴史観ないし世界観といえますから、問題なく憲法19条の「思想及び良心」にあたります。では、そんな考えをもつ C さんに対して、卒業式で国歌を斉唱させることは、思想・良心の自由を侵害するでしょうか。

　君が代起立斉唱事件によれば、本件のような行為の強制は、思想・良心の自由に対する間接的制約にあたります。そして、この間接的制約の合憲性は、さまざまな事情を考慮して、それを許容しうる程度の必要性・合理性が認められるか否かという観点から審査されます。

　本件についてこの審査を行う際、一番のポイントとなるのは、B さんが教員ではなく生徒だという点でしょう。君が代起立斉唱事件では、合憲判断の理由のひとつとして、原告が公立高校の教員であるという事情があげられていました。公立高校の教員は、公務員として法令や上司の命令に従う義務を負っており、また教員として学習指導要領を守る義務を負っているのだから、それらの義務に従って国歌斉唱を行う必要性が高い、ということです。ここに合憲判断の理由づけの重点があったのだとすれば、そのような義務を負っていない C さんに国歌斉唱を強制することは、違憲の疑いが強いと考えられます。

○×問題

①　訴訟において事実の認識・記憶に関する証言を強制することは、沈黙の自由を侵害するため、許されない。

②　公立高校の教員に対して卒業式での国歌斉唱を命じる職務命令は、思想・良心の自由を侵害し、違憲である。

4　宗教の異なる同級生がいたら──信教の自由

◆CASE◆　教室のなかで主張された信教の自由

　ある国立大学に入学した A さんは、必修科目の授業で次のような光景を目にして衝撃を受けました。その授業は何人かの学生でグループを作って、あるテーマについて調べて報告をするというもので、グループは学籍番号をもとに男女混合になるように作られていました。A さんが、割り振られたグループの人たちに自己紹介をしようとしたとき、男子学生 B が、「自分の信じる宗教は異性と交流をもつことを禁止しており、女子学生と一緒に課題をこなすことはできないので、女子学生と同じグループにするのは止めてほしい」と担当教授に伝えたのです。さらに B 君は、そのような配慮を行ってもらえないなら、信教の自由の侵害を理由に裁判所に訴え出るとも言いました。

お祭りの起源も信仰であることが多いね

1　宗教的な価値観の違いと憲法

　「価値観の違い」は恋人同士が別れる原因の大きな要素だといわれています。みなさんも自分とは違う「価値観」をもった人に、いくどとなく出会ってきたことでしょう。社会にはさまざまな「価値観」が存在しますが、このような「価値観」のなかでも、宗教的な価値観の違いは、歴史上、多くの悲劇を繰り返してきました。宗教を真摯に／真剣に信じる人にとって、その信仰はみずからの人生そのものといえるほどに重要なものとなるので、宗教をめぐる争いは、ときとして自分自身の存在にかかわる激しい争いとなっていくからです。

　そして、血で血を洗うような過酷な宗教戦争[*1]を経験した人々が考え出したのが、自分とは異なる信仰をもつ者の存在を許容し合う宗教的寛容でした。憲法に規定される「信教の自由」とは、このような宗教的寛容を体現し、異なる（宗教的）価値観をもつ人同士が共存するための保障なのです。

　本節では、信教の自由が保障するものとは何か、そこにはどのような限界があるのかについて勉強していきます。なお、日本国憲法をはじめ、いくつかの憲法では、信教の自由とあわせて「政教分離の原則」が規定されています。この点については、次節で勉強します。

2　信教の自由の内容

(1)　信教の自由が保障するもの

　憲法の条文をみると、20条1項（前段）が信教の自由を広く保障しています。2項は、戦前の日本政府が、「国家神道」を確立し、神社参拝などを臣民の義務

★ポイント★

*1　宗教戦争とは、16〜17世紀にヨーロッパの各地でキリスト教の諸宗派の間で行われた一連の戦争を指します。宗教改革によって生まれたプロテスタント諸派とカトリックの間で、お互いを邪教として激しい弾圧を行いました。

憲法20条

1項　信教の自由は、何人に対してもこれを保障する。……
2項　何人も、宗教上の行為、祝典、儀式又は行事に参加することを強制されない。

として強制していたことへの反省として規定されたものです。

　まず、保障の対象となる「宗教（＝信教）」を法的にどう定義すべきかを考えましょう。宗教は多様な形態で存在しているため、ひとつの定義で説明することはむずかしく、また望ましくもないでしょう。ある判決のなかでは、超自然的・超人間的な存在（神・仏・霊など）への信仰を宗教と考えると述べられています（津地鎮祭事件控訴審判決）[*2]。信教の自由によって保護される「宗教」をきわめて広く理解するこのとらえ方を差しあたり妥当なものと考えてよいでしょう。

　次に、信教の自由の保障とは具体的に何を意味しているのかを考えます。これは一般的に、①信仰の自由、②宗教的行為の自由、③宗教的結社の自由の3つを保障しているといわれます（表1−1）。この3つに限定されるという確たる根拠があるわけではないですが、この3つが信教の自由保障の中心となることは確かなので、それぞれ確認しておきましょう。

　信仰の自由とは、信仰をもつ自由またはもたない自由を指します。これは心のなかの問題として、信仰をもつことまたはもたないこと（無宗教）の自由を保障しているのです。また、信仰告白の自由（信仰の有無ないし信仰内容を外部に表明する自由）も信仰の自由の内容のひとつとされています。したがって、信仰告白を強制されない自由も保障されることとなります。このほか、心のなかの自由を超えますが、信仰に反する行為の強制からの自由も保障されているとされます。

　宗教的行為の自由とは、心の外の問題として、宗教的な活動をする自由のことを指します。たとえば、宗教的な儀式やお祈りを行ったり、布教活動を行う自由です。この自由にも、なんらかの宗教的行為を強制されない自由が含まれます。

　宗教的結社の自由とは、宗教的目的をもって団体を結成する自由のことを指します。つまり、宗教団体を結成し加入し脱退する自由であり、かつ宗教団体として宗教的な表現や教育を行う自由を保障しています。もちろん、宗教的結社に加わらない自由も保障されています。ただし、宗教的結社の自由が、**宗教法人**の設立の自由を認めているわけではない点には注意が必要です。多くの宗教団体が財産管理や取引を容易にするなどの観点から、宗教法人法に基づく宗教法人格を獲[*3]

表1-1　信教の自由の内容

3つの保障	内容	例
信仰の自由	信仰をもつ／もたない自由。信仰の告白を強制されない自由。信仰に反する行為の強制からの自由	踏み絵の禁止
宗教的行為の自由	宗教的な活動をする／しない自由	儀式、お祈り、布教活動
宗教的結社の自由	宗教的目的で団体を結成する／しない自由	宗教団体の設立 *宗教法人格を取得する自由までは認められない

得しています。しかし、**オウム真理教解散命令事件**[*4]では、「解散命令によって宗教法人が解散しても、信者は、法人格を有しない宗教団体を存続させ」ることができるので、解散命令は「信者の宗教上の行為を禁止したり制限したりする法的効果」を持たないと述べられています（傍点筆者）。

(2) 宗教なら何をしてもいいの？

以上のような信教の自由の保障のうち、心のなかの自由については絶対的に保障されると考えられています。しかし、自由の行使の結果が他者に影響を与える場合、たとえば宗教的行為の保障などには一定の限界があります。

では、具体的に限界を超えているとされるのはどのような事例でしょうか。最高裁は、**加持祈祷事件**[*5]において、宗教的行為の結果、他人の生命・身体等に危害を及ぼすことは信教の自由の保障の限界を超えると判断しています。その一方で、**牧会活動事件**[*6]では、神戸簡易裁判所が信教の自由にもとづき、牧師の宗教的行為は「罪に問わない」と判断しています。したがって、宗教的行為の自由が保障されているとしても、最終的に他者の生命・身体等に危害を加える宗教的行為を制約することは許されるといえそうです。

(3) 宗教への配慮

今日の日本社会において、江戸時代に行われた「踏み絵」のように特定の宗教をねらい撃ちにして弾圧するようなことが行われる可能性はきわめて低いといえます。信教の自由との関係で問題にされる多くの事例は、一般的には正当な目的をもつようなことが、特定の宗教を信仰する人にとって、宗教的行為の自由を妨げる、あるいは、信仰に反する行為を強制されるものとなってしまうという場合です。加持祈祷事件と牧会活動事件もまさにこのような事例でした。冒頭のCASEもやはりこうした類型の問題です。男女混合のグループ学習を行うことは一般的に正当な教育目的をもつものとして理解可能ですが、ある宗教を真摯に信仰する者にとっては、自分の宗教上の義務に反しない限り実行不可能な要求となってしまいます。それでは、ある宗教を信仰する人に対して、信教の自由が保障されていることを理由に、他の人には認められない配慮を認めることはできるのでしょうか。

日曜日授業参観事件[*7]では、教会学校の礼拝に参加するため小学校の日曜参観授業を欠席した児童（と両親）が、指導要録に欠席と記載されたことは信教の自由の侵害であるとして争いました。一般の人ならば欠席扱いとなることを免れないことを、宗教を理由に免除してほしいという要求が認められるかが争われたとも言い換えられるでしょう。これに対して裁判所は、児童に課されている不利益は、不定期の日曜日授業参観に対する欠席が1つ加わるだけであるため「受忍すべき範囲内にある」としました。

その一方で、**エホバの証人剣道受講拒否事件**[*8]では、退学という学校の行った処

に支障をきたす可能性を考慮しています。しかし、宗教法人法の解散命令制度の目的は合理的であり、オウム真理教に対する解散命令は「必要かつ適切」であったと判断しています。

⚖ **判 例**

[*5] 加持祈祷事件（最大判昭和38年5月15日）
精神異常の治癒のため、僧侶が線香護摩による祈祷を行った際に、被害者をしばって火であぶり殴るなどして、死亡させた事件。最高裁は、線香護摩による祈祷を宗教行為と認めるものの、他者の生命、身体等に危害を及ぼす暴行であるとし、「憲法20条1項の信教の自由の保障の限界を逸脱した」と判断し、僧侶の宗教行為に傷害致死罪が適用されることを認めました。

⚖ **判 例**

[*6] 牧会活動事件（神戸簡判昭和50年2月20日）
ある教会の牧師が、警察に行方を追跡されていた高校生の説得を依頼され、警察に追われていることを知りながらも、牧師として彼らの魂を救うことを最優先と考えて彼らをかくまって説得を続けたことが犯人蔵匿罪に問われた事件。なお、当該高校生は牧師に説得され警察に自首しました。裁判所は、牧会活動（牧師の活動）は憲法20条の信教の自由の一内容をなすので、「最大限慎重な配慮を必要とする」などと判示しています。

[*7] 東京地判昭和61年3月20日。

⚖️ 判例

＊8　エホバの証人剣
道受講拒否事件（最判
平成8年3月8日）
　宗教上の教義（格闘
技を行ってはならない）
にもとづいて体育の剣
道実技を拒否して、最
終的に退学処分となっ
たことが信教の自由に
反するとして争われた
事件。なおこの事件で
は、憲法上の信教の自
由が侵害されていると
判断されておらず、最
高裁は、代替措置をと
ることが可能であった
にもかかわらず、学校
長のとった措置は「考
慮すべき事項を考慮し
ておらず」、考慮した
事項の評価も明らかに
合理性を欠いているの
で、「本件処分は、裁
量権の範囲を超える違
法なもの」であると述
べるに留まります（傍
点筆者）。

分によって被る「不利益が極めて大きい」ことを指摘し、学校の行った処分は「違法なもの」であると判断しています。このような判決に至った理由として、最高裁は、退学処分がきわめて重い処分であることを重視していますが、体育実技の教育目的が剣道実技でなくとも達成可能なこと、剣道実技拒否の理由が「信仰の核心部分と密接に関係する真しなもの」であること、代替措置（レポートの提出など）が可能であることもあげています。

　こうしてみると、教育現場において、信教の自由を理由に一般的なルールに対する配慮が認められるためには、①被っている不利益がどの程度か、②一般的なルールに対する配慮を求める理由が信仰の核心部分と密接に関係する真摯なものであるか、③代替措置を行うことが可能であるなど信仰を害しない他の方法で問題となるルールの目的を達成できるか、が考慮されることになります。なお、こうした考慮要素を教育現場以外でも同じように使うことができるかは、今後の判例の展開を待たなければなりません。

(4)　信教の自由 vs. 政教分離？

　次節で学習する政教分離原則を厳格に理解した場合、個人の信教の自由と衝突してしまうという場面が存在します。たとえば、日曜日授業参観事件では、児童の被る不利益がきわめて小さいことに加え、宗教的行為の自由を保障するために参観授業の出席を免除することは「公教育の宗教的中立性」にとって望ましくないと判断されています。これに対して、エホバの証人剣道受講拒否事件では、目的効果基準を用いて、剣道実技に代えて代替措置を認めることは「公教育の宗教的中立性に反するとはいえない」と判断しています。

　詳しくは次節に譲りますが、判例は政教分離原則を厳格に理解するべきであるという立場に立ってはいません。そうだとすると、少なくとも、エホバの証人剣道受講拒否事件のような場面で、真摯な信仰（信教の自由）と政教分離が対立するとき、信教の自由を優先することは従来の判例の立場と矛盾するものではないと考えられます。

③　宗教を理由として課題を配慮できるか

　冒頭であげたCASEについて、B君の主張は信仰に反する行為を強制されない自由として位置づけられます。また、グループ学習の班分けにおいて配慮を求めることが、重大な他者の権利を侵害すると考えることは困難でしょう。したがって、男女混合のグループ分けをするという一般的ルールに対する配慮の可能性を以下の点にもとづいて検討することになりそうです。

　　①　被っている不利益がどの程度か。
　　②　一般的なルールに対する配慮を求める理由が、信仰の核心部分と密接に関係す

る真摯なものであるか。

　　③　代替措置を行うことが可能であるなど、信仰を害しない他の方法で問題となる
　　　　ルールの目的を達成できるか。

　①については、この授業が必修科目であることを考慮すると、必修科目の単位
を取得できず卒業することができなくなるかもしれず、不利益の程度は小さくな
いといえます[*9]。②については、ある宗教の信念が婚姻前の男女が共同で作業を行
うことを禁止しており、B 君がそれを真摯に信仰しているのであれば、男女混合
のグループ学習はまさに真摯な信仰の核心に密接にかかわるといえます。

　むずかしいのが、③についてどう考えるかです。男女混合のグループ分けが授
業の教育目的の達成にとって重要でない場合は、B 君に配慮をして男性のみのグ
ループを作り、B 君にはそのグループに入ってもらえばよいでしょう。このよう
な配慮が可能な場合に、配慮を行わなければ B 君の信教の自由を侵害するとい
えそうです。しかし、もし、授業の目的が、男女が共同して課題をクリアするこ
とであるなら（この目的自体が妥当なものかも問題ですが、ここでは深く考えないこ
とにします）、男女混合の班分け以外では科目の目的を達することはできなくな
ります。この場合、B 君に配慮して男性だけのグループを作ることは、そのグルー
プに配置された他の学生の教育効果を減じることになってしまいます。

　そうすると、他に可能な代替手段は、B 君のみ単独で課題をこなすこと、ある
いは他の授業の単位をこの必修科目の単位に代えて卒業要件を満たすとすること
であり、これを容認しなければならないかが問題となります。しかしながら、現
在の日本の判例にもとづいて考えると、少なくとも当該授業の単位認定について
配慮を求めること（B 君のみ単独で課題をこなすことの容認）は困難だと思われます[*10]。

◯✕問題

① 宗教的行為として行われた加持祈祷であれば、他者に対する違法な暴力
　的行為をともなうものであったとしても処罰の対象とならない。　　　　□

② 宗教法人を解散させる解散命令は、宗教的結社の自由を侵害するので違
　憲である。　　　　　　　　　　　　　　　　　　　　　　　　　　　□

★ポイント★

*9　なお、エホバの
証人剣道受講拒否事件
において、「自らの自
由意志」で学校を選択
したことを理由に、著
しい不利益を与えるこ
とが当然に許容される
ことにはならないと判
示されていることにも
注意が必要です。

★ポイント★

*10　冒頭の CASE は
カナダのある大学で実
際に起こった事例を少
しアレンジしたもので
す。このとき、大学側
は B 君に対する配慮
を認めましたが、授業
担当者の教授はこれを
拒否し、男女混合のグ
ループ学習でなけれ
ば、当該授業の単位を
認定することはできな
いといいました。カナ
ダでも明確な結論の出
ていない難しい問題で
すが、憲法学には容易
には答えられない難問
がいくつか存在しま
す。みなさんはどう考
えますか。

5 政治と宗教、混ぜるなキケン!?──政教分離

◆**CASE**◆　宗教的な施設の補修工事に市が補助金を出してもよいのか？

　Bくんはキリスト教系の大学に通っており、そのキャンパスにはかつて弾圧されたキリスト教徒が建てたという小さな教会建物が残っています。現在は教会としては使われていませんが、そこにはキリスト教の宗教画が描かれた美しいステンドグラスがあるため、大学が歴史的施設として保存しており、多くの観光客が訪れています。

　ただ、年月が経つにつれ、建物もステンドグラスも傷みが激しくなり、ついに補修工事をすることになりました。大学のある市の市長さんは、このステンドグラスは地元の観光産業に大きく貢献しているとして、市の予算から補修工事費の一部を補助金として大学へと支出するようです。でも、その建物やステンドグラスはキリスト教にかかわるものです。市のような公の機関がこうした宗教性のある大学や施設、作品にお金を出してもよいのでしょうか。

ステンドグラスって見とれちゃうよね

① 政教分離とはなにか？

(1) 政教分離のモデル

　前節でみたように、多様な価値観をもつ人々が、それでも争うことなくひとつの社会で共存するために、信教の自由が保障されています。しかし、それだけでは不十分だとする見方があります。なぜなら、たとえ各人に信教の自由が認められていても、国家が特定の宗教と結びつけば、宗教戦争などにみられるように、その宗教への信仰が要請されたり、他の宗教に対する弾圧が激化したりするという歴史的経験があるからです。ここから国家と宗教とは一定の距離をとらなければならないというアイディアが生まれました。政治と宗教との分離、すなわち**政教分離**の原則です。

　とはいえ、国家と宗教との距離のとり方については、国家ごとにその歴史や文化をふまえたさまざまな考え方があります。こうした政教分離原則のモデルとして、次の3つが代表例とされています。

① イギリス型……国教制度をもつが、国教以外の宗教にも宗教的寛容を認める

② イタリア・ドイツ型……国家と宗教団体とを分離しつつも、後者に特別の公法上の地位（国家との特別の法的関係）を認める

③ アメリカ型……国家と宗教とを厳格に分離し、相互に干渉しない

日本国憲法が採用している政教分離原則は、どれに当てはまるのでしょうか。

(2)　日本国憲法の立場

　日本国憲法は、国家と宗教とが分離されるべきことを、国家と宗教それぞれの立場から記述しています。宗教団体は、国から特権を受けたり、政治上の権力を行使することができません（憲法20条1項後段）。反対に、国及びその機関も、宗教的活動をすることができないとされています（憲法20条3項）。さらに、政教分離原則を財政面から裏づけるために、公金その他の公の財産を、宗教上の組織や団体の使用・便益・維持のために支出したり、利用したりすることが禁じられています（憲法89条）。

　こうした憲法の規定は、さきほどの政教分離のモデルでいうアメリカ型の厳格分離に該当すると考えられています。判例も、「憲法は、政教分離規定を設けるにあたり、国家と宗教との完全な分離を理想とし、国家の非宗教性ないし宗教的中立性を確保しようとした」（下線筆者）と述べ、厳格分離が日本国憲法の採用する立場としています。

(3)　どこまで厳格に分離するか？

　以上の説明から、国家は一切宗教とかかわってはならない（さきの下線部でいう**非宗教性**）という最も厳格な分離（**完全分離**）が憲法の立場であるように思えます。ところが、宗教は社会のあらゆる面に存在しているため、完全分離を貫くと、宗教的要素がある事柄に関して、国家が必要な政策を推進することがほとんどできなくなってしまいます。いい換えると、宗教とは異なる目的（これを**世俗目的**といいます）で政策を進めようとしても、それが少しでも宗教にかかわってしまえば、憲法違反になりかねないのです。たとえば、完全分離の下では、特定の宗教とのかかわりのある私立学校が行う普通教育への金銭援助（これは世俗目的です）が認められないことになります。また、文化財を保護しようとしても（これまた世俗目的です）、それが神社・寺院といった宗教団体がもつ建築物などであった場合、国は保護に乗り出すことができません。これは不都合です。

　そこで、完全分離を理想としつつも、現実的な折り合いをつけるため、国家と宗教とがなんらかのかかわりをもっていたとしても、国家がすべての宗教を公平・中立に扱っているのなら、厳格な政教分離原則は実現されていると考える立場（さきの下線部でいう**宗教的中立性**）が登場しました。次のように述べる判例もこの立場であると考えられています。政教分離原則は、「国家が宗教とのかかわり合いをもつことを全く許さないとするものではなく、」そのかかわり合いが「国の社会的・文化的諸条件に照らし、」**「相当とされる限度を超えるものと認められる場合にこれを許さないとするものである」**。つまり、日本という国の社会的・文化的諸条件からみて、国やその機関の行為が、相当とされる限度を超えていなければ合憲であり、反対にその限度を超えていれば違憲となるのです。[*1]

憲法20条
1項　……いかなる宗教団体も、国から特権を受け、又は政治上の権力を行使してはならない。
3項　国及びその機関は、宗教教育その他いかなる宗教的活動もしてはならない。

憲法89条
公金その他の公の財産は、宗教上の組織若しくは団体の使用、便益若しくは維持のため、……これを支出し、又はその利用に供してはならない。

★ポイント★
*1　こうした判例の立場が表明された最高裁判決には、5名の裁判官の共同反対意見が付されていました。そこでは、憲法制定の経緯や条文をふまえれば完全分離を貫くべきこと、「相当とされるかかわり合い」の基準は曖昧であること、例示された不都合事例には平等原則などの他の憲法上の要請を用いて対応可能であること、が記されています。

② 目的効果基準

けれども、国家と宗教とのかかわり合いが相当とされる限度を超えるかどうかを、どのように判断すればよいのでしょうか。これだけではあまりにも曖昧です。そこで判例が編み出したのが**目的効果基準**です。これは、❶国やその機関の行為の目的が宗教的意義をもつこと、❷その効果が宗教に対する援助、助長、促進または圧迫、干渉等になること、という２つの基準を指します*2（以下、❶・❷で表します）。要するに、国やその機関の行為に、❶宗教的目的と、❷宗教的効果があれば*3、国家と宗教とのかかわり合いが相当とされる限度を超えており、違憲であると判断されるのです。政教分離原則違反の典型例としては、宗教教育があげられます。国の機関のひとつである公立学校で児童・生徒に特定の宗教上の教義を教え込むことは、その布教を目的にしており、その宗教に援助・助長の効果をもたらす（あるいはそれと同時に、それ以外の宗教に圧迫・干渉の効果をもたらす）ものですから、❶・❷の両方に当てはまり、違憲であると考えられるのです。

しかし、曖昧さはまだ残っているように思えます。国やその機関の行為をどのような観点から分析し、考慮すれば、その行為の目的と効果を判断することができるのでしょうか。判例は、次のようにさまざまな事情を考慮して、その目的と効果を判断すると述べています。「当該行為の主宰者が宗教家であるかどうか、その順序作法（式次第）が宗教の定める方式に則つたものであるかどうかなど、当該行為の外形的側面のみにとらわれることなく、当該行為の行われる場所、当該行為に対する一般人の宗教的評価、当該行為者が当該行為を行うについての意図、目的及び宗教的意識の有無、程度、当該行為の一般人に与える効果、影響等、**諸般の事情を考慮し、社会通念に従つて、客観的に判断しなければならない。**」ここでのポイントは、行為の宗教的な外形（見た目）やそれが行われる場所、行為者の考える意図・目的、宗教的意識だけではなく、そうした行為に対する一般人の評価や、その行為が一般人に与える効果等も考慮に入れなければならないことです。たとえば、ある行為に従事している人が純粋に宗教活動をしていると考えているとしても、それをみる一般人がそこに宗教性を感じていないという場合には、その行為が目的効果基準に引っかかることはなく、したがって合憲になることがあります。*4

以下では、実際に裁判で争われた事例をみることで、目的効果基準の使い方を確認しましょう。

③　重要判例の紹介

(1)　津地鎮祭事件

　さきほどから政教分離原則に関する判例の立場を説明してきましたが、その立場が表明された事件こそ、この**津地鎮祭事件**の最高裁判決です。[*5] 本件で問題となった神式の起工式（地鎮祭）に公金を支出した行為ついて、最高裁は次のように述べて、合憲としました。①神式でなされた起工式は宗教とのかかわり合いをもつ。②だが、起工式の宗教的意義は時代の推移とともに希薄化しており、一般人の意識においては、工事の無事安全等を願うための慣習化した社会的儀礼であり、世俗的行事と評価されている。③起工式が参列者や一般人の宗教的関心を特に高めることはなく、神道を援助、助長、促進する効果も与えない。④以上から、❶・❷の両方に当てはまらないため、本件支出行為は適法（合憲）である。

(2)　愛媛玉串料事件

　もうひとつ重要な判例として、**愛媛玉串料事件**[*6] があります。県知事が公金から神社へ玉串料を支出した行為について、最高裁は次のように述べて、違憲としました。①県は玉串料の支出により宗教的意義のある神社の重要な祭祀とかかわり合いをもった。②玉串料の奉納は起工式の場合と異なり、時代の推移によって宗教的意義が希薄化しているとはいえず、一般人がそれを社会的儀礼と評価しているとは考えがたい。③県は他の宗教団体の挙行する同種の儀式に同様の支出をしておらず、特定の宗教団体とのあいだにのみ意識的に特別のかかわり合いをもった。このことは、一般人に対して、県が当該宗教団体を特別に支援しており、その宗教団体が他の宗教団体とは異なる特別のものであるとの印象を与え、特定の宗教への関心を呼び起こす。④以上から、❶・❷の両方に当てはまるため、本件支出行為は違法（違憲）である。

(3)　空知太神社事件──目的効果基準の消失？

　政教分離原則の事件であるにもかかわらず、目的効果基準を用いなかったものとして、**空知太神社事件**[*7] があります。この事件では、市がその所有する土地を神社施設として地域住民に無償で使用させていることが、政教分離原則に反し、違憲であると判断されました。その際に、目的効果基準ではなく、単にさまざまな事情を総合的に判断するという審査方法がとられました。問題となった市有地が神社施設として使用されるまでの経緯が複雑で、その複雑さが審査方法の変更に影響したことは確かです。しかし、具体的に複雑さのどの部分が影響を与えたのかについては、研究者の間で見解が分かれています。なお、その後の事件で、[*8] 最高裁は再び目的効果基準を利用していますので、現在でも政教分離原則の事例に対する判例の審査の基本形は、目的効果基準であると考えられます。

⚖ 判 例

*5　津地鎮祭事件（最大判昭和52年7月13日）
　三重県津市が、市立体育館の建設に関して、建設現場で、神社の宮司らの主宰の下で神式の起工式（いわゆる地鎮祭）を挙行し、その挙式費用を市の公金から支出したことが、政教分離原則に違反するかが争われました。

⚖ 判 例

*6　愛媛玉串料事件（最大判平成9年4月2日）
　当時の愛媛県知事が靖国神社の挙行する例大祭に奉納する玉串料を県の公金から支出した行為等が、政教分離原則に違反するかが争われました。靖国神社には太平洋戦争時の戦没者が英霊として祀られており、戦没者慰霊のため参拝や玉串料の奉納を希望する政治家が存在する一方、英霊には極東国際軍事裁判でA級戦犯として処罰された者が含まれていることや、戦没者慰霊とはいえ特定の宗教施設に政治家がかかわることに批判がある、という事情が背景にあります。

⚖ 判 例

*7　空知太神社事件（最大判平成22年1月20日）
　北海道砂川市が地域の集会所として無償貸与していた市有地に空知太神社のほこら等が設置されており、地域住民からなる氏子集団によって管理されていました。この市有地の無償貸与行為が、政教分離原則に違反するかが争われました。

⚖️ 判例

＊8 白山ひめ神社事件（最判平成22年7月22日）
ある神社の大祭に係る諸事業の奉賛を目的とする団体の発会式に、同神社が位置する市の市長が出席し、祝辞を述べたことが、政教分離原則に違反するかが争われました。最高裁は、同神社が同市の観光資源となっており、観光振興に尽力すべき同市長が一般の儀礼的な祝辞を述べることは、目的効果基準に照らして、政教分離に反しないとしました。

④ 市は補修工事費を補助できるか？

CASE を目的効果基準に照らして考えてみましょう。補助金を支払う相手はキリスト教系の大学です。さらに、建物はもともと教会ですし、ステンドグラスに描かれているのもキリスト教の宗教画です。そのため、それらの補修工事に市が金銭を支出することは、宗教とのかかわり合いをもつ行為です。しかし、①当該建物が現在は教会として使われていないこと、②それらが歴史的施設・作品として観光名所となっていること、③他の宗教（たとえば古くからある寺社）の施設・作品に対しても同様の補修工事の援助をすることがある、といったことを考慮に入れましょう。すると、社会通念に照らせば、大学による補修工事の一部を補助したからといって、一般人からみて、市が特定の宗教（ここではキリスト教）と特別のかかわり合いをもったと判断することはむずかしいでしょう。それゆえ、市の補助金支出行為の❶目的は文化財保護（世俗目的）であって宗教的意義はなく、❷キリスト教（の大学）だけを援助したり、他の宗教を圧迫したりする効果もなさそうです。したがって、目的効果基準の両方に当てはまらないので、市の補助金支出行為は憲法の定める政教分離原則には違反しないものと考えられます。判例と関連づけていえば、CASE の事例は、津地鎮祭事件に似ているものとして考えればよいわけです。

【追記】那覇市孔子廟事件（最大判令和3年2月24日）
本稿脱稿後に、政教分離原則に関する新しい最高裁判決が出ました。政教分離原則の判例として3件目の違憲判決です。
この事件では、沖縄県那覇市が、その管理する都市公園内に儒教の祖である孔子等を祀った久米至聖廟の設置を許可し、その敷地の使用料を全額免除したことが、政教分離原則に違反するかが争われました。最高裁は、この敷地内で行われる祭祀の宗教性が軽微ではないことなどを理由に、敷地使用料を全額免除としたことが違憲であると判断しました。この判決の特徴は、目的効果基準が再び用いられなかったことです。公有地を宗教的な活動に無償提供するという点では空知太神社事件と類似しており、これが目的効果基準を用いなかった理由のひとつと思われます。しかし、細かな点でこれまでの判例とは異なる記述もみられるため、研究者による判例分析が必要になるでしょう。

⚖️ ○×問題 ·········

① 日本国憲法が採用している政教分離原則は、完全分離型であり、国家が宗教とかかわり合いをもつことは一切許されない。 ☐

② 判例によると、神式での起工式に地方公共団体が挙式費用を支出することは政教分離原則に反しない。 ☐

6　さまざまな人とともに学ぶために──教育を受ける権利

◆CASE◆　障害と憲法

　Ａさんは生まれたときに身体に重い障害を負いましたが、中学校までは車椅子に乗り、問題なく通学していました。中学３年生になって、自分の将来の夢をかなえるためにも、自宅の近所にある公立のＢ高校を志望するようになり、受験したところ、不合格になってしまいました。その後、Ａさんが入学試験に関する点数開示を求めたところ、学力試験の結果は合格点に達していました。そのため、身体の障害を理由にした不合格だと判断し、このような処分は違法であるとして、その取消しと入学の再許可を求めて裁判所に訴えました。Ａさんの訴えは認められるのでしょうか。

これからはインクルーシブ教育だよね

1　教育をめぐる現状と憲法

　現代の日本において、いまや18歳人口の過半数が四年制大学などの高等教育機関に進学する時代となりました。こうした変化は教育のあり方に大きな影響を与えています。たとえば、さまざまな事情を抱えている学生への配慮が学校に求められたり、たんに先生の話を聴くだけでなく、プレゼンテーションの実施などのように学生のほうも積極的・主体的な学習態度を示すことが求められるアクティブ・ラーニング形式の授業も行われるようになってきたりしています。これは高校以下の各学校でも同じ状況でしょう。

　また、経済的に厳しい学生・生徒の数が増えるにつれて、日本学生支援機構などによる奨学金を受給している奨学生の数も増えつつあります。みなさんがよく知っている日本学生支援機構の奨学金も、国の予算から支出されているお金が原資となって貸与されているのです。現在では貸与ではない、つまり卒業後に返還しなくてもよい給付型の奨学金も増やそうという方向での議論も行われていますが、民間の財団などから支給される給付型の奨学金の数は多くなく、ほとんどの学生は貸与の奨学金のみを受給し、卒業後の返済に苦労することになる、という問題も起こっています。

　さて、日本国憲法は、みなさんのようにいま学んでいる（法律上では学生・生徒・児童などとよばれる）人に対して、どのような人権を保障しているのでしょうか。基本となるのは憲法26条の条文です。

　憲法は、①教育に関することは法律で具体的に定めるとしており、準憲法的な性質をもつと考えられている**教育基本法**などが制定されています[*1]。②国民は各人の能力に応じてひとしく教育を受けることができるとしており、国はそのために

憲法26条
1項　すべて国民は、法律の定めるところにより、その能力に応じて、ひとしく教育を受ける権利を有する。
2項　すべて国民は、法律の定めるところにより、その保護する子女に普通教育を受けさせる義務を負ふ。義務教育は、これを無償とする。

*1　こうした法律について研究・教育する学問の分野を教育法学といいます。

必要な設備や人員を配置する義務があります。③国民はその保護する子女に普通教育を受けさせる義務を負うとされており、この規定は憲法上に明記されている数少ない国民の義務のひとつとしても知られています。④その代わり、幼児教育や義務教育を無償とすることで、国民の経済的負担を軽減するようにしています。

② 適切な教育が行われるために

(1) 学習権とは

憲法26条は、個人の学習権を保障するものだという理解が一般的です。この学習権とは「国民各自が、一個の人間として、また、一市民として、成長、発達し、自己の人格を完成、実現するために必要な学習をする固有の権利を有すること、特に、みずから学習することのできない子どもは、その学習要求を充足するための教育を自己に施すことを大人一般に対して要求する権利」[*2]だとされています。

*2 次に扱う旭川学力テスト事件の最高裁判決文のなかで示された定義です。

(2) 教育内容を決めるのは誰か

適切な教育が行われるためには、いくつかの条件があります。まず、教育内容は教えられる対象者の学習能力や身体的・精神的成長の度合い、学習者が暮らす社会が求める技能などによって変わりうるものですが、それではいったい誰が決めることになっているのでしょうか。この点については、旭川学力テスト事件[*3]の最高裁判決で示された考え方が重要です。

判決は、教育内容の決定権は国にあるとする**国家教育権説**と、国民とその負託を受けた教師にあるとする**国民教育権説**との双方に言及しながら、そのどちらも極端であるとし、いわばその折衷的な立場を示しました。この考え方はバランスの取れたものだという肯定的な評価もありますが、戦前の日本において実施されていた愛国心育成のための教育の存在といったような歴史的経緯をふまえるのであれば、許容される目的のために必要であるなら国の介入も禁止されていないとする最高裁の判断はいささか楽観的であり、再検討の余地があるかもしれません。

⚖ |判|例|

*3 旭川学力テスト事件（最大判昭和51年5月21日）
1950年代から60年代にかけて行われていた全国中学校一斉学力調査の実施を実力で阻止した教師の行動が公務執行妨害罪に問われた事件。本判決は教育と法にかかわる裁判例として基本的なもののひとつであり、本文中でも解説しているように、①教育内容決定権の所在、②学習権への言及、③教師の教育の自由について判示したものとしても有名です。

(3) 教師の教育の自由とは

関連して、初・中等教育にかかわる**教師の教育の自由**はどこまで認められるのかということも問題になりました。専門的な学術研究の従事者としての大学教員ほどではありませんが、初・中等教育の教師にも一定程度で教育の自由があると前記の判決は説いています。しかし、児童・生徒に教師の授業を批判的に摂取する能力は乏しいという主張や、以下で触れる教科書の使用義務や学習指導要領の法的拘束力のような形で一定の制約が加えられており、その完全な自由は認められていません。

(4) 教科書の問題とは

次に問題となるのは、教育内容とからんで小学校から高等学校までの初・中等

教育の現場において、使用することが**学校教育法**により義務づけられている教科用図書（教科書）にかかわる検定です。その記述が全国的な基準として生徒・児童が学ぶべき内容を示している**学習指導要領**に合致しているかということや、解説の質と客観性の確保などを目的として実施されているのが、**教科書検定制度**です。

　従来からこの検定制度には、憲法が禁じる**検閲**制度ではないかという批判が寄せられてきました。ここでいう検閲[*4]という行為に関して、簡単にいえば、最高裁は、行政機関が出版前の表現物の内容を審査し、不適切だと判断した場合にはその出版を禁止することである、との判断を示しています[*5]。教科書検定制度が検閲であるか否かをめぐって、30年以上の長期間にわたり裁判で争われたのが、有名な**家永教科書裁判**[*6]です。

　結論としては、最高裁は第一次訴訟（第三次訴訟まで行われました）の判決において、当該著作物が検定に合格せず教科用図書としての発行が認められなかったとしても、一般的な出版までもが妨げられるわけではないので、検定制度は違憲ではないと判示しています。しかし、検定の不合格によって市販が妨げられるわけではないにしても、教科用図書として扱われないことにより、公費による購入と配付がなされないことでその著作の入手可能性が低くなり、そのことが間接的な制約になるのではないか、という指摘もありえるでしょう。

* 4　詳しくは、第 2 章 2 (p.44) を参照。

* 5　税関検査事件（最大判昭和59年12月12日）（⇒第 2 章 2 ）。

⚖ **判｜例**

* 6　家永教科書裁判
　代表的な判決として、東京地判昭和45年 7 月17日や最判平成 5 年 3 月16日（第一次訴訟）、最判平成 9 年 8 月29日などがあります。

3）　学びを支援する制度

(1)　授業料の負担は

　学ぶための経済的負担に関して、義務教育については無償とすることが憲法によって定められていることは前述のとおりです。それでは、いったいどこまでの範囲が無償として扱われることになるのでしょうか。その点に関して、最高裁は判決[*7]において、**授業料のみが無償となる**と判断しました。その後、この判例は改められることなく、現在に至るまで有効なものとして妥当しています。

　高校については、2009〜2012年当時の民主党政権時に授業料の無償化措置が実施されるなどしたために、保護者の経済的な負担はいくぶん軽減されました。大学などの高等教育に関しても、国公立と私立とを問わず学費が高騰している現状がこれ以上悪化しないようにし、授業料の負担をさらに軽減することや、給付型奨学金の受給対象者をさらに拡大することなどが求められています。

* 7　最大判昭和39年 2 月26日。

(2)　授業料以外の負担は

　学校に通うために必要となるのは、もちろん授業料だけではありません。これまで解説してきた教科書の購入費用もそうですし、制服・運動着などの学用品代や給食代、修学旅行代もかかるでしょう。さらに、部活などの課外活動で必要となる活動費や、学校の授業内容を補ったり上級学校への受験に備えたりするため

★ポイント★

*8　正確には「義務教育諸学校の教科用図書の無償に関する法律」および「義務教育諸学校の教科用図書の無償措置に関する法律」によって制度化されています。

に通う塾の授業料なども人によっては必要になります。こうした授業料以外の修学費に関して、義務教育の教科書代だけはいわゆる教科書無償措置法[*8]によって無償ですが、その他の費用については一部の地方自治体における独自の取り組みを除けば、各家庭で負担しなくてはなりません。貧困のために給食代や制服代の負担が困難なことによる悲しい問題を私たちが目にするようになったのも、もはやめずらしいことではないという状況下では、修学費の負担を軽減するという政策の実施がよりいっそう切実なものとして求められているのです。

❹　共生のための教育──障害児教育を例に

　2016年7月、神奈川県相模原市で知的障害のある人びとが襲われ、多くの方が亡くなった事件のことは、みなさんもご存知でしょう。この事件は私たちに多大な衝撃を与えるとともに、障害をめぐるさまざまな考えを顕在化させることになりました。本項では、障害のある人の学習権を保障するために、憲法をはじめとする法がどのようにかかわっているのかについて簡単に触れておきます。

　日本においては、**障害者基本法**が土台となります。この法律は憲法における**個人の尊重**という理念が障害者に対しても適用されることを宣言しつつ、その達成のために必要な措置の実施などを、国や地方公共団体に義務づけるものです。そして、現在の教育現場においては、特別支援教育という形で障害児への教育が行われています。

　特別支援教育は学習障害などもその対象としており、以前よりもより広い範囲の障害や困難に対応するようになりました。さらに、障害のある生徒・児童が障害のない生徒・児童たちともできる限り交流し、ともに学んでいけるように配慮されるようにもなりました。このような考え方を、**インクルーシブ**（包摂的）**教育**とよびます。

　こうした流れのもと、2016年4月からいわゆる**障害者差別解消法**が施行されました。これは障害者基本法の一部規程や、日本も批准している障害者権利条約を国内で実効化させるための必要な措置を実施するために作られた法律ですが、学校などの教育現場においても重大な影響を与えるものです。この法律の特色は、障害者に対する不当な差別的取扱いを禁止するとともに、国や地方公共団体のみならず民間の事業者などにも、障害者のために必要な「**合理的配慮**」の提供を求める点にあります。学校現場においても、この合理的配慮の提供が国公立では法的義務として、私立では努力義務として課されたため、各校はそのために必要な措置をとることになりました。[*9]

★ポイント★

*9　新聞報道（2020年12月21日）によれば、これまで私立学校などの民間事業者には努力義務に留まっていた合理的配慮の提供を、公的団体と同様の法的義務とする改正案の国会への上程が内閣府において検討されているとのことです。

　最後に、これまでに裁判で障害児と教育に関して争われた事件についても触れておきましょう。有名な裁判例として、身体障害のある生徒が一般の公立高校へ

の進学を希望したところ、入学を拒否されたことを不服として学校長による処分の妥当性を争った事件があります。[*10] 裁判所は、障害者であっても可能ならば普通学校での教育を受ける権利は保障されていると判断したうえで、学校長の入学不許可処分を違法として取り消しました。この判決で示されている考え方は、前述のインクルーシブ教育の理念を先取りして体現したものとしても評価できるでしょう。

*10　神戸地判平成4年3月13日。

⑤　さまざまな学びを支えていくことの大切さ

　ここまで憲法と教育の関係について、さまざまな観点からみてきました。以下では冒頭であげた CASE について考えてみることで、まとめに代えたいと思います。結論からいえば、この CASE において A さんは B 高校に入学できると判断されます。その理由としては、前述の神戸地方裁判所判決の要旨に加えて、①A さんは中学校までも普通学校に通うことができていたことから、おそらく B 高校においてもそれほど問題なく学生生活を送ることが期待できる、②障害者差別解消法の求めるところにより、公立学校には障害者への合理的配慮を提供する法的義務が課されているのにもかかわらず、B 高校にはその提供に向けた積極的な姿勢が見受けられない、などの点を指摘できるでしょう。

　さて、大学で憲法を学ぶ学生のなかには、教育職員免許状取得のために受講しているという人も多いはずです。そうしたみなさんにとって、憲法と教育というテーマは、教師として就職した後でも切実にかかわるものです。また、子の親となることによっても、このテーマと向き合うことになります。成長の過程にある人だけでなく、より幅広い世代の人を対象とする生涯学習論や社会学の一分野とされている障害学など、ここで触れられなかったことはまだたくさんあります。授業を担当されている先生の話などを聴きつつ、みなさんがこのようなテーマについてさらに学びを深めていくことを期待しています。

○×問題

①　判例によれば、教育を受ける権利を実質化するための義務教育の無償の範囲には、授業料だけでなく教科書の無償配付も含まれる。

②　判例によれば、子どもの教育内容を決定するのは、親を中心とする国民の側にあり、国家は教育内容について決定する権限を有しない。

第**2**章　プライベートと憲法

1　勝手に写真を撮ったらマズイ？——プライバシー権

◆**CASE**◆　プライベート写真暴露事件

　高校生のAさんが、自宅の2階の窓から外を眺めていたところ、クラスメイトのB君とCさんが手をつないで歩いているのを見かけました。Aさんは2人がつき合っているのを知らなかったので、特ダネだと思い、スマートフォン（以下、スマホ）でそれを撮影しました。さらに、Aさんは自宅に設置してある監視カメラ（自宅前の道路や前の家の路地裏が映るようにセットしてある）にも2人の様子が映っているかもしれないと思い録画を再生してみると、予想どおり2人が映っていました。しかもそこには路地裏で2人がキスしているシーンもあったので、Aさんはそれをスマホで写真に撮りました。翌日Aさんはまるで大スクープをしたかのように、クラスのみんなに2人が手をつないで歩いているシーンやキスシーンの写真を見せました。2人が登校すると、クラスのみんながそのことをからかい、Cさんは泣きながら家に帰ってしまいました。怒ったB君は、Aさんに対して「プライバシーの侵害で訴えてやる」と言い始めました。

写真を撮るほうも撮られるほうも要注意！

①　憲法とプライバシーの権利

（1）　新しい権利

　今では当たり前のように使われる「プライバシー」という言葉ですが、憲法のどこにもプライバシーの権利なんて言葉は書いてありません。けれども、プライバシーの権利が必要なことは、もはや自明になっているともいえます。このように、憲法に書いていない新しい権利が必要になった場合、いったいどうすればいいのでしょうか。

　これについてはすでに勉強しましたね。[*1] このような場合、憲法13条を活用して新しい権利を導き出すことになります。憲法13条はさまざまな権利の源泉となる**幸福追求権**を定めています。幸福追求権は、その名のとおり幸せを追求する権利ですが、幸せの内容は人それぞれによって異なります。だからこそ、憲法13条は**個人の尊重**を定めていて、各人が自分の幸せを追求できる権利を保障しているわけです。そして、幸福追求は時代や社会によって異なりますから、憲法に書いていない新しい権利を認めることが必要になります。そのため、憲法13条の幸福追求権は**新しい権利**を導き出すための根拠になるのです。このような性格をもつ幸

憲法13条
すべて国民は、個人として尊重される。生命、自由及び幸福追求に対する国民の権利については、公共の福祉に反しない限り、立法その他の国政の上で、最大の尊重を必要とする。

*1　第1章1（p.6〜）を参照。

36

福追求権は**包括的基本権**とよばれています。

(2) 憲法13条とプライバシーの権利

それでは、プライバシーの権利は憲法13条によって認められるのでしょうか。憲法13条は個人の尊重を定め、各人の**人格権**を保障していることもすでに学びました[*2]。幸いなことに、プライバシーの権利はこの人格権なるものにとても相性がいいといえます。なぜなら、プライバシーはその人の内面に関するものであり、プライバシーの侵害はその人の人格を侵害することになるからです。たとえば、スマホのなかには、予定表、写真、メール、LINE、アドレス帳など、持ち主にかかわる情報がたくさん入っています。これらは他人のプライバシーにもかかわりますが、それ以上に、持ち主がどのような人とつながりがあり、どんな情報をやり取りし、どのような行動をしているのかがわかってしまいます。つまり、スマホの中身は、その人の内面を浮かび上がらせるものであって、その人の人格にかかわるものなのです。だとすれば、プライバシーの権利は人格権のひとつといえ、それが保障されなければ個人が尊重されているとはいえません。したがって、プライバシーの権利は憲法13条によって認められる権利だと考えられるのです。

*2　第1章1 (p.7)を参照。

2 プライバシーの権利の基本的な中身

そもそもプライバシーの権利は、いつ、どこで認められるようになったのでしょうか。一般には、19世紀末のアメリカで登場したと考えられています。その発端となったのが、ウォーレンとブランダイスの両弁護士が書いた論文でした。ウォーレンの奥さんがちょっとした有名人で、ジャーナリズムによって私生活が乱されていました。こうした事態に対処すべく、2人の弁護士は共同でプライバシーの権利に関する有名な論文を発表します。その後、州レベルでは法律によってプライバシーの権利を認めるところが出ていきます。ただし、アメリカの最高裁がプライバシーの権利を認めたのは1960年代に入ってからのことでした。

一方、日本では、当初裁判所のほうがプライバシー保護に積極的な対応を行いました。日本の裁判所は新しい権利をなかなか認めない傾向にあるのですが、プライバシーはその例外ともいえます。日本が高度経済成長期に入りマスメディアが急激に発達したあたりから、裁判所はプライバシーを尊重する判断を行ってきました。そこで以下では、裁判所の判断を中心に、プライバシーの権利の中身をみていくことにしましょう。

まず、裁判所が最初にプライバシーの権利を認めたとされるのが、『宴のあと』事件です[*3]。この事件は、三島由紀夫が書いた小説『宴のあと』が実在の人物をモデルにした内容だったことから、その人物がプライバシーを侵害されたとして訴えを提起した事件です。裁判所は、プライバシーの権利を認めたうえでそれが侵

⚖ 判 例

*3　東京地判昭和39年9月28日。なお、厳密にいうと、『宴のあと』事件の数か月前に判断が下された大阪証券労組保安阻止デモ事件（大阪高判昭和39年5月30日）において、すでにプライバシーの権利が言及されていました。ただし、一般には、『宴のあと』事件がプライバシーの権利を認めた判決だとされています。この事件で裁判所は、①私生活に関する事柄であること（私事性）、②一般に公開されたくない事柄であること（秘密性）、③一般にまだ知られていない事柄であること（非公知性）の要素を満たせば、プライバシーに当たるとしました。

害されているとして、原告の損害賠償請求を認めました。その際、裁判所は、プライバシーの権利について「私生活をみだりに公開されないという法的保障ないし権利」であるとしました。つまり、プライベートな事柄を勝手に公開されない権利がプライバシーの権利だとしたのです。

　この判決は東京地方裁判所の判断だったのですが、その後、最高裁レベルでもプライバシーの権利に近い内容が認められていきます。たとえば、前科照会事件[*4]では、前科情報はとても重要な情報なので慎重に取り扱われなければならないとしました。しかも、この事件では、役所が基本的には法律にもとづいて行動したところ、その行動の仕方に問題があったとされています。具体的にいえば、前科情報が事件に必要だという理由で、弁護士が法律（弁護士法）にもとづいてある人物の前科情報の有無を問い合わせてきたため、役所がそれに応じたのですが、それが問題だとされました。最高裁は、前科情報は他人に知られたくない情報なのだから、そんなに簡単に問い合わせに応じてはならないとしたのです。判決自体はプライバシーという言葉を使わなかったのですが、伊藤正己裁判官の補足意見では前科情報がプライバシーにあたるとしています。このように、プライバシーの権利は、基本的にプライベートな事柄を他人に公開されない権利として理解されているといえます。

③ プライバシーの権利の発展

(1) 勝手に自分の姿を撮影されない側面

　ところが、プライバシーの権利は、必ずしも公開される場合だけが問題になるわけではなりません。たとえば、電車でスマホをいじっていて、隣の人にのぞかれたらイヤじゃないでしょうか。あるいは、知らない人に、勝手にあなたの写真を撮られたらイヤじゃないでしょうか。つまり、プライバシーの権利には、プライベートを公開されないだけでなく、勝手に自分の情報を集められないという側面もあるのです。

　それが問題になったのが、京都府学連事件[*5]でした。この事件では、デモ隊が許可条件に違反している様子を警察官が証拠保全のために撮影することができるかどうかが争われました。これについて最高裁は、警察官によって勝手に写真を撮影されない権利があるとしました。つまり、自分の姿を勝手に撮影されない自由があることを認めたのです。

　こうしてみると、プライバシーの権利は、国会が制定する法律ではなく、裁判所が判例（または裁判例）によって作りあげていったようなところがあります。もちろん、プライバシーにつながる利益を保護する法律は以前からありました。たとえば、他人の家をのぞいたりすると軽犯罪法違反にはなります。けれども、

判 例

*4　前科照会事件（最判昭和56年4月14日）
　会社がある従業員の前科の有無を調べるように弁護士に依頼し、弁護士の照会に応じて役所が前科情報について回答したため、その従業員が役所を訴えた事件。

判 例

*5　京都府学連事件（最大判昭和44年12月24日）
　デモ隊が許可違反の行動をしている様子を警察官が撮影したため、デモ隊がそれに抗議し、警察官を旗ざおで小突いてケガを負わせたことから、公務執行妨害等で逮捕された事件。

それはプライバシー全般を直接保護するものではありません。プライバシー一般を法的保護の対象にしてきたのは、裁判所であったといえます。

(2)　個 人 情 報

　ところが、裁判所が認めるプライバシーにも限界がありました。なぜなら、パソコンやインターネットが発達し、携帯やスマホが当たり前のように使われる時代になると、いわゆる個人情報が重要になってきたからです。裁判所が重視してきたのは、私生活をみだりに公開されない権利や自分の姿を勝手に撮影されない権利なので、自分の情報を管理することまでは認めていません。しかも、個人情報には前科情報のような重要な情報（**センシティブ情報**）もあれば、名前や住所のような**単純個人情報**もあります。単純個人情報はそのままでは私生活と密接にかかわるわけではないので、従来の裁判所のアプローチでは保護の対象に入らない可能性もありました。

　そこで、自分の情報は自分で管理するという**自己情報コントロール権**が必要ではないかという議論が出てきました。そして、裁判所もそれを少し意識したかのような判断を行い始めます。そのひとつの例が指紋押捺拒否事件でした。[*6] この事件では、外国人に対して指紋を採取させる制度[*7]がプライバシーの権利を侵害しているのではないかとして裁判になりました。指紋はその人固有の情報ではありますが、それだけではその人の内面を直接あらわすわけではありません。また、写真とも異なり、その人の姿をあらわすわけでもありません。しかし、その利用方法次第では、その人がどこで何をしていたのかを明らかにする情報になることがあります。そこで最高裁は、「採取された指紋の利用方法次第では個人の私生活あるいはプライバシーが侵害される危険性がある」として、「みだりに指紋の押なつを強制されない自由」を認めました。

　このように、裁判所は個人情報についても、プライバシーにリンクするものについてはその保護を図ろうとしていることがわかります。ただし、指紋は単純個人情報ではないので、それらがプライバシーとして保護されるかどうかはまだわかりませんでした。

4　プライバシーの権利と個人情報保護制度

(1)　法律と判例のコラボ？

　そうしたなか、個人情報に関する法律と判例が同時期に登場します。2003年5月、個人情報保護法[*8]が制定され、個人情報の適正な取扱いに関する定めが設けられました。これにより、個人情報を取得する場合は利用目的を通知し、目的外利用については同意が必要となり、情報の安全管理が求められるようになりました。

　その数か月後、今度は最高裁が個人情報に関する判断を下します。それが2003

⚖ 判 例

*6　指紋押捺拒否事件（最判平成7年12月15日）
　外国人登録法が外国人登録の際に指紋押捺を義務づけていたところ、それを拒否した外国人が起訴された事件。

*7　指紋押捺制度については、第3章1（p.56）を参照。

*8　正式名称は、「個人情報の保護に関する法律」といいます。なお、本法を含め、関連法律が5つ制定されました。

*9 最判平成15年9月12日。

★ポイント★

*10 このように、現在ではプライバシーの権利も個人情報も両方とも保護されているといえますが、保護されればいいというわけではないことにも注意が必要です。21世紀に入る前くらいまでは、卒業文集に生徒の連絡先が掲載されていました。けれども、今では個人情報保護の観点から連絡先が掲載されないようになっています。そのため、同窓会などで昔の知り合いに連絡をとるのがむずかしいことがあります。個人情報の保護が行きすぎるといろいろ問題がでてくることも留意しておきましょう。

*11 仙台高判平成28年2月2日。

年9月に判決が下された講演会名簿提出事件です[*9]。この事件では、大学が主催する講演会に参加する学生の個人情報（名前や住所など）が掲載された名簿につき、大学が警備のために勝手に警察に渡していたことが問題となりました。最高裁は、名前や住所などの単純個人情報は重要性こそ低いものの、プライバシーに含まれるとしました。

　講演会名簿事件が起きた当時に個人情報保護法が制定されたわけではないので、国会と最高裁がコラボしたわけではありませんが、結果的にみると、ほぼ同時期に法律と判決の両方によって個人情報が保護されるようになっていったといえます[*10]。

(2) プライバシーと個人情報のあやしい関係？

　こうしてみると、個人情報保護法によってプライバシーの問題がカバーされたように思えますが、実は両者の関係はなかなか微妙です。少し具体的な事件をみていきましょう。自衛隊のイラク派遣に反対する者の情報を集めたことが問題となった情報保全隊訴訟という事件があります[*11]。裁判所は自己情報コントロール権が権利には至っていないとしつつも、個人情報保護法が整備された今、その考え方を考慮すべきとしました。ここでは、プライバシー権（自己情報コントロール権）を法制度化したのが個人情報保護法という位置づけになっています。そのため、裁判所は個人情報保護法にもとづき、行政上の目的、必要性その他の適法性を判断しました。この事件をみる限りでは、個人情報保護法がある今、プライバシーの権利を主張する意味はなくなってきたようにも思えます。

　しかし、個人情報保護法はセンシティブ情報と単純個人情報を分けずに一括して個人識別情報と位置づけているので、情報の性質に応じて判断する場合にはプライバシー性を考える余地があることに加え、スマホのカメラやGPS（全地球測位システム）にもとづく位置情報など、まだ個人情報保護法が追いついていないカテゴリーの情報もあります[*12]。このような問題が裁判になった場合、プライバシーの権利の出番がまだ残されているのです。

(3) 監視カメラとプライバシー

★ポイント★

*12 なお、平成27年の改正により、同法は「要配慮個人情報」という規定を設けました。また、平成29年には、捜査機関が令状なく本人の同意もないままGPS装置を車に着けて行動を監視することはプライバシーを侵害しうるとする最高裁判決が出ています（最大判平成29年3月15日）。

*13 東京地判平成21年5月11日。

　その典型例が、監視カメラの問題です。今では、公的・私的を問わず至るところに監視カメラがあり、少なくとも都会で監視カメラに映らないで生活していくのはむずかしいといえます。安心できるからという理由で、むしろ監視カメラがあったほうがいいと思っている人も少なくありません。おそらく、そう思っている人は、自分は悪いことはしないし、監視カメラに映っても損害を被るおそれはないと考えているからだと思います。けれども、監視カメラが自分の自宅をねらって映しているとしたら、どうでしょうか。それが問題となったのが、カメラ撤去請求事件です[*13]。この事件では、近隣紛争が発展して、他人の家の玄関付近やそれに隣接する私道部分をねらってカメラを設置することがプライバシーの権利を侵

害するかどうかが問題になりました。裁判所は、そうしたエリアはプライバシーの保護を受けると判断しました。この事件では、個人情報保護の問題というよりも、プライバシー侵害の問題として判断されています。そのため、個人情報保護制度ができたからといってプライバシーの権利が不要になるわけではなく、それぞれ状況に応じて活かされる場面があるといえます。

5) プライバシー侵害の考え方

　それでは、プライバシー侵害について、どのように考えていけばいいのでしょうか。カメラの問題について考えてみましょう。裁判所は、監視カメラの設置について、設置の緊急性、必要性、相当性を判断したり[*14]、設置目的の正当性、プライバシーの利益と侵害の程度を比較したりして判断する傾向にあります[*15]。あるいは、カメラ撤去請求事件のように、カメラを設置するとしても、自宅の範囲内であれば許されるものの、そこから離れてしまうと管理権の範囲を超えてしまうと判断する場合もあります。

　以上を考慮すると、冒頭のAさんのCASEではどうなるでしょうか。京都府学連事件がみだりに自分の姿を撮影されない権利を認めたことは確認しました。また、別の裁判例では、探偵業者の隠し撮りも違法になると判断されています[*16]。そうすると、Aさんの行為はB君とCさんの姿を勝手にスマホで撮影しているわけですから、プライバシーの権利を侵害しているといえそうです。それでは、自宅の監視カメラはどうでしょうか。これも、自宅前の道路と前の家の路地裏を映していることからすれば、自宅の管理権の範囲を超えているように思えます。しかも、Aさんはそれらの写真を公開しているわけですから、プライバシーの権利を侵害しているといえるでしょう。

*14　山谷監視カメラ訴訟（東京高判昭和63年4月1日）。

*15　あいりん地区カメラ撤去請求事件（大阪地判平成6年4月27日）。

*16　京都地判平成27年1月14日。

⚖ ○×問題

① 公道などのように、不特定多数人の目につきやすい開けた場所にいる場合は、その容姿を撮影されてもプライバシーの権利が侵害されたとはいえない。

② プライバシーの権利はみだりにプライベートな事柄を公開されない権利なので、その情報を収集されただけではプライバシーの権利が侵害されたとはいえない。

② ┃ ブログ小説に登場しているなんて……──表現の自由

◆CASE◆　小説に自分の悪口が……!?

　Aさんは自分の生活を題材とした小説を書いてブログで紹介していました。そして、友達のBさんをモデルとした人物を「金に汚い」、「コンビニで万引きしている」キャラクターとして登場させました。その小説をインターネットで見て怒ったBさんはその登場人物を削除するようAさんに求めましたが、Aさんはクレームを無視していました。そこで、BさんはAさんのブログのプロバイダーに相談し、プロバイダーはBさんの名誉を傷つける表現であることを理由に、Aさんの同意なくブログの小説を削除しました。そのため、Aさんは料金を支払っているのにブログで小説が書けないのは契約違反だとして、プロバイダーに対して損害賠償を求めました。

SNSの偽情報の拡散と炎上にご注意を！

❶ 表現の自由とその範囲

憲法21条
1項 集会、結社及び言論、出版その他一切の表現の自由は、これを保障する。
2項 検閲は、これをしてはならない。通信の秘密は、これを侵してはならない。

　憲法21条1項は、**表現の自由**という権利を保障しています。表現の自由とは本を書いたり、髪型や服装を決めたりするなど自分の思いを相手に伝えるような活動について自由に決めることができる権利です。もしも「恋愛小説しか書いてはいけません」、「男は丸坊主で女はおかっぱ頭にしなさい」と言われたらうるさく感じてしまうでしょう。そこで、憲法では、みなさんがそのようなうるさい思いをせず精神的に満足感が得られるよう、自由に表現活動ができることが確認されているのです。表現の自由のそのような価値のことを、**自己実現**といいます。

　また、表現の自由という権利は、日本の政治の基本である民主主義とも深いかかわりがあります。民主主義とは国民の意思を政治に反映させる社会システムですが、国民の意思が反映されるためには当然国民それぞれが政府に自分たちの考えや要望を伝える必要があります。そして、考えや要望を伝える行為というのはまさに表現活動ですから、表現の自由がなければ民主主義も成り立たなくなってしまいます。その意味でも、表現の自由を憲法上の権利として保障する必要があるわけです。表現の自由のそのような価値のことを、**自己統治**といいます。

　表現の自由という権利は主にこれら2つの価値があるために憲法で保障されているわけですが、相手を傷つけるようなことを言ったり、夜中に大騒ぎしたりするなど他人に迷惑をかけるような表現活動まで許されるのでしょうか。みなさんもツイッターなどで友人の悪口などをつぶやいたり、飲み会帰りに静かな住宅街で騒いだりしたことがあるかもしれません。この点、憲法では原則として、他人の権利を侵害するような表現活動までは保障されていないと考えられています。そのため、名誉毀損的表現など他人に不利益を与えるような表現を発信してしま

うと、被害者からお金の支払いを求められたり、警察に逮捕されて処罰を受けたりすることがあります。

とはいえ、他人の権利を守るためにあまりに広く表現活動を規制してしまえば、私たちは処罰が怖いので、本来ならば憲法で保障される表現活動もやめようと思うかもしれません。[*1]特に上記のとおり、表現の自由には自己統治の価値もあるため、広く規制されてしまえば国の運営まで成り立たなくなってしまうおそれがあります。そのため、他人の権利を侵害するような表現であったとしても、規制される範囲はきわめて限られています。なお、表現の自由に対する国の規制が許されるかどうかについては、その規制がどのような形であるかによって判断基準が異なるべきだと考えられています。「政府を批判する表現はダメ」など表現内容をターゲットにした**内容規制**については、規制されればその表現が世に出ることは二度とない強力な規制なので、規制する側にとってきわめて厳しい基準で判断されるべきだと学説では考えられています。一方で、「夜中に騒いだらダメ」など表現の時・場所・方法といった表現内容以外をターゲットにした**内容中立規制**については、その時・その場所・その方法以外であればその表現が世に出る可能性があるので、内容規制よりは緩やかな基準で判断されてもよいと学説では考えられています。

2　名誉毀損的表現

(1) 保障範囲

人の社会的な評判を下げるような表現を発信した場合、刑事処罰を受けたり、[*2]損害を賠償したりしなければならず、[*3]このような名誉毀損的表現は原則として憲法が保障する表現の自由としては認められていません。しかし、上記のとおり、表現の自由への配慮から、常に許されない表現とは考えられていません。たとえば刑法では、①公共の利害に関係する内容であり、②公益を図る目的であって、③その内容が真実であると証明できた場合、たとえ他人の名誉を傷つけていたとしても処罰の対象にしていません。①公共の利害に関係する内容としては、たとえば「○○大臣が××会社からワイロをもらっている！」など公職者の不正行為があげられます。なぜ公共の利害に関係する表現が処罰を受けない、つまり憲法の保障を受けるのかについては、公職者の不正行為の指摘など政治的な意見や批判を積極的に発信できる環境を守って、国民の意見を政治に反映させるようにするためであると考えられています。

そのためか、最高裁は①を広く認めており、公職者ではない一般人の私生活に関する内容であっても、その人の社会的な影響力の大きさによっては、公共の利害に関係するとの判決を下しています。[*4]また、②公益を図る目的については、主

★ポイント★

*1　法令の文言が不明確あるいは過度に広範であるために、人がその法令の適用をおそれて本来ならば自由にできる表現や行為を差し控えてしまうことを、萎縮効果といいます。萎縮効果は形式的には憲法が保障する表現や行為を侵害していないものの、実質的には侵害しているものとして違憲判決が下されることもあります。

*2　刑法230条
1項　「公然と事実を摘示し、人の名誉を毀損した者は、その事実の有無にかかわらず、3年以下の懲役若しくは禁錮又は50万円以下の罰金に処する。」

*3　民法709条
「故意又は過失によって他人の権利又は法律上保護される利益を侵害した者は、これによって生じた損害を賠償する責任を負う。」

判例

*4　月刊ペン事件（最判昭和56年4月16日）
雑誌『月刊ペン』が掲載した、宗教組織の会長に関する記事において、会長の女性関係などの記述が名誉毀損罪にあたるかが争われた事件。最高裁は私人の私生活上の振る舞いであっても社会に及ぼす影響力の程度などによっては公共の利害に関係するとして下級審に差し戻し、最終的には被告人が死亡して審理が終了しました。

な目的が社会全体のためであれば認めてよいと考えられています。そして、③その内容が真実であることの証明は現実にはとてもむずかしいため、最高裁は真実であることの証明がなくても、真実であると誤解したことに相当の理由があればよいとの判決を下しています。[*5]

(2) 差止めの可否——検閲と事前抑制

名誉毀損的表現が一度でも発信されてしまうと、下げられてしまった評判を元に戻すのはとても大変です。そのため、もしも評判を下げるような表現が発信されることを事前に予測できたならば、被害者としてはその表現が世に出回る前にストップしたいと考えるでしょう。その場合、名誉毀損的表現のストップを求めても発信者が言うことを聞かないときは当然あり得ます。そのときに、裁判所を通じて強制的に名誉毀損的表現を事前にストップさせる、差止めの訴えが認められるのでしょうか。

この点については、憲法21条2項前段が「検閲は、これをしてはならない」と規定しているので、この条文を素直に読めば認められないように思えます。つまり、「**検閲**」とは国家機関が特定の表現をその発表前にチェックして不都合なものをストップしてしまう行為であり、戦前に政府が自分たちに好ましくない表現を発表前にシャットアウトして国民の表現の自由を侵害してきた反省から、「検閲」は憲法ではっきりと禁止されることになりました。そのため、国家機関である裁判所が事前に差し止める行為も、「検閲」として許されないのではないかという問題が生じるわけです。

しかし、最高裁は「検閲」を「行政権」が表現物に対して発表禁止を目的に網羅的にその内容を発表前に審査し、不適当と認める内容の発表を禁止する行為と述べており[*6]、逆にいえば「行政権」以外のそのような行為は「検閲」として禁止されないとしています。それゆえ、実際の裁判では、名誉毀損的表現の差止めを命じる判決も下されています。

ただし、憲法で禁じている「検閲」ではないからといって、裁判所が特定の表現を事前に差し止めることは、その表現が世の中で注目を浴びる機会が一度もなく完全に失われるわけですから、表現の自由に対する制約の度合いがきわめて大きいです。そのため最高裁は、表現に対するこのような事前抑制はきわめて限られた場合、名誉毀損的表現でいえば、①その表現内容が真実ではなく、または公益を図る目的でないことが明白であるとともに、②重大で著しく回復困難な損害を受けるおそれがある場合に限って許されると判断しています。[*7]

(3) インターネット上での名誉毀損的表現

(a) 判断基準　人の名誉を傷つける表現であっても、公共の利害に関する表現であるなどの条件に該当すれば表現の自由の範囲内であるという考え方は、主に新聞やテレビなどのマス・メディアをターゲットにしているといわれることが

⚖ 判例

*5 夕刊和歌山時事事件（最大判昭和44年6月25日）

新聞『夕刊和歌山時事』が掲載した、他紙の記者たちが市役所職員に恐喝まがいの取材を行ったという記事が名誉毀損罪にあたるかが争われた事件。最高裁はたとえ事実が真実であることの証明がない場合でも、行為者がその事実を真実であると誤信し、確実な資料や根拠に照らして誤信したことに相当の理由があるときには罪は成立しないとして下級審に差し戻しました。

⚖ 判例

*6 税関検査事件（最大判昭和59年12月12日）

図書輸入業者が海外からポルノ写真集（輸入禁制品）を輸入しようとしたところ、税関検査で押収されたため、その押収が「検閲」にあたるかが争われた事件。最高裁は「検閲」を行政権が主体となって、思想内容等の表現物の全部または一部の発表の禁止を目的として、発表前にその内容を審査し、発表を禁止することと定義しました。そのうえで、税関検査は輸入禁制品に該当するかの判断であって、「検閲」ではないと判断しました。

あります。マス・メディアは社会に向けて情報や意見を広範囲に発信でき、その情報などをもとに国民の間で政治的な意見や議論が交わされることになるため、その活動を広く保障したほうがよいからです。また、一方で、名誉毀損的表現を処罰するかしないかの上記判断基準は、実際の裁判では表現者側にかなり厳しく用いられています。というのも、マス・メディアは大きな組織であって調査能力も一般人よりはるかに高く、読者も信用できる正しい情報であると信じてしまうために、その表現による被害が大きく、被害者を守る必要性も高いからです。

　しかし、最近はインターネットの普及により、マス・メディアを利用しなくても簡単に多くの人たちに向けて自分の意見を伝えることが可能になりました。そこで問題となるのは、上記判断基準がインターネット利用者にそのまま使われるのかどうかです。この点について、インターネット上では名誉毀損的な書き込みが発信されてもその反論を容易に発信できる、インターネット利用者はマス・メディアほどの調査能力がないためインターネット上の書き込みは信用されていないなどを理由に発信者側にもっと有利なように修正したほうがいいのではないかという意見も一部の学者から主張されています。ところが最高裁は、反論によって被害者が十分に救済されるとは限らないし、インターネット上の書き込みの信頼性が低いとは限らないとして、上記判断基準でインターネット上の名誉毀損的表現の是非も判断しています。[*8]

　(b) 　プロバイダーの責任　 　インターネット上の名誉毀損的表現に関しては、その表現が発信されたことについてプロバイダーにも責任があるのかという問題も考える必要があります。プロバイダーとは、みなさんにインターネットの接続を提供している業者です。プロバイダーと契約しない限り、インターネットには接続できません。そのため、インターネット上で名誉毀損的表現が発信された場合、プロバイダーは発信者にインターネットの利用を提供した責任として、その表現を削除したり被害者にお金を支払ったりしなければならないのかという問題が生じます。もしもプロバイダーにそのような責任が発生するのであれば、当然プロバイダーとしては損害を回避するために名誉毀損の疑いがある表現を削除しようとするので、結果としてこれらに該当しない表現まで削除されてしまうかもしれません。逆に、プロバイダーにそのような責任が発生しないのであれば、彼らは自分たちの利益を増やすためにできる限り加入者に気を配る結果、名誉毀損的表現がインターネット上で野放しになってしまうでしょう。

　このような状況に対処するために、現在ではいわゆる**プロバイダ責任制限法**が設けられています。この法律では、被害者に対しプロバイダーの責任が生じる場合が、①表現の発信を防ぐことが技術的に可能であり、②他人の権利が侵害されていることを知っていた、あるいは知ることができたと認める相当の理由があるときに限られています（3条1項）。一方で、名誉毀損的表現を削除したときの発

⚖️ 判 例

*7 　北方ジャーナル事件（最大判昭和61年6月11日）
　北海道知事選の立候補予定者に対する批判記事を掲載した雑誌が発売前に名誉毀損を理由に差し止められたことが「検閲」にあたるかが争われた事件。最高裁は、「裁判所」による差止めは「検閲」ではないと判断しました。そして、名誉権を理由とする事前の差止めは「その表現内容が真実でなく、又はそれが専ら公益を図る目的のものでないことが明白であって、かつ、被害者が重大にして著しく回復困難な損害を被る虞があるときは、例外的に許される」としたうえで、この事件での差止めはその例外的な場合にあたると判断しました。

⚖️ 判 例

*8 　グロービートジャパン対平和神軍観察会事件（最決平成22年3月15日）
　ラーメン店のフランチャイズ経営を管理する株式会社に対する名誉毀損表現を自身のホームページ内に掲載したことが名誉毀損罪にあたるかが争われた事件。最高裁は、個人利用者の情報が信頼性の低い情報として受け取られるとは限られず、またインターネット上の反論で十分に回復が図られる保証もないため、表現者側により緩やかな判断基準を認めるべきではないと示したうえで、名誉毀損罪の成立を認めました。

信者に対する契約違反などの責任は、①プロバイダーの削除が必要な限度を超えておらず、②他人の権利が不当に侵害されていると信じる相当の理由があったか、被害者から削除等の措置を求められた場合に、発信者に対してその措置に同意するか尋ねたが 7 日以内に回答がなかったときには免除されています（3 条 2 項）。

③　A さんのブログ小説は許される？

(1)　名誉毀損的表現

　これまでの内容をふまえたうえで、冒頭の CASE を考えてみましょう。まず、B さんは、A さんのブログの小説が自分をモデルにしていることが明らかであり、小説がインターネット上に掲載されたことで自分の名誉が傷つけられたため、A さんに損害賠償や該当部分の削除を求めるでしょう。一方で、A さんは小説を執筆してブログで公開することは表現の自由として憲法で保障されており、損害賠償や削除を求められるのはありえないと反論するでしょう。はたしてどちらの主張が認められるのでしょうか。

　前述のとおり、憲法では表現の自由が保障されていますが、他人の権利を侵害するような表現までは原則として保障されていません。そのため、A さんは B さんの名誉を傷つける文章をブログに載せている以上、刑事処罰や損害賠償の責任を負う可能性があります。ただし、①B さんが公職者でその活動の実態が小説の主な内容であり、②小説を紹介した目的が B さんの政治活動を批判することであって、③小説の内容が真実であること、あるいは真実であると信じたことに相当な理由があることを証明できれば、そのような表現は最大限配慮されなければならないため、A さんは責任を免れることができます。もっとも、③の証明について、現実の裁判では調査能力の有無で必要な証明の程度に違いはありませんので、記者ではない A さんにとっては大変かもしれません。ただし、友達である B さんの事柄ですのである程度の証明は可能でしょう。

(2)　プロバイダーの責任

　B さんは A さんが削除の求めに応じなかったためにプロバイダーに削除を求め、プロバイダーは A さんの同意なく小説を削除していますが、プロバイダーのこのような対応は許されるのでしょうか。プロバイダーと A さんはインターネットの利用契約を結んでいるので、A さんは契約内容が守られていないことを理由にプロバイダーに対して損害賠償を求めるでしょう。一方で、プロバイダーとしても、小説を削除しなかったために B さんから名誉毀損等を理由とした損害賠償を求められても困りますので、削除に踏み切らざるをえません。

　この点について、プロバイダ責任制限法に従えば、①小説の削除が技術的に可能であり、②B さんの名誉などが侵害されていることを知っていたか、知るこ

とができたと認める相当の理由がある場合には、すみやかに削除しないとBさんに賠償しなければならないことになります。また、Aさんの小説を削除する場合、①その削除が必要な限度を超えていない、たとえばブログの書き込みをすべて削除するわけではなく一部分のみの削除にとどまっており、②Bさんの名誉などが不当に傷つけられていると信じる相当の理由があるか、Bさんから削除を求められたときにAさんに対して削除してよいかを尋ねて7日以内に返答がない場合であれば、Aさんの同意がなくても削除が契約違反になることはありません。

◯✕問題

①　憲法が保障する表現の自由には名誉毀損的表現など他人に不利益を与える表現は原則として含まれない。

②　発信された表現が名誉毀損に該当するかどうかについて、最高裁はその表現がインターネット上で発信されたかどうかによって判断基準を変えている。

Column①……特攻の島

　『ブラックジャックによろしく』や『海猿』などで有名な漫画家・佐藤秀峰さんの作品に、日本軍の人間魚雷「回天」に搭乗する特攻兵の心の葛藤を描いた『特攻の島』という漫画があります。その第52話「自由の在り処」。回天に搭乗し、出撃を数時間後に控えた主人公は、上官に「最期に言い残す言葉はないか」と聞かれた際、亡き母への言葉をあえて心の内に押しとどめて、次のように述べます。

　　「オレ達に唯一許された自由な場所は、頭の中だけです。想像の中では、オレはどこにでも歩いて行けるし、何だってできる。だから、心の内側は誰にも見せちゃいけません。唯一の自由な場所は、誰にも見せちゃいけないんです。見せれば、自分だけのものじゃなくなってしまいます。オレはオレ。それがオレの唯一の抵抗です」（句読点等修正）。

　ありとあらゆる自由を奪われ、死ぬ以外の選択肢を失ったとしても、内心の自由さえあれば、「オレはオレ」でいられる。けれど、心の内側を他人に見せれば、この自由すら奪われてしまう。これは思想・良心の自由の本質をついたセリフといえるでしょう。

出典：佐藤秀峰『特攻の島』第7巻、芳文社、2014年

3 集まってわいわい騒ごう——集会の自由

◆CASE◆ どんなデモも許される？

　ある日Aさんがなにげなく動画投稿サイトを見ていたところ、ある投稿動画を目にしました。それは、大勢の人が行列を作って「○○人はゴキブリ」「○○人を殺せ」などと掛け声を上げながら大通りを練り歩く様子を映したものでした。Aさんはこんなひどい言葉を聞いてびっくりしてしまいました。また、動画をよく見ると、その行列の左右を大勢の警察官が取り巻いています。Aさんは、警察はなぜこのようなイベントを止めないのだろうと疑問に思いました。

これをヘイトスピーチ・デモといいます

① 集会の自由と場所

(1) 集会の自由とは

憲法21条

1項 集会、結社及び言論、出版その他一切の表現の自由は、これを保障する。

　憲法21条1項は、表現の自由のほかにも**集会の自由**と**結社の自由**も保障しています。集会とは、「ある特定の場所に共通の目的で多数人が集まること」ですので、集会には多くの人と交流するというそれ自体特別な意義がありますが、みんなと一緒になってなにかメッセージを発するという意味では表現活動の一種でもあります。デモ行進も集会ですが、同時に表現活動としての側面をもっています。

　これに対して結社とは、「ある特定の目的のために多数人が継続的な団体を結成すること」を意味します。集会とは異なり、場所は不要です。

(2) 公共施設と集会の自由

　さて、集会を行うためには具体的な場所が必要です。今の時代、多くの人が集まれる場所は、都市の中では市民会館や公園など、公共施設に頼るほかはほとんどなさそうです。公共施設ですから、管理しているのは国や自治体です。では、もし気に食わない集団から施設の使用申請があった場合、国や自治体は場所を貸し出さない、ということも可能でしょうか。

　答えは否です。公共施設を管理する国や自治体は、公共施設の管理という観点からのみ、権限を行使できるにすぎません。つまり、ある団体から使用申請があったとき、その団体の思想内容ではなく、たとえば施設の定員を大幅に超える人数が集まろうとしている場合など、施設管理という観点からのみ、使用の不許可という判断ができると考えられています。集会を認めることによって衝突などの混乱が生じる可能性があるとしても、たとえば集会をする団体の敵対者がいるからという理由だけなら警察の警備を頼るべきなので使用を拒否することは許されません[*1]。人々の安全に対して明らかに危険が迫っている場合にはじめて使用を拒否

🔍★ポイント★

*1 このような原則を「敵対的聴衆の法理」といいます。

することができる、というのが判例の立場です。

(3)　公 の 施 設

地方公共団体が管理する公共施設は、地方自治法244条にいう「公の施設」にも該当します。そして法律上、「公の施設」を住民が利用する場合には、「正当な理由がない限り」拒否してはならない、とされています。これは、集会の自由の重要性を前提とした規定なのです。したがって、「正当な理由」も集会の自由に配慮して解釈されなければなりません。

(4)　公共施設の利用に関する判例

古典的な判例として、**皇居外苑事件**があります。これは、集会のために皇居外苑を使用したいという労働組合からの許可申請を国が不許可としたことが違法だったのかどうかが争われた事件です。最高裁は、不許可にしたことは仕方がないと結論づけました。ただし、国が判断できるのは公園の管理という観点からのみであって、管理権を濫用して集会を阻害してはならないと釘を指しました。

その後の有名な判例として、**泉佐野市民会館事件**があります。これは屋内の集会場である市民会館をある団体が使おうとしたのに対して、市が不許可とした事件です。結論としては不許可処分はやむを得ないというものでしたが、重要なのはこの判例が「明白かつ現在の危険」の基準を用いたこと、つまり会館の使用拒否ができるのは、もし使用させたら人の生命・身体・財産に対する「明らかな差し迫った危険の発生が具体的に予見される」ような場合だけなのです。判例は、本件の団体が過去にも実際に暴力的衝突を起こした団体だったからこそ、「明らかな差し迫った危険の発生が具体的に予見される」と判断したのでした。

また同様に厳格な基準を示した判例として、**上尾市福祉会館事件**があります。この事件では、葬式のために会場を使用しようとした団体の申請を、市が拒否したことが問題となりました。実は亡くなった人は団体と敵対する集団から殺害されたのではないか、とみられていました。市としては、もし葬式を行わせれば、その敵対する集団が再びやってきて葬式を妨害するのでないか、ということを心配していたのでした。しかし判例は、警察の警備によって混乱が防止できる可能性を検討すべきであったとしました。

2　集会の自由に対する制限

(1)　集会の自由の価値

集会の自由には3つの意義があるといわれています。**成田新法事件**によれば、集会の自由の意義は、第1に、集会に参加する個人が人格を形成・発展できること、第2に集会に参加した人たちが相互に交流し意見交換できること、そして第3に集会に参加した人たちが一致して対外的に意見を表明できること、の3つの

★ポイント★

*2　このような判断基準を「明白かつ現在の危険の基準」といいます。

*3　地方自治法244条2項「普通地方公共団体…は、正当な理由がない限り、住民が公の施設を利用することを拒んではならない」。3項「普通地方公共団体は、住民が公の施設を利用することについて、不当な差別的取扱いをしてはならない」。

*4　最大判昭和28年12月23日。

判例

*5　泉佐野市民会館事件（最判平成7年3月7日）。
「連続爆破事件を起こすなどした過激な活動組織」に対し、泉佐野市が市民会館の使用を不許可にしたことが合憲か否かが争われた事件。

★ポイント★

*6　最判平成8年3月15日。この判例は「敵対的聴衆の法理」を用いたものとして有名です。

判例

*7　成田新法事件（最大判平成4年7月1日）
成田空港のすぐそばに作られた建物の使用を禁止するため制定された法律（成田新法）にもとづいて出された禁止命令の取消しが求められた事件。

意義があります。だからこそ、「集会の自由は、民主主義社会における重要な基本的人権の1つとして特に尊重されなければならない」とされているのです。

そうであるならば、集会の自由を制限することには大変な慎重さが必要だということになります。

(2) 集会の自由に対する制限

成田新法事件で最高裁は、集会の自由が民主主義社会にとって大切なものであるとしながらも、それを制限する場合には比較衡量（ひかくこうりょう）の基準を満たしていれば合憲である、という考え方を示しています。比較衡量というのは、簡単にいえばバランスのことで、集会の自由を制限することによって得られる利益が、これを制限することによって失われる利益よりも大きい場合には合憲となる、逆であれば違憲となる、という判断方法です。[*8]

成田新法事件で問題になったのは、成田空港の建設に反対する集団（成田空港の開設直前に管制塔に侵入し機器類を破壊する事件を起こした集団）が成田空港の滑走路のすぐそばに建物を建て活動（集会など）の場としていたため、その建物の使用を禁止するために制定された成田新法[*9]という法律の合憲性でした。

最高裁は、建物の使用を禁止し、この団体の集会の自由を制限することで得られる利益は、空港の安全、航空機の航行の安全、乗客の生命・身体の安全であるとしました。これらは国家的・社会経済的・公益的・人道的にも特に重要であるとし、さらにこの団体が実際に管制塔に侵入し破壊活動を行った経緯があることから、空港の安全などを確保することは特に緊急性が高いと述べます。

これに対して、この法律によって規制されるのは、まさに危険な活動を現在行っている者などによる、危険な活動を行うための集会であるとします。

以上のように、得られる利益と失われる利益を比較した結果、最高裁は、集会の自由が制限されてもやむを得ないとしました。重要なのは、「集会の自由と航空の安全が対立した場合には、集会の自由は制限されてもよい」という判断ではなかったことです。簡単に集会の自由を切り捨てたわけではないと考えられます。

③ デモ行進に対する規制

(1) 公安条例によるデモ規制の目的

デモ行進は、現在、各地の自治体の制定する**公安条例**[*10]によって規制されています。実は公安条例は、デモ行進に参加している人々が暴徒化する可能性があるということを前提として作られた条例なので、[*11]その分、規制色が非常に強く、違憲ではないかという批判もされてきました。

一方、道路の交通安全を実現させるという目的のために、道路を使う人に対して規制をかけるのが**道路交通法**です。

🔍 ★ポイント★

*8 比較衡量の基準を使うとき、その時々の事情をどのように評価するかが重要となります。なお、失われる利益は小さく見積もられがちで、その結果、実質的には緩やかな基準になってしまうのではないかとの批判もあります。

*9 正式名称は「成田国際空港の安全確保に関する緊急措置法」です。

📝 用語解説

*10 公安条例
公安条例は俗称です。たとえば東京都の公安条例は、正式には「集会、集団行動及び集団示威運動に関する条例」といいます。岐阜県の場合は「集会及び集団行動並びに集団示威運動に関する条例」という名称です。「公安条例」という呼び方自体が、その条例の目的がどこにあるかを明らかにしています。

🔍 ★ポイント★

*11 東京都公安条例事件（最大判昭和35年7月20日）。この判例は特に、デモは「一瞬にして暴徒と化し、勢いの赴くところ実力によって法と秩序を蹂躙（じゅうりん）」すると述べたように、デモを過剰に敵視した判示で有名です。

デモ行進についても、道路交通法によって、交通安全の確保という観点にもとづく規制がかかっています。逆にいえば、このように規制目的が違うからこそ、道路交通法に加えて公安条例によるデモ行進の規制が可能になるのです。[*12]

公安条例の目的が犯罪の防止であるということから、公安条例はデモ行進に対して厳しい規制を課しています。しかしながら、デモ行進も憲法21条の表現の自由あるいは集会の自由にもとづく、れっきとした人権です。簡単に規制されてはいけないはずです。

(2)　公安条例による規制の限界

最高裁でも、なるべく集会の自由を保護するような公安条例の解釈の仕方が判例で示されました。[*13]まず、多くの公安条例ではデモ行進を行う前に許可を得なければならない、と規定しています。これはいわゆる**許可制**ですが、許可制のもとでは、判断を行う行政庁（この場合は公安委員会、実質的には警察）の裁量が大きくなってしまうことになり、「あの団体のデモは邪魔してやろう」といった誤った権限行使が生じやすくなってしまいかねません。そこで最高裁は、行政庁は許可を「しなければならない」というように条文を読み直すことによって、実質的には**届出制**と同様に運用すべきであると示しました。

また、もし行政庁がデモ行進を事前に不許可とする場合にも、それは「公共の安全に対し明らかに差し迫った危険を及ぼすことが予見される」場合にはじめてできると解釈しました。[*14]その団体の訴える主張の内容ではなく、客観的な危険性の認定にもとづいて判断しなければならないというのです。

つまり、デモ行進を事前に不許可とすることができるのは、デモによって何か重大な危険が発生することがかなりの確率で予測できる場合だけであり、そうでないデモ行進の計画に対しては許可を与えなければならないのです。[*15]

4）　ヘイトスピーチのデモや集会を不許可にできるか

ヘイトスピーチは、「憎悪表現」とも呼ばれ、一般に、マイノリティ集団への差別的・侮蔑的な言動のことを指します。マイノリティの地位をおとしめ、社会を分断させるという、市民道徳的に問題のある言動ではありますが、法的に規制するためには、慎重な定義の仕組みが必要です。ヘイトスピーチを理由にデモ行進や公共施設利用を不許可にする場合にも同様です。

2016年にヘイトスピーチ解消法が制定され、[*16]ヘイトスピーチのない社会をつくることが必要だと定められましたが、ヘイトスピーチへの規制は盛り込まれませんでした。他方で、大阪市は、ヘイトスピーチをした者を公表する制度を導入しました。[*17]また川崎市は、ヘイトスピーチをやめるよう勧告・命令されても繰り返す者に対する刑事罰も導入しました。[*18]

判例

*12　徳島市公安条例事件（最大判昭和50年9月10日）。
徳島市の公安条例と道路交通法との関係が問題になった事件。最高裁は、公安条例が道路交通法の目的より広い目的をもつものであるので法令に違反しないと判断しました。

*13　以下の判断は、新潟県公安条例事件（最大判昭和29年11月24日）で最高裁が示したものです。

★**ポイント**★

*14　前述の「明白かつ現在の危険の法理」を指しています。

★**ポイント**★

*15　東京都の公安条例も、デモ「の実施が公共の安寧を保持する上に直接危険を及ぼすと明らかに認められる場合の外は、これを許可しなければならない」（3条）と規定しています。

★**ポイント**★

*16　本邦外出身者に対する不当な差別的言動の解消に向けた取組の推進に関する法律というのが正式名称です。ヘイトスピーチは、「外国人に対する差別的意識を助長し又は誘発する目的で公然とその生命、身体、自由、名誉若しくは財産に危害を加える旨を告知し又は外国人を侮蔑するなど、外国出身であることを理由として、外国人を地域社会から排除することを煽動する不当な差別的言動」と定義されています。

*17 大阪市ヘイトスピーチへの対処に関する条例。

*18 川崎市差別のない人権尊重のまちづくり条例。

⚖ 判 例

*19 横浜地川崎支決平成28年6月2日。また別の事件（大阪高判平成26年7月8日）は、ヘイトスピーチに伴って行われた、学校法人に対する具体的な権利侵害に対する損害賠償を認めました。

🔍 ★ポイント★

*20 なお、ヘイトスピーチ解消法により、ヘイトスピーチが違法と位置づけられたことで（ただし罰則は設けられていない）、権利侵害性も認定しやすくなったといえます。

🔍 ★ポイント★

*21 国や自治体がみずから主張を行うことを「政府言論（ガバメント・スピーチ）」といいます。これに対し、ある団体が国や自治体から施設を借りてなにかの主張をしても、それは政府言論ではありませんので、それを政府や自治体の主張と同視することはできません。

では、ヘイトスピーチ的なデモや集会には、どのように対応できるでしょうか。判例の考え方は、「公共の安全に対する明らかに差し迫った危険」が具体的に予見される場合にはデモや施設利用を不許可にできるとするものでした。これを一般化すると、デモや集会によって深刻な権利・法益侵害が発生する場合に、事前に不許可にすることができるという趣旨と理解できます。問題は、ヘイトスピーチにより生じる権利・法益侵害をどう見積もるかです。

ある裁判例は、マイノリティの多く住むエリアをわざわざ通過するデモについて、そのエリアの社会福祉法人に勤務する原告の「平穏に生活する人格権」を著しく侵害するとして、そのエリアでのヘイトスピーチを差し止めました[19]。このように、従来の判例をベースにすれば、具体的で深刻な権利侵害が予見される場合に、その範囲でデモをさせないことは可能でしょう[20]。

公共施設の利用不許可についてはどうでしょうか。川崎市のガイドラインでは、「他の利用者に著しく迷惑を及ぼす危険のあることが明白な場合」に、公共施設の利用を不許可にできるとしています。「迷惑」がどの程度まで必要なのか、問題にはなるところでしょう。なお、たとえ公共施設をある集会に使わせたとしても、その自治体がその集会の主張を是認していることになるわけではない、ということには注意が必要です[21]。

⚖ ○ × 問 題 ···

① 市が公共施設をある団体に貸し出し、そのことについて住民からの苦情があった場合、市はその団体への施設の貸出しを撤回することができる。

② デモ行進を規制する公安条例は、道路の交通安全を確保することを目的としている。

☕ Column② ……カープファンの集いが禁止される？

　表現の自由や集会の自由を規制するためには、規制の根拠となる法律または条例の文言が明確なものでなければなりません（これを明確性の原則とよびます）。また、あまりにも広範な文言を使って規制することも許されません。例として広島市暴走族条例事件をみましょう。

　広島市は暴走族の集会をやめさせようとして条例を作ったのですが、この条例は「特異な服装をし、顔面の全部もしくは一部を覆い隠し……円陣を組み、又は旗を立てる等威勢を示すことにより公衆に不安又は恐怖を覚えさせるような……集会」を禁止するとしていました。しかしこの文言はあまりに広範で、暴走族の集会だけではなくコスプレやカープファンの集いも禁止されるかもしれません。ただし最高裁はこの規定を違憲とはせず、暴走族の集会だけを規制するものと解釈して合憲としました（このように違憲にみえる規定を合憲に解釈しなおす方法を合憲限定解釈といいます）。

第 **3** 章　友達、家族や恋人との関係

1　外国人の友達の困惑——人権享有主体

◆**CASE**◆　指紋の採取は何のため？

　A君の通う大学はダイバーシティ化を積極的に推進している大学で、たくさんの留学生が在籍しています。A君と仲の良いファビアンはそんな留学生のひとりで、中央アジア出身の好青年です。夏休み期間になると、彼は母国にひとりで暮らしている母親を気遣って帰国していきました。夏休みが明けて、A君は大学で浮かない顔つきのファビアンを見かけました。どうしたのかと尋ねると、彼はこう言いました。

　「日本に入国するときに指紋を採取されて顔写真も撮られたんだけど、なんだか自分が悪いことをする人間だと思われているようで気分が悪いよ。あの指紋と顔写真は、どんな風に利用されるんだろうね。今度帰国してから日本に戻る機会があれば、指紋と顔写真の提出を拒否しようと思うんだけど、どう思う？」

> 友達の気持ちを想像してみよう！

1)　人権は誰にとっての人権？

(1)　人権享有主体

　人権は、人種、性別、信仰など個々の人がもっている違いとは無関係に、すべての人が生まれながらにしてもっている**普遍的な権利**であるとされます。このことは、逆にいえば「人」という存在が生まれながらにして人権をもつ存在であることを意味します。このように人権をもつ存在のことを、憲法学では「**人権享有主体**」と表現します。もっとも、ここでいう普遍的な意味での「人権」と、憲法に記されている「人権」とが常に同じものかというと、必ずしもそうとは言い切れません。

　日本国憲法は、第1章で「天皇」という地位を世襲による地位として定め、第3章で「国民」の権利および義務を規定することで、人権が「国民の権利」という形で具体化されているかのような外観をとっています。しかし、ここで記されている人権は「日本国憲法上の基本的人権」であり、憲法に明示されていない多様な人権が存在する可能性もあります[*1]。また、憲法10条が「日本国民たる要件は、法律でこれを定める」とし、憲法11条が「国民は、すべての基本的人権の享有を妨げられない」と定めていることから、基本的人権は、法律（国籍法）によって範囲を指定された「国民」に対して保障される人権であることがわかります。さ

> **★ポイント★**
> ＊1　憲法に明示されていない人権であっても、憲法13条（包括的基本権）（⇒第1章1と第2章1）を根拠として保障される可能性はあります。

53

らにいえば、国民であっても「18歳未満の国民」のように、参政権が認められていない国民も存在します。つまり、「誰」が「どのような人権」をもつ（享有する）かは、一律に定まっているというわけではないのです。このように、ある「主体」に対して「どのような人権」が保障されるのかという問題を、「人権享有主体性」の問題とよびます。

(2) 「外国人」は人権享有主体？

　上で述べたように、日本国憲法が基本的人権の享有主体として想定しているのは「日本国民」であるということができます。しかし、日本国内に存在しているのは何も「日本国民」だけとは限りません。ここには当然、日本に滞在している「外国人」にも日本国憲法の人権保障が及ぶのか、という問題が存在します。これについて、学説の立場は外国人に対する人権の適用を否定する立場（否定説）と肯定する立場（肯定説）に大別することができます。前者（否定説）は、憲法が外国人の人権について直接言及していないことを主な根拠としますが、こうした見解については、日本国憲法が採用している**国際協調主義**や、**世界人権宣言**、**国際人権規約**といった確立された国際法の趣旨[*2]に照らしてみると、すでに依って立つ基盤を失ったということができます。

　一方で、後者（肯定説）のなかにも、否定説と同じように憲法の文言に着目し、条文上「国民」の権利とされているものは日本国民の権利とみなし、「何人も」とあれば外国人にも適用可能であると考える立場があります。たしかに現行憲法は、外国人の人権享有主体性について直接言及はしていません。しかし、人権は人が生まれながらにして有するものであることをふまえると、憲法の解釈として「国民」と「外国人」とをことさらに差別しないのが自然な考え方だといえます。したがって、ここで問題となっているのは、原則として外国人も日本国民と同様に人権享有主体であるとみなしたうえで、個々の人権について、外国人に対して保障が及ばないような例外はあるのかという点になります。このような考え方は、**権利性質説**とよばれており、現在の判例[*3]や学説の通説的な立場となっています。

2 「外国人」であること

(1) 外国人が当然に享有できないとされる人権

　権利性質説を採用する場合、権利の性質によって、例外的に外国人に保障が及ばない人権を探ることになります。考え方としては、①人権そのものの本質が「日本国民であること」を前提としているか、②公共の福祉の観点から外国人に対する人権の制約が認められるか、③個々の外国人の日本社会とのかかわり方（定住しているか、観光目的か、家族が日本にいるか、母国にいるか）、さらに、④原則として日本国内に所在する外国人にのみ保障が及ぶなどといった点を考慮する必要

★ポイント★

＊2　普遍的な意味での人権の尊重と確保は、すべての国や人にとって達成されるべきものであるという趣旨です。

判例

＊3　マクリーン事件（最大判昭和53年10月4日）
　日本における在留外国人の出入国の自由、政治活動の自由の享有に関する事件。最高裁は、これらの自由が外国人に対して日本国民と同様には保障されないことを明言しました。他方で、外国人にも「権利の性質上、日本国民を対象としたものを除き、外国人にも人権保障が及ぶ」としていることで、外国人の人権享有主体性を承認した判断として評価されています。

があります。とはいえ、人権の性質上、外国人が享有できないと考えられている人権は実際のところそれほど多くはありません。以下で個別に整理していきます。

(a) 参政権　　参政権は、権利の性質上「国民」であることが前提であるとされる人権です。現在まで、法律上外国人による政治参加の権利は認められていません[*4]。しかし、憲法15条が公務員選挙を**「国民固有の権利」**と表現している一方で、憲法93条が地方選挙に関して**「住民」**による選挙と表現していることもあり、外国人の政治参加をめぐって多くの議論が交わされています。一般的には、国政選挙と地方選挙で分けたうえで、国民主権原理が作用する国政については、外国人の選挙権・被選挙権ともに認めないとすることが多いようです。一方、住民自治の原理が作用する地方選挙に関しては、地域に定住する外国人に対しては生活の実態に応じて選挙権を付与するべきだとする見解も有力です。

(b) 社会権　　社会権[*5]は、そもそも外国人の出身国が保障するべきものであるとの考え方から、日本では基本的に社会保険などの各制度について国籍を要件とするかどうかを国の政策的判断にゆだねてきました。もっとも、社会権は参政権ほどはっきりと国民・外国人の区別をするものではなく、**弱者保護の理念**にもとづくものであることをふまえると、日本で暮らす外国人に保障することは十分に可能であると考えられます。

(c) 出入国の自由　　国際慣習上、外国人の入国を受け入れるかどうかは国家の裁量とされており、日本国憲法22条も「外国人」の入国の自由には触れていません。要するに、自国民以外の外国人の入国を認めるかどうかは国家が自由に決定してよいということです。ただし、「外国人」と一口にいってもその実態はさまざまで、観光などで一時的にかかわっているだけの人もいれば、日本人と家族になるなどして社会的に深いつながりをもっている人もいます。日本に生活の基盤をもち、根を張って生きる外国人にとって、日本人と同様に出入国の自由が保障されるかどうかは、自身のアイデンティティにもかかわる問題だといえます。[*6]

(2) 保障の程度が問題とされる人権

上記の人権以外でも、実際の人権保障の程度は「外国人」であることによって日本人とは異なる扱いを受けることがあります。

自由権のうち、**経済的自由**に関しては、日本国民とは異なる扱いを受ける場面が少なくありません[*7]。一方、**精神的自由**に関しては、原則として日本国民と同様の保護が与えられるとされます。特に**思想良心の自由**に関しては、日本国民と区別しなければならない理由が存在しないため、日本国民と同じように保障されるものと考えられます。他方、**政治活動の自由**に関しては、国民の政治的選択に不当な影響を及ぼすと考えられる場面で制限されることがあります（マクリーン事件）。

冒頭の CASE に関連して問題となるのは、**プライバシー権**[*8]です。リーディン

⚖️ 判 例

*4　外国人参政権に関する最高裁判決（最判平成7年2月28日）
　最高裁は、憲法15条1項の「国民」、憲法93条2項の「住民」ともに、日本国民を指していると解釈し、法律上選挙権を日本国民のみに付与することは違憲ではないと判示しました。一方、傍論として、定住外国人に地方選挙への参政権を付与することも憲法は禁じていないと述べています。

*5　詳しくは、第4章3（p.86）を参照。

⚖️ 判 例

*6　森川キャサリーン事件（最判平成4年11月16日）
　10年近く日本に居住し、日本人と結婚していたアメリカ国籍の女性による日本国外旅行の申請に対して、彼女が外国人登録証明書交付の際に指紋による押印を拒否していたことを理由として不許可処分がなされた事件。このケースにおける「出入国」を特別に保護すべきかどうかという問題提起について、裁判所は第1審から最高裁までほぼ一貫して国家による裁量の問題として位置づけ、不許可処分を支持しました。

🔍 ★ポイント★

*7　職業選択の自由（⇒第4章1）を制限するものとして、特許法25条、鉱業法17条、公証人法12条1項1号などは、外国人に対する資格の取得を制限しています。

＊8　詳しくは、第2章1（p.36〜）を参照。

＊9　第2章1（p.39）を参照。

グケースである平成7年の最高裁判決（指紋押捺拒否事件[*9]）では、外国人登録法における**指紋押捺制度**がプライバシー侵害にあたるかどうかが問題となりました。最高裁は指紋押捺を強制されない自由について、外国人にも等しく及ぶものと判示しています。指紋は個人を特定する情報であり、「利用方法次第では個人の私生活あるいはプライバシーが侵害」されるおそれがあるからです。しかし、判決は、当時の指紋押捺制度の目的が十分に合理的であることに加えて、目的を達成するための手段である指紋押捺義務が「3年に1度」、「人差し指のみ」、「拒否した場合でも禁固や罰金などの罰則のみ」というもので「精神的、肉体的に過度の苦痛を伴うものとまではいえず、方法としても、一般的に許容される限度を超えない相当なもの」と判断し、指紋押捺制度自体は合憲と結論しました。

　外国人登録法における指紋押捺制度は、在日外国人の強い反発もあって1999年までに段階的に廃止されました。外国人登録法自体も2012年に廃止されています。しかし、それに代わるものとして2006年に改正された**入国管理法**[*10]は、特別永住者等を除く16歳以上の外国人に対して、入国審査時に人差し指の指紋と顔写真の個人識別情報の提出を義務づけています。

＊10　正式名称は、「出入国管理及び難民認定法」です。

③　指紋の採取を拒否するとしたら？

　現在の入国管理法における個人識別情報の提出は、上陸審査における義務なので、拒否すると最悪の場合、強制退去させられる可能性もあります。一方、個人識別情報の提出義務をプライバシー権との関係で整理すると少し違った対応が考えられるかもしれません。というのも、外国人登録法上の指紋押捺制度と比較すると、指紋の採取の機会がより頻繁であり、強制度が高く、指紋だけでなく顔写真までも提出させる制度である点で、平成7年最高裁判決が設定した「精神的、肉体的に過度の苦痛を伴うものとまではいえず、方法としても、一般的に許容される限度を超えない」という基準を逸脱しているように思われるからです。

　もしファビアンが指紋や顔写真の提出をプライバシー侵害であるとして訴えれば、あるいは司法を通じて制度を改正ないし無効にすることができるかもしれません。しかし、こうした問題は外交や政治的要素がからんでくる可能性もあるので司法を通じた解決といっても一筋縄とはいかないでしょう。ファビアン自身、日本に滞在する期間が有限であるなら、ひとりでがんばるよりは同志を募って日本社会全体に訴えかけていくほうが有意義な結果につながりやすいかもしれません。いずれにしても、現在の指紋や顔写真の提出義務に関しては、従来の最高裁のプライバシーに関する判断枠組みとの再調整が必要ではないかと思います。

④ その他の人権享有主体

　ここでは、ほとんどの内容を「外国人」について費やしましたが、本来人権享有主体性の問題には、「**天皇**」の人権が「日本国民」の人権と同様なのかという問題も含まれます。[*11]　また、「日本国民」なのに「**未成年**」としてさまざまな権利が制限される主体については、制限のあり方との関係で議論があります。[*12]　そのほかにも、多少方向性が異なる議論として、社会で自由に経済活動を行う企業など「**法人**」の人権をどのように保障するかという点が論点となっています。[*13]　さらに最近になってからは、「**胎児**」や「**死者**」にも人権を認める必要があるのではないかという見解が主張され始めています。

　これらの問題も本質はそれほど違いがありません。一言で「国民の人権」とくくってしまわずに、権利を求める「それぞれの主体」の特性を念頭に置きつつ、保障すべき人権の範囲や人権保護の必要性の有無についてしっかりと議論していくことが大事だといえるでしょう。

*11　天皇については、第10章（p.193〜）を参照。

*12　未成年者については、第1章1（p.9）を参照。

⚖ 判 例

*13　八幡製鉄政治献金事件（最大判昭和45年6月24日）
　最高裁は、法人である会社も普通の人と同様に社会の構成単位として実在しており、日本国憲法上の権利及び義務もまた法人の性質上可能な限り享有すると判示しました（⇒第5章3の注17）。

⚖ ○×問題

① 判例や通説では、外国人に日本国憲法上の人権保障が及ばないとされる。　☐

② 現在、外国人による政治過程への参加は、選挙権、被選挙権ともに法律上では認められていない。　☐

☕ Column ③……国境は人権の境界？

　2008年4月の『法学セミナー』（vol.640）の冒頭に、田見高秀弁護士による「人権の国境」というコラムがあります。戦後、中国北東部に置き去りにされた、いわゆる「残留孤児」に関する問題を簡潔に紹介したものです。
　終戦直後、乳児から小学生程度の年齢でしかなかった子どもたちは、親族と離別・死別して、本人の意思とは関係なく中国で生活していくことになりました。彼らは日本に帰ることを望みながらも、結局40年近く外国の地で生きていくことを余儀なくされます。「日本の地で、日本人として、人間らしく生きる権利」という彼らが望んだ権利を、日本で生まれて日本人として育ち、日本人であることを疑うことのない日本人が実感とともに理解するのは容易ではありません。
　憲法で保障される人権には国境があります。しかし、グローバル化の進む現代で、あえて理想を語るなら、日本であろうと外国であろうと、そこで暮らす人がみずからの意思に反してアイデンティティを損なうことなく、誇りと尊厳をもって生活できるようにしていくべきではないでしょうか。

2 すべての個人を等しく──法の下の平等

◆CASE◆　男も女も同じでしょう!?

　大学3年生のA太さん（男性）とB子さん（女性）は、同じとんかつ屋でのアルバイト中、厨房の爆発事故に巻き込まれ、2人とも顔にてのひらほどの大きさのひどいヤケドのあとが残る大ケガを負いました。幸い、労災保険が下りることになりましたが、B子さんには平均日額賃金の131日分の障害補償年金が毎年支払われる一方で、A太さんへは平均日額賃金の156日分の障害補償一時金の支払いにとどまりました。A太さんは「B子さんよりも補償が低い！」と文句を言いました。

「平等」って、なんだろう…？

　これに対し役所の担当者は、「法律で決められている」、「顔に傷が残ることに関しては、女性のほうが精神的苦痛は大きいからね…」と説明しました。A太さんは、「男だって顔の傷はとても気になるのに。これは差別だ！」と、B子さんと同じ補償を求めて、裁判で争うことにしました。

1 「平等」を保護する意義

憲法14条
1項　すべて国民は、法の下に平等であつて、人種、信条、性別、社会的身分又は門地により、政治的、経済的又は社会的関係において、差別されない。

　私たちはみんなが一人ひとり異なった存在です。性別、年齢等の見た目が異なるように、物事の考え方や価値観といった内面も個人によって異なります。それぞれが異なる存在であるからこそ、私たち人間は尊く、平等に扱われなくてはなりません。平等の概念は、まさに人権観念の核心といっても過言ではありません。ですから、国家が私たち個人を不当に異なって取り扱い、なんらかの不利益を課すことは許されない**差別**にあたります。そこで、国家による不当な差別を禁じるのが、「法の下の平等」について定めた憲法14条です。

2 「法の下に」平等であることの意味

　「法の下に平等」であるときの「法の下」とは、どういう意味なのでしょうか。これには2つの考え方があります。

　まずは**法適用の平等**という考えです（**立法者非拘束説**）。これは、内閣や裁判所が、どの事案にも、またどんな個人に対しても平等に法律を適用しなくてはならないことを意味します。しかし、もしもはじめから法律が差別的な内容を含むものであったらどうでしょう。それだと、どんなに法適用が平等であっても、真の平等の実現は困難だといわざるを得ません。

　そこで、法適用の平等に加えて**法内容の平等**という考えが求められるのです（**立法者拘束説**）。これは、国会（立法府）が法律を制定する際には、差別的な内容の法律を制定してはならないことを意味します。つまり、立法の段階で平等な内容

の法律を作るように、立法者の活動が拘束されているのです。もし、国会がこの拘束に従わずに差別的な内容の法律を制定した場合、裁判所によって、その法律は憲法14条に反し違憲であると判断されることになります。

3）「平等」の意味

　それでは、憲法14条にいう「平等」とはどのような意味なのでしょうか。人が本質的に平等であるとするならば、国家はすべての個人をあらゆる場面で絶対的に等しく取り扱わなくてはいけないことになります。しかし、日本国憲法が想定している平等とは、このような**絶対的平等**の考えだけにとどまりません。

　はじめに述べたとおり、人間は多様な存在です。性別・能力・年齢・財産（資力）といった個人のさまざまな特質や状況を一切考慮に入れず、すべての者を画一的に等しく取り扱うことになれば、かえって不合理な事態が生じてしまう可能性があります。そこで、個人に違いがある場合、それに応じて他者とは異なった取扱いも認めるという**相対的平等**[*1]の観念を憲法14条は採用しているのです。

　よって、合理的な理由にもとづく限り、異なって扱うことや、他者より優遇することも合理的区別として許されることになります。たとえば、企業等で「有休は男女共に年間15日まで」という社内規則が決められた場合を想定しましょう。一見、男女平等にみえます。しかし、女性には妊娠・出産をする事態が考えられます。出産に備えた入院や産後の体力回復のために会社を休んだ場合、15日間の有休はすぐに使い果たしてしまうのではないでしょうか。そこで、産前産後の有給休暇を別途講じることが考えられます。この場合、必ずしも女性だけを優遇して男性を差別していることにはなりません。なぜならそれは、男女の身体的差異を理由とする合理的区別といえるからです。しかし、区別の理由が合理的といえない場合には、差別と認定されるのです。

4）憲法14条1項後段の意味

　14条1項後段には「人種、信条、性別、社会的身分又は門地」といった内容が列挙されています。**人種**とは、肌や目の色、体型など身体的特徴によって区分される人類学上の区別を指します。人種に対する偏見や差別は現在でも世界的に問題となっており、日本では、アイヌ民族や在日韓国・朝鮮系の人々に対する問題が存在しています。**信条**とは、かつては宗教や信仰を意味していました。現在では、それに加えて、思想や世界観といった個人の内心のあり方も含むと解されています。**性別**による差別、特に女性に対する差別は、人種と同様に世界的に問題となっており、日本も戦前は女性をひどく冷遇しました。近年ではだいぶ改善の

★ポイント★
*1　これは、かつてアリストテレスが言ったように、「等しい者は等しく、等しくない者は等しくなく扱うべし」という考えを示したものといえます。

★ポイント★
*2　判例は「人が社会において占める継続的な地位」と解しています（最大判昭和39年5月27日）。一方、学説では、「人が社会において一時的ではなく占めている地位で、自分の力ではそれから脱却できず、それについて事実上ある種の社会的評価が伴っているもの」とする見解があります。

用語解説
*3　積極的差別是正措置
　人種や性別等、長年にわたって差別が行われてきた場合の問題は根深く、容易には解決しません。そこで、過去への補償と多様性のある社会の実現を求めて、大学入試や雇用等の場面で、差別されてきた集団に優先的な処遇を与えようとすることがあります。このような措置は積極的差別是正措置（アファーマティブ・アクションとかポジティブ・アクション）とよばれています。

方向がみられますが、まだ課題も多く残っています。**社会的身分**とは、一般的に人が社会のなかで占めており、自分の意思では変えることのできない地位のことをいいます。たとえば、被差別部落出身者かどうかといった事柄や、あるいは親と子といった事柄も指す場合があります[*2]。**門地**とは、家系や血統などの家柄を指します。

　通説は、この**後段列挙事由**をたんなる例示的なものと解釈しています（**例示説**）。たとえば、障害者や高齢者に対して、合理的な理由もなく異なる扱いをすることで不利益を課した場合には、当然差別となります。障害や年齢が列挙されていないからといって、障害差別や年齢差別が許されることにはなりません。

　また、これらの事由による差別は、歴史的に最もひどい差別の対象とされてきました[*3]。そうした差別は損害が特に大きく、みずからの意思ではどうしようもありません。そこで、後段列挙事由にもとづく区別を行う法律が問題になるとき、裁判所は差別ではないかという疑いをもって、厳しく審査することが求められるという学説も近時有力です（**特別意味説**）。

⑤　平等事例に対するアプローチ

(1)　裁判所の判断手法

　平等違反は、具体的な区別が「合理的」か「不合理」か否かによって判断されます。この問題を判断するにあたり、裁判所は、問題となる法律が作られた目的（**立法目的**）と、その目的を達成するための手段（**目的達成手段**）の2つの側面から合理性を判断する手法を提示しました。前者を**目的審査**、後者を**手段審査**とよぶこともあります。この2段階の判断手法は、刑法200条の尊属殺重罰規定に対する違憲判決[*4]で示されました。

　最高裁の多数意見は、刑法200条の合憲性を判断するにあたり、尊属に対する尊重報恩の道義を保護するという立法目的は合理的だが、刑の加重程度が極端に大きく、目的達成手段が不合理であるとして違憲判決を下しました。これに対して、少数意見を執筆した6人の裁判官は、尊重報恩という立法目的自体が違憲であると述べています。すなわち、多数意見は、目的審査では合理的だが、その後の手段審査によって違憲であると判示しました[*5]。しかし少数意見は、多数意見が合理的と判断した第一段階目の目的審査の時点で、違憲であると主張したのです。

　もとより学説では、刑法200条は親への報恩という道徳律を法律で強制することになり、不適当であるといった批判が投げかけられていました。そのため、多数意見を批判して少数意見の立場を支持する者が多いとされています。

(2)　近年の重要判例

　先に述べたように、戦前からの日本の女性差別は深刻でした。戦後は、日本国

憲法の制定や国連の女子差別撤廃条約の批准（1985年）に伴い、男女の平等実現に向けての取り組みが図られました。また、女性の社会進出に伴い、雇用場面での差別解消も取り組まれ、裁判所も厳しく対処してきました[6]。それでも男女を不合理に区別する法律の規定はまだ残っています。最高裁が違憲判決を下した女性の再婚禁止期間を定めた民法の規定はその例です[7]。

また、国籍法や非嫡出子[8]の問題も真剣に考えなくてはいけません。生まれてくる子どもにしてみれば、両親が法律上の結婚をしているかどうか、親が認知してくれたかどうかは、偶発的なものであり、その子ども本人にとってはどうしようもありません。こうした「生まれ」によって区別することは社会的身分に対する不合理な差別であり、許されません。

この点、外国人の母親の非嫡出子については生前認知がなければ日本国籍を取得できないと規定した国籍法を違憲とした判決[9]、および遺産相続について嫡出子と非嫡出子を異なって取り扱った民法規定を違憲とした決定[10]は、注目すべきでしょう。

6 A太さんはどうなるのか？

それでは、冒頭のCASEを考えてみましょう。ここでは、A太さんに対する補償のほうがB子さんよりも低いという法内容における区別が、合理的か不合理か否かが判断基準になります。14条1項後段の性別による差別は、歴史的には女性のほうが男性よりも不利に扱われるケースが多かったのは事実です。しかし、男性が女性よりも不利に扱われた場合であっても理屈は変わりません。異なった取扱いを合理的に説明できなければ、当然男性に対する差別であると認定されます。CASEでは、男女の補償の違いについて「女性のほうが顔の傷に対する精神的苦痛は大きい」ことを根拠としていました。しかし、こうした外貌（がいぼう）については、男性であっても大きな精神的苦痛を感じることはあります。はたしてこれは合理的な区別となりうるのでしょうか。

たしかに、化粧品の売上等の客観的なデータからみて、女性のほうが男性よりも外見の美意識が高いのは事実でしょう。また、接客業など人と接する職業の人口は、どうしても男性よりも女性のほうが多く、その分、外貌の醜状障害（しゅうじょう）により苦痛を被る機会は女性のほうが多くなってしまうというのも理解できます。そうした点を総合的に考慮して女性のほうを手厚く保護するというのであれば、男女で区別して扱うこと自体は合理的と考える余地があります。立法目的としてはまだ差別に該当しないといえます。しかし、男性がそのとき限りの一時金しかもらえないのに、女性は毎年補償年金をもらえるというのはどうでしょうか。この場合、男女間での補償の程度の差があまりに大きく、もはや立法目的を達成する手

であっても、100日を超えた部分は過剰な規制であるとして、憲法14条に反するとしました。

*8 嫡出子／非嫡出子
　嫡出子とは、婚姻を交わした法律上の夫婦の間に生まれた子を指します。一方、非嫡出子とは、婚姻をしていない内縁の妻の子として生まれた者を指します。非嫡出子の場合、相続などの面で嫡出子より不利に置かれていた点で、生まれによる差別であるという批判が長年続いてきました。

判例

*9 国籍法違憲判決（最大判平成20年6月4日）
　旧国籍法3条1項は、生後にしか認知を受けられなかった子については、出生後に届出・申請をしない限り日本国籍の取得を認めていませんでした。最高裁は「非嫡出子についてのみ、父母の婚姻という、子にはどうすることもできない父母の身分行為が行われない限り……日本国籍の取得をみとめない」のは「不合理な差別」であるとしました。

判例

*10 非嫡出子法定相続分差別規定違憲決定（最大決平成25年9月4日）
　非嫡出子の相続分が嫡出子の半分とする民法900条4号但書の合憲性が問われた事例です。最高裁は「子にとって自ら選択ないし修正する余地のない事柄を理由とし」た不利益は許されないとして、違憲という決定を下しました。

段としては不合理といわざるを得ません。

　そうであるならば、男性のみ補償の程度が著しく低いCASEのやり方は差別であり、憲法14条1項に反し違憲である可能性が高いといえます。[11] A太さんにもB子さんと同等の補償を与えられるように、もっと真剣に検討するべきではないでしょうか。[12]

○×問題

① 「法の下」の平等とは、法適用に限らず、法内容も平等であることを求める。□

② 「平等」とは「絶対的平等」を意味し、個人の差異に応じた合理的区別は認められない。□

Column④……差別は「潜んでいる」！？

　ある事務職員の求人募集に、「条件：成人以上／身長165cm以上の者に限る」とあったと仮定しましょう。一見何も問題がないようにみえます。厚生労働省の「平成30年 国民健康・栄養調査報告」によると、日本人の平均身長は、たとえば22歳男性が172.6cmなのに対し、女性は158.8cmとなっています。もちろん、背の高い女性や小柄な男性は存在します。しかし、この場合、平均身長より6cm以上も高い要件を設定することで、女性のほうが割合としてより多く求人要件から排除されてしまいます。そもそも、一般の事務作業に身長が関連するのでしょうか。このように、一見中立的であからさまに差別しているようにはみえないけれども、結果的に、ある特定のカテゴリーの人々が事実上不利益を被るような差別形態を、「間接差別」とよびます（一方、「女性不可」等あからさまに差別することは「直接差別」とよびます）。差別は目にみえるものに限られません。あなたの周りにも、差別は巧妙に「潜んでいる」かもしれません。

3 新たなパートナーシップや家族を求めて——両性の平等

◆CASE◆ 同性婚と「平等」

　近年、諸外国では同性同士での婚姻が認められるようになってきました。そこで、日本国内に住む日本国籍の男性であり、お互いのことをかけがえのないパートナーであると認め合っているＡさんとＢさんは、現在の日本において同性婚が認められていないのは、憲法24条がかかわる「婚姻する自由」が保障されておらず、憲法違反だという訴えを裁判所に対して起こしました。愛し合う関係に同性も異性もなく、ともに婚姻できるようになるべきだという主張について、みなさんはどう思われますか。

世界初の同性婚を認めたのはオランダだよ

1 憲法24条が保障するもの

　憲法24条が保障する人権として、以下のものがあげられます。

(1) 婚姻する自由

　まずは両性の合意のみにもとづいて婚姻できること[*1]、そして**婚姻関係の解消も自由にできること（離婚の自由）**などがあります。ここで「のみ」と強調してあることが大切です。というのも、現代の私たちが想定しているような自由恋愛とその結果としての結婚が可能になった時代は、そう遠い昔のことではありません。みなさんはお見合いという言葉を聞いたことがあるでしょう。昔は、自分の結婚相手を見つけてくるのが、親なり面識のある大人なりであったりしました。また、旧民法上でも家長である戸主（こしゅ）に家族の婚姻について同意する権限が与えられていました。つまり、自由恋愛して結婚するというのは簡単なことではなかったのです。憲法はこうした状況をふまえて、当事者以外の第三者が婚姻の成立や解消に介入してくることを防ぐための条文を設けました。

　また、別の重要な人権として、**婚姻しない自由（非婚の自由）**もあります。みなさんのなかには、さまざまな理由で自分は結婚しないと考えている人もいるでしょう。たとえば、自由恋愛が認められているにせよ、適齢になったら全員が結婚しなくてはならない社会があったとしたら、どう思いますか。あるいは、結婚しないことによって、偏見の目で見られたり、特定の人権が与えられなかったりするような社会はどうでしょうか。これはこれで、居心地が悪いのではないでしょうか。特に現代のように地方公共団体が婚活イベントを開催するような時代、結婚するよう社会的圧力が高まってきている状況において、婚姻しない自由の存在意義はますます高まっていくことが予想されます。みなさんには、なぜ国や地方公共団体が個人の親密な関係のあり方に積極的に介入するようになってきたのか

憲法24条

　1項　婚姻は、両性の合意のみに基いて成立し、夫婦が同等の権利を有することを基本として、相互の協力により、維持されなければならない。

　2項　配偶者の選択、財産権、相続、住居の選定、離婚並びに婚姻及び家族に関するその他の事項に関しては、法律は、個人の尊厳と両性の本質的平等に立脚して、制定されなければならない。

用語解説

*1　婚姻
　結婚を意味しますが、法律用語では結婚とはいいません。

に注目してほしいと思います。

(2) 夫婦の同権

次に「夫婦が同等の権利を有する」という文言に注目してみましょう。夫婦が同等にもつべき人権に関する代表的なものとしては、婚姻中や離婚時の財産の処分をめぐる人権や婚姻中の氏(うじ)の選択などが考えられるでしょう。前者に関しては、離婚時に婚姻期間中に築いてきた財産をどのように分配するか、という場面で重要になってきます。後者は、日本で法律婚[*2]をしたカップルの96.0%が夫の氏を選択しているという現状[*3]に対して機能する人権としてきわめて重要なものです。この問題ゆえに、実質的には夫婦のようにともに暮らしていても、役所に婚姻届を提出しないままで暮らす、という**事実婚**も生じています。

配偶者やパートナーと離縁しても安心して暮らしていける、婚姻しても自分が長年親しんだ氏を変えないという選択もできる時代を迎えるためにも、憲法24条のこうした側面はもっと強調されなくてはなりません。

(3) 婚姻を維持する自由

そして、婚姻を維持することも保障の対象となっています。婚姻生活には、単身生活では享受できないいくつかの「特権」があります。その際たるものは、税の**配偶者控除**[*4]や**扶養手当**[*5]の受給などでしょう。ほかにも配偶者の遺産に関する**法定相続分**のように、事実婚のカップルには認められていない、婚姻当事者間だけに限定されたものもあります。また、婚姻は離婚や配偶者が死去しない限り、終了することなく継続するという性質をもっています。これは期間の終了を定めて取り交わされる普通の契約とは異なるところです。このように、婚姻にはその継続を保障するためのさまざまな配慮がされていることがわかります。

(4) 立法が従うべき原則とはなにか

憲法は24条2項において、家族に関係する法律が従わなくてはならない原則は「**個人の尊厳**」と「**両性の本質的平等**」であることを定めています。前者が日本国憲法の全体を貫く基本原則であることは、本書の至るところで説明されています。後者もさまざまな内容を含みうるものですが、家族との関係でいえば、以下のことが問題になります。

① 婚姻適齢の男女平等化

② 女性の再婚禁止期間の短縮・撤廃

③ 夫婦の財産についての平等な取扱い

④ 夫婦同氏制度の妥当性

①については、男は18歳以上、女は16歳以上と婚姻できる年齢に差がありましたが、男女ともに18歳以上にすべきだという議論の結果、2022年4月から男女ともに18歳以上に統一されました。2016年6月から選挙権が18歳以上の日本国民に付与されたことも、この問題への関心を高めました。

②については、女性だけに父性の推定を目的とした離婚後100日間の再婚禁止期間^{*6}が残っていますが、現代の親子関係の鑑定技術をもってすればこのような期間は必要なく、いたずらに負担を課すものだと批判されています。なお、100日間の再婚禁止期間が合憲とされたのは、婚姻成立から200日経過後または離婚などの成立後300日以内に生まれた子は婚姻中に懐胎したものと推定する民法上の規定があるためです。

③については、夫婦が婚姻中に形成した財産に関して、特段の契約（夫婦財産契約^{*7}）を締結しない限り、それぞれ名義人のものとなりますが、夫の収入に依拠しながら夫婦の財産を形成することが多いという現状では、不動産などの高額な資産の名義人になりにくい妻にとって、離婚時などに不利になるというものです。

④現行の民法では法律婚をする際に、夫か妻のどちらかの氏に統一することが求められていますが、さきにも触れたように圧倒的に妻の側が夫の氏を選択することを余儀なくされています。法文上はあくまでも両当事者にとって「平等」な規定となっているはずですが、このような現状です。婚姻前の氏を通称として用いる制度や一部の公文書などで旧姓を併記できる制度も一般化していますが、それでも正式な場面では婚姻後の氏を変えた戸籍名の利用を求められるのが通例です。また、希望する当事者だけに別氏の使用を認める**選択的夫婦別氏制度**^{*8}の法制化もまだ実現できていません。

2 家族と憲法をめぐる現代的な課題——同性婚の法制化を例に

ここからは、現代の家族のあり方について考えてみる際に無視することのできない**同性婚・同性パートナーシップ制度**を素材にして考えてみましょう。西欧諸国においては同性婚の法制化^{*9}が広く認められるようになってきており、日本においても東京都渋谷区で2015年4月から同性パートナーシップ関係を区長が証明する、という新しい試みが始まりました。^{*10}

さて、冒頭の CASE に関しては、いくつかの論点があげられるでしょう。

① 同性婚の法制化についての反対派が説くように、憲法24条でいう「両性の合意」とは同性婚を排除するための規定なのでしょうか。

② 反対に同性婚の法制化を進めようとする人びとが説く「婚姻の平等」とはなんでしょうか。

③ 世間ではよく混同されていますが、同性婚と同性パートナーシップ制度の異同についても正しく理解しておくことも大切です。

①については、戦前の日本にあった個人の希望や生き方よりもその個人が属する家の事情や存続を優先させるような考え方を否定するために導入されたものです。ですので、「両性」という文言にこだわって、そこに同性婚を否定する意図

用語解説

*9 法制化
　新聞などでは「合法化」と表記されますが、元来は違法な犯罪行為であったことについて説明する場合と混同されてしまうので、ここでは「法制化」ということにします。

判例

*10 本件と関連して、宇都宮地裁真岡支部令和元年9月18日判決は、女性同士のカップルが一方当事者の不貞行為により離縁することになり、他方当事者が一方当事者とその不貞相手に対して、共同不法行為にもとづく慰謝料などを請求したもので、上記第一審では原告の訴えが一部認容されました。同性間のパートナーシップにも法的な保護が必要であることを是認している点が画期的です。

用語解説

*11 立法裁量
　立法裁量とは、憲法が国会に判断を委ねていると考えられる事柄について、国会が自ら判断して決めることをいいます。簡潔にいえば、国会が判断の余地が広いことを指します。そのため、裁判所は立法裁量が認められる問題について国会の判断を尊重したり、判断自体を回避したりする傾向にあります。

*12 立法不作為について、詳しくは第6章3（p.160）を参照。

を読み込むのは妥当ではないでしょう。②については、もっともな考え方であるように思われますが、みなさんに考えてほしいのはその先にある既婚者と非婚者との間の「平等」という問題です。さらには、婚姻に伴うある種の特権を付与するというやり方で、私たちの生や性のあり方が特定の方向へと「誘導」されているのではないか、という厳しい指摘もあります。こうした指摘をふまえつつ、個人の自律的な生のあり方と婚姻制度とは最終的に調和しうるものなのか、という問題についても考えてみてください。③について、同性婚は異性婚と同様の法的保障が認められていることがほとんどです。しかし、同性パートナーシップ制度はそれに比べると保障される内容が少ないです。たとえば、渋谷区の当該制度もその根拠が区内でしか適用されない条例であり、実体的な法的保障をもたらすものであるとはいいがたいのです。

　以上とは別の憲法学上の論点として、婚姻する自由に対する法的な規制があげられますが、当事者たちの婚姻が認められていないという点で直接的に規制されていると考えられますし、一方ではかりに同性婚が認められたことによってもたらされる弊害の存在も想定しにくいので、その点で間接的に規制されうるということにもならないでしょう。

　加えて同性婚を法制化しないことは**立法裁量**[*11]として認められるのか、という問題も出てきます。この点、国会に広範な裁量を認める傾向にある裁判所の判断からすると認められてしまいそうなおそれもありますが、婚姻する自由の基本的人権としての側面を強調する見解に立てば、安易な立法裁量論を認めることにはならないでしょう。同様に、かりに同性同士による婚姻届が提出されたとしても、役所が受理しないことは、同性婚が法制化されていない現行法のもとではやむを得ませんが、そうした状態が放置され続けるのであれば、当事者への救済を図らなかったという立法不作為[*12]の問題も将来的に生じてくるかもしれません。

　以上、応用問題ともいえる同性婚の問題について説明してきましたが、もちろん憲法の理念にかなうのはその法制化を認めることでしょう。今後の日本においても、そのような方向で議論が進んでいくとは思いますが、それと同時に結婚という営みをめぐって、女性解放運動に従事してきた人びとが昔から結婚制度を批判してきたことについても勉強して、法的な議論だけにとどまることのない視点もぜひ育んでください。

○×問題

① 日本国憲法においては、夫婦のみや両親と未成年の子で構成される「核家族」が標準的な家族像として想定されている。

② 選択的夫婦別氏制度を法制化することは憲法違反である。

4 | お父さんが逮捕されちゃった!? ──人身の自由と適正手続

◆**CASE**◆　どうして会わせてくれないの？

　K子さんが学食でランチをとっていると、急に母親から電話がかかってきました。「大変よ！お父さんが痴漢容疑で逮捕されたって！！今警察から連絡が…」。すぐに警察署に駆けつけると、玄関先で母親と知らないスーツの男性が話し込んでいました。母親はK子さんを見つけると「この方はお父さんの友人の弁護士のIさんよ」と紹介しました。2人の話によると、父親は朝のラッシュ時に駅で現行犯逮捕されたとのことです。目撃者によると連行される間ずっと「俺は何もしていない！」と叫んでいたそうです。今は取調べ中で、家族も弁護士さんも会わせてもらえません。お父さんはずっと否認しているそうです。I弁護士は2人に「お父さんは必ず助ける」と言います。K子さんは思いました。「お父さんが痴漢なんてするはずない！でも、警察はお父さんに会わせてもくれないのにどうやって助けるの？この先どうなってしまうのだろう…？」。

> 容疑者＝犯罪者ではないんだよ

1 人身の自由を保障する意味──人権の基本

　国民の生命や財産を守ることは、国家の重要な役割です。犯罪を行った人が警察に逮捕され、裁判所で有罪として処罰されるプロセスを通じて、国家は刑罰権を行使します。本来は許されないはずの個人の生命や活動の自由の剥奪を、犯罪に対する刑罰という名のもとに正当化するのです。

　個人の生命や活動の自由は**人身の自由**（身体の自由）の核心といえます。ここまでみなさんが学んできた表現の自由などの人権（特に自由権）は、人身の自由が確保されているからこそ、その人権を行使することができます。その意味で、人身の自由は人権の基本といえます。

　しかし、「朕は国家なり」というように国王の権力が絶対であった近代以前の時代には、人身の自由の制約が横行していました。国王の考えに反対する人は、すぐに逮捕されたり、処刑されたりしてしまったのです。刑罰権の行使は、強大な国家権力行使の最たるものです。国家権力が思いのままに刑罰権を行使することは、権力の不当な濫用となり、重大な人権侵害となるのはいうまでもありません。そこで、近代憲法は過去の苦い歴史をふまえて、人身の自由を保障する規定を憲法に設けることにより、権力濫用と人権侵害を予防しようとしたのです。

　日本も戦前の明治憲法下において、特別高等警察[*1]などの違法な捜査や拷問により命を落とす人が少なくありませんでした。そのため日本国憲法は、18条で人権保障の基本ともいえる**奴隷的拘束からの自由**を規定し、31条以下で刑事手続に関して厳格なルールを定め、なおかつ、その手続が厳守されることを保障しました。

> **憲法18条**
> 何人も、いかなる奴隷的拘束も受けない。又、犯罪に因る処罰の場合を除いては、その意に反する苦役に服させられない。

> **用語解説**
> ＊1　特別高等警察
> いわゆる「特高」とよばれるものです。戦前の治安警察法や出版法などを基礎として、左翼の社会主義運動・労働運動や右翼の国家主義運動など特定の政治活動や結社の取り締まりを行いました。

特に31条以下の規定は、諸外国の憲法と比べてもその詳細さが際立っており、特徴的です。人身の自由は刑事手続によって傷つきやすいという歴史的反省の要素が、非常に強くにじみ出ている箇所であるといえるでしょう。

2 法の適正手続

(1) 罪刑法定主義

憲法31条は、人身の自由と**適正手続**についての基本原則を定めています。これはアメリカ合衆国憲法の「法の適正手続」条項[*2]に由来しています。公権力の行使に関する厳格な手続を定めて、それを厳守させることで権力の濫用を予防し、人権を手続の面から保障しようという思想を受け継いだ規定です。

この考えのもとで31条から導き出されるのが、**罪刑法定主義**です。これは、どのような行為が犯罪とされ、その犯罪に対する刑罰は何であるかという実体について、あらかじめ法律によって定められていなければならないとする原則です。この「**法律なければ犯罪なく、法律なければ刑罰なし**」という考えは、近代刑事手続の大原則といえます。さらに、法律の実体的な規定についても適正さが求められます。たとえば、犯罪とされる行為の具体的内容とは何か、また、それに対して何年以上の懲役が科せられるのかといった形で、条文が明確に定められていなくてはなりません（**明確性の原則**）。

(2) 告知と聴聞

憲法31条の適正手続の内容として、とりわけ重要なのが**告知**と**聴聞**を受ける権利です。公権力が国民に刑罰その他の不利益を課す場合、当事者にあらかじめその内容を告知し、弁解と防禦の機会を与えなければなりません。この権利は刑事手続における適正性の内容を具体的に指したものです。

最高裁判所もこれを認めています。第三者所有物没収事件判決[*3]において、「所有物を没収せられる第三者についても、告知、弁解、防禦の機会を与えることが必要である」として、その機会を与えないで下した没収判決は憲法31条・29条に違反すると判示しました。なお、31条は直接には刑事手続について規定したものですが、行政手続にも準用されると一般的に解されています（たとえば、税務調査などのための事業所への立入りなど）[*4]。

3 被疑者の権利

(1) 不当な逮捕・抑留・拘禁からの自由

憲法33条は、犯罪による逮捕には、**現行犯逮捕**という例外を除いて、司法官憲の発する令状が必要であると規定しています。司法官憲とは裁判官を指します。

憲法31条

何人も、法律の定める手続によらなければ、その生命若しくは自由を奪はれ、又はその他の刑罰を科せられない。

[*2] 合衆国憲法修正第5条
「…法の適正な手続（due process of law）によらずに、生命、自由又は財産を奪われることはない」。

判例

[*3] 第三者所有物没収事件（最大判昭和37年11月28日）
密輸で有罪となった被告人の貨物を没収する際に、被告人以外の第三者の貨物が混じっていたにもかかわらず、貨物の所有者であるその第三者に事前に伝えないまま没収したことが憲法違反であるとして提訴された事件。

★ポイント★

[*4] 成田新法事件（⇒第2章3）において、最高裁は行政手続が「刑事手続ではないとの理由のみで、そのすべてが当然に同条による保障の枠外にあると判断することは相当ではない」が、両者の質の違いから、完全な形での手続保障が及ぶわけではないとしました。その後、1993年に行政手続法が成立し、告知と聴聞を受ける機会が法定されるに至りました。

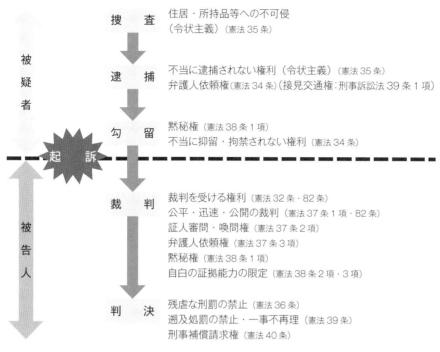

図3-1　刑事手続の流れと手続的権利の保障

つまり、警察が被疑者を逮捕する場合には、必ず裁判官の発行した逮捕状がなくてはいけません。このやり方を、**令状主義**といいます。これにより不当な逮捕からの自由を確保することで人身の自由の侵害を阻止しようというのが、ここでの趣旨です。令状主義の例外として、現行犯逮捕のほかに**緊急逮捕**があります。これは先に逮捕しておき、後から令状を発するやり方です。そのため、令状主義に反し違憲ではないかという指摘がありましたが、最高裁はこの合憲性を容認しています。[*5]

　34条では不当な拘禁・抑留からの自由を定めています。身体拘束のうち、一時的なものを**抑留**といい、捜査過程で行われた逮捕や勾引はこれに該当します。一方、より継続的なものを**拘禁**といいます。拘禁の場合には、なぜ捕えられたままでいるのか、その理由を公開の法廷で示さなくてはいけません。そうすることで、不当な拘禁の防止を図っているのです。刑事訴訟法（以下、刑訴法）の定める勾留理由開示制度（刑訴法82条以下）は、この趣旨を具体化したものです。

(2)　住居等への不可侵

　憲法35条1項は「住居、書類及び所持品」について、勝手に「侵入、捜索及び押収」することを禁止しています。「各人の住居は彼の城である」という法諺（法格言）が示すように、住居は個人の私生活の中心です。その利益を保護するために、家宅捜索や、証拠品と考えられる品々を押収する場合には、裁判官が発行した捜

🔍★ポイント★
＊5　最高裁は「厳格な制約のもとに、罪状の重い一定の犯罪のみについて、緊急やむを得ない場合に限り、逮捕後ただちに裁判官の審査を受けて逮捕状の発行を求めることを条件とする」のであれば、33条には違反しないと述べています（最大判昭和30年12月14日）。

*6 この件に関連して、GPS捜査違法判決（最大判平成29年3月15日）を参照（⇒第2章1の注12）。

索令状などが必要となります。ここでも逮捕と同じく令状主義を採用することで、不当な捜査権限の濫用を防いでいます*6。ただし、「33条の場合」に該当する正当な逮捕にもとづく捜索・押収については、令状主義の例外となりますので、令状は必要とされません。

(3) 弁護人を依頼する権利

　警察や検察は強大な国家権力を後ろ盾に犯罪捜査を行います。圧倒的な権力の前では、捜査対象者が対等な存在としてあり続けるのは困難です。そこで、刑事手続を公正に進めるために、被疑者および被告人の味方となり、必要なアドバイス等を与えてくれる法律の専門家をみずから選択して依頼できるようにするのが、憲法34条と37条3項で定められた**弁護人依頼権**です。貧困などの問題によりみずから弁護人を依頼できない場合には、国の側で弁護人をつけることが保障されているのです（**国選弁護**の保障）。

　こうした憲法の規定を具体化するために、刑事訴訟法の30条以下に弁護人の活動に関する詳細な規定が設けられています。なかでも、刑訴法39条の、警察職員などの立会人がいなくても弁護人と「接見し、又は書類若しくは物の授受をすることができる」**接見交通権**[*7]は特に重要といえます。

★ポイント★

*7 最高裁も、接見交通権は「身体を拘束された被疑者が弁護人の援助を受けることができるための刑事手続上最も重要な権利に属するもの」であると明言しています。そして接見交通権は、弁護人との間で何を話したかについての秘密を保持することも保障されているのです（秘密接見の原則）。

*8 裁判については、第6章1（p.141～）を参照。

判例

*9 高田事件（最大判昭和47年12月20日）
　15年にわたる審理の中断という著しい審理の遅延の結果、被告人の権利が害せられたと認められる異常な事態が生じた場合には、37条によって審理を打ち切るという非常救済手段が許されるとして、免訴を言い渡しました。

④ 刑事被告人の権利

(1) 公平な裁判所の迅速な公開裁判を受ける権利

　刑罰は個人の自由に重大な制限を加えるものです。よって、刑罰の内容はもちろん、それを科す手続についても、慎重かつ公正に行わなくてはなりません。憲法は**裁判を受ける権利**（32条）と**裁判の公開原則**（82条）を別に規定しています[*8]が、特に37条1項は、公平・迅速・公開の要件が満たされる必要性を明記しています。

　公平な裁判所とは、判例によれば「構成其他において偏頗の慮なき裁判所」を意味します。これにより、公正な判断をしてくれない可能性のある裁判官を変えてもらう忌避等の制度が設けられています（刑訴法21条）。あまりに裁判が長引くことは「裁判の拒否」に等しいといえます。それは**迅速な裁判**の保障という被告人の権利を侵害しかねません。最高裁は、いちじるしく審理が遅延した場合には、免訴とすることで救済を図ることもあり得るとしています[*9]。**公開裁判**とは、法廷での審理や判決までの流れを傍聴人が入って見聞きできる状態の裁判を指します。

(2) 証拠に関する権利——証人審問権・証人喚問権

　憲法37条2項前段は被告人が裁判のなかで「証人に対して審問する機会」を保障しています（**証人審問権**）。もし被告人が証人に審問する機会が十分に与えられ

ない場合、その証人の証言は証拠としての能力を認められないことになります。これは、**直接審理の原則**を保障したもので、刑事訴訟法では**伝聞証拠排除**の原則として規定されています（刑訴法320条以下）。また、37条2項後段では被告人が自分のために証人を法廷に強制的に呼び出す権利（**証人喚問権**）が認められています。ここでは喚問にかかる費用も公費で保障されるのです。

（3）　黙秘権の保障と自白の取扱い

　憲法38条1項は「自己に不利益な供述を強要されない」と規定しています。被疑者・被告人は、自分にとって不都合で、罪を帰せられてしまうおそれのあることや、話したくないことは話さなくてもいいのです。黙っていることによって刑罰を科せられたり、罪がより重くなることは許されません。それを受けて刑事訴訟法では**黙秘権**が保障されています。そして、このことは取調べの前と法廷で裁判の前に被疑者および被告人に伝えられなければならないのです（刑訴法198条2項・291条3項）。

　また、憲法38条2項では、被疑者または被告人がみずからの意思によらず強制的に自白させられた場合、その自白の証拠能力は認められないとしています（**自白排除の法則**）。自分から自白した場合であっても、それだけで有罪とすることはできません。憲法38条3項は、その自白を補強する証拠が必ず別に存在しなくてはいけないことを保障しています（**補強証拠の法則**）。

　総じて38条は**冤罪**[*10]を防ぐための仕組みを用意した規定といってもよいでしょう。

（4）　事後法の禁止と一事不再理

　憲法39条前段では、ある行為がかつては適法で問題なかったが、後に処罰の対象となったとき、当時その行為をしたということにより、昔にさかのぼって処罰されることを禁止しています。これを**事後法**（遡及処罰）**の禁止**といいます。また、39条後段では「既に無罪とされた行為」や一度有罪とされた行為について、重ねて刑事罰を科すことを禁止しています。これは**一事不再理の原則**といって、被告人が再び不利益を負わされるような危険にさらされないようにした規定です。

（5）　拷問・残虐な刑罰の禁止

　かつての犯罪捜査では、拷問[*11]などの非人道的な強制手段が取調べで数多く使われていました。憲法36条は、拷問によって自白を得るなどの捜査方法を「絶対に」禁止すると宣言しています。

　また、残虐な刑罰[*12]についても同じく「絶対にこれを禁じる」としています。ここで、死刑は残虐な刑罰にあたるかどうかが問題となります。最高裁は、「死刑の威嚇力によって一般予防[*13]をなし、死刑の執行によって特殊な社会悪の根源を断ち、これをもって社会を防衛せんとしたもの」であるとして、死刑の合憲性を認めています。[*14]

🖊 **用語解説**

*10　冤罪
　無実の罪に問われることをいいます。

🖊 **用語解説**

*11　拷問
　自白などの証言を聞き出すために警察などの捜査機関が行う肉体的・精神的な苦痛を与えるような取調べをいいます。

🖊 **用語解説**

*12　残虐な刑罰
　判例によれば、残虐な刑罰とは「不必要な精神的、肉体的苦痛を内容とする人道上残酷と認められる刑罰」であるとされます（最大判昭和23年6月30日）。

🖊 **用語解説**

*13　一般予防
　刑罰のもつ威嚇力（社会的な一種の脅し）によって一般人が犯罪に走らないようにする考え方のことをいいます。

🔍 **★ポイント★**

*14　最大判昭和23年3月12日。最高裁は、死刑の執行方法が火あぶりやはりつけなど「その時代と環境とにおいて人道上の見地から一般に残虐性を有するものと認められる場合」はさておき、絞首刑による死刑そのものは残虐刑ではないと判示しています。

(6) 刑事補償請求権

　刑事裁判の結果として無罪となった人は、裁判の過程で、本来必要がなかった抑留・拘禁等の人権制限措置を受けていたことになります。それに対して相応の補償を何もしないということになれば、あまりにも公平性に欠けているといわざるを得ません。

　そこで、憲法40条は**刑事補償請求権**を認めています。無罪判決を受けた人に限り、刑事補償法の規定に従って、金銭補償による救済措置を受けることができるのです。

⑤　K子さんのお父さんの現状とは？

　それでは、冒頭のK子さんのお父さんのCASEを考えていきましょう。ここで注目してほしいのは、現在K子さんが心配しているように、誰もお父さんに面会ができないという状況です。たしかに、家族が面会に行っても職員が同席しますし、本人が罪を否認している場合には面会できないこともあります。しかし、弁護士とは立会人をつけずに接見することが認められています。先述の接見交通権は憲法に由来する重要な権利であり、原則として自由でなくてはいけません（**自由接見の原則**）。しかし、刑事訴訟法では、「捜査のため必要があるとき」は起訴する前に限って接見の「日時、場所及び時間を指定することができる」と定めており、警察官や検察官は接見を制限することができます（**接見指定**——刑訴法39条3項）。接見指定は自由接見の原則に対する重大な例外です。「捜査のため必要」という部分の解釈次第では、制限の範囲が際限なく広がる可能性もあり、それは違憲ではないかと主張する者もいます。

　もしも、警察が「捜査のため必要」な場合というのを逆手にとって、いつまでもお父さんをI弁護士と接見させなかったら、それは違憲な権力行使といえます。家族とも会えず、弁護士からの有益なアドバイスももらえず、長時間密室での取調べが続くことは、精神的に非常につらい状況といえます。そうしたなかで、本来は許されない自白の強要がなされたり、もしかすると、状況証拠に合わせて誘導尋問をされるかもしれません。それによって冤罪の危険性が高まる事態ともなれば、重大な人権侵害が生じることになるといっても過言ではないでしょう。

〇×問題

① 捜査機関は、被疑者の逮捕（現行犯逮捕を除く）の時とは異なり、いつでも家宅捜索や証拠品の押収を令状なしで行うことができる。　□

② 被疑者や被告人は弁護士と会って、必要なアドバイス等を受けることができる。　□

第 **4** 章　働くことと未来

1　新しい「商売」を始めたい──職業の自由

◆**CASE**◆　その運送、許可されていますか？

　車を購入した大学生のＡ君は、念願の自動車通学を実現しました。しかし月々のローン返済はなかなか厳しく、いくらバイトをしてもお金が足りません。そこでＡ君は、良いお小遣い稼ぎを思いつきました。近所に住んでいる同じ大学に通う学生に声をかけて、お金をもらって送迎をするのです。ただ問題は、道路運送法が、他人の需要に応じて有償で旅客を運送する事業を行うためには国土交通大臣の許可を受けなければならないとしており（4条）、さらに自家用自動車を有償で運送の用に供することも、災害のための緊急時など一部の例外を除いて禁止していることでした[*1]（78条）。Ａ君は、思いついた「商売」ができないことがわかり、がっかりしました。

> 将来はどんな仕事をしてみたいかな

1　近代と職業

　将来、どのような職業に就くか。これは多くの人にとって悩ましい問題でしょう。しかし歴史的にみると、このような「悩み」は、さほど古いものではありません。かつての封建制のもとでは、身分と職業が固く結びつけられ、自己の職業を自由に選ぶことができませんでした。生まれ落ちた身分により、将来の職業が決まってしまうことが多かったのです。

　このような状況に劇的な変化が生じたのは、近代国家の成立とともに、封建的身分秩序が崩壊してからのことだといわれています。そして、近代以降の憲法には、多かれ少なかれ、自由な職業選択を保障する規定が設けられているのが一般的です。日本国憲法でも、「職業選択の自由」が保障されています（憲法22条1項）。

2　職業の自由

(1)　趣　　旨

　なぜ憲法は「職業選択の自由」を保障したのでしょうか。そもそも人が生きていくためにはお金が必要ですが、職業に従事することにより、お金を稼ぐことができます。このように職業には、生きていくためのお金を稼ぐ手段としての側面があるでしょう。とはいえ、職業をこの側面に還元してしまうのは、みなさんの

*1　また、旅客の運送には、道路交通法上の「第二種免許」が要求されます（道路交通法86条）。

* 2　薬局距離制限事
件（最大判昭和50年4月
30日）。

憲法22条
1項　何人も、公
共の福祉に反しな
い限り、居住、移
転及び職業選択の
自由を有する。

★ポイント★

* 3　この意味での職
業の遂行の自由を、営
業の自由と呼ぶことも
あります。

★ポイント★

* 4　「職業」といっ
た場合、歴史的に想定
されてきたのは、自ら
が事業を行うかたちで
の「職業」です。本章
で扱う職業の自由につ
いても、自分で事業を
立ち上げようとする人
を典型例としてとらえ
ておくと、理解が進む
はずです。この点、現
代社会では、会社に雇
用されて給与を得ると
いうかたちでの「職業」
のほうがむしろ一般的
かもしれません。この
ような「職業」も、国
から強制されたり、制
限されたりしないとい
う点では、当然、職業
の自由の問題になりま
す。しかし現実に法的
な問題が生じるのは雇
い主である会社との関
係であることが多く、
憲法の条項としては、
勤労の権利（憲法27条）
や労働基本権（憲法28
条）が深くかかわって
きます（⇒第4章4）。

* 5　「公共の福祉」
については、第1章1
（p.8）も参照。

感覚とも合っていないのではないでしょうか。職業を通じて、社会のなかで有意義な役割を果たしたい、あるいは自分自身の個性を発揮したいと考えている人も多いはずです。このように、どのような職業に就くかということは、その人が「どのような人であるか」ということにさまざまな側面でかかわってきます。

　日本の最高裁も、職業の意義について、①「人が自己の生計を維持するためにする継続的活動」、②「分業社会において……社会の存続と発展に寄与する社会的機能分担の活動」、③「各人が自己のもつ個性を全うすべき場」という3つの側面を指摘したうえで、「個人の人格的価値とも不可分の関連を有する」と述べています[2]。このような意義があるからこそ、憲法は、職業選択の自由を保障することにしたのだと考えられます。

(2)　保障内容

　憲法22条1項が保障する「職業選択の自由」には、なによりもまず、職業を開始し、継続し、そして辞める自由が含まれています。

　しかし、こうした自由が保障されたとしても、選んだ職業の遂行が国によって好き勝手に制限されてしまったら、どうでしょうか。せっかくの職業選択の自由の保障が無意味なものになりかねません。そこで憲法22条1項は、選んだ職業を遂行する場面での自由も保障している、と理解されています（職業遂行の自由）[3]。

　このように憲法22条1項では、職業選択の自由と職業遂行の自由が保障されています。以下でこれらを総称するときは、**職業の自由**という言葉を使います[4]。

(3)　「公共の福祉に反しない限り」

　憲法の条文をよくみると、職業の自由は「公共の福祉に反しない限り」保障されるとあります。表現の自由や信教の自由などの人権にこのような明文の限定はついていません。それではなぜ、職業の自由には、権利を保障した条文自体にそのような限定がついているのでしょうか[5]。職業の自由と同じく「**公共の福祉**」という文言が登場する権利として、経済的自由権に分類される財産権がありますが（憲法29条2項）、この点が説明の手がかりになります。

　近代国家の成立後、自由な経済活動が許された結果、経済的弱者の実質的な自由や生存が脅かされるようになりました。こうした状況に対処するため、特に20世紀以降、多くの国では、それまで自由が強く保障されてきた経済活動の領域へ国家が積極的に介入するようになりました。経済的弱者の保護や経済の安定的な発展のためのかじ取りが国家に求められるようになり（福祉国家）、それに応じて、経済的自由権は国家により広く制限され得るものだと考えられるようになったのです。日本国憲法が、経済的自由権について「公共の福祉」による制限を明文で規定したのは、こうした歴史を念頭においたものだと理解されています。

　また、職業という営為は、人が社会のなかで他者とかかわりながら、社会に大きな影響を及ぼしつつ行われるものなので、他の人々の権利・利益と衝突する危

険性が小さくありません。^{*6}すると、職業の自由については、他の人権と比べて、そもそも国家による規制の要請が強いと考えられるはずです。憲法22条 1 項所定の「公共の福祉」という文言は、こうした観点からも説明できます。

---
mini コラム

居住・移転の自由

　憲法22条 1 項では、職業選択の自由のほかに、居住・移転の自由を保障しています。これらの自由は、端的にいえば、住む場所を強制されたり、移動を制限されたりしないことを保障するものです。居住・移転の自由も、また、職業選択の自由も、封建的な経済構造を解体するために要請されたという共通点をもっています。だからこそ、同じ条項に規定されたのです。しかし他方で、住む場所を強制されたり、自由な移動を禁止されたりすることは、身体を拘束するものといえます。だとすれば、居住・移転の自由は、人身の自由の側面ももつことになるでしょう。また、さまざまな場所に移動して、そこでの自然や文化に接触することは、自由な精神活動の前提だといわなければなりません。この点をとらえて、居住・移転の自由は、精神的自由の側面をもつといわれることもあります。こうしたことから、最近では、居住・移転の自由は「複合的な性格」をもっていると説かれることが多いのです。

---

③　職業の自由に対する制限

(1)　選択規制／遂行規制

　職業の自由に対する規制については、先ほどの職業選択の自由と職業遂行の自由の区別に対応して、職業選択に対する規制なのか、それとも職業遂行に対する規制なのか、を区別することができます。選択規制は、職業選択それ自体を制限するものです。これに対して、遂行規制は、その職業を選択することを許しつつ、その内容・場所・方法等について各種の制限を設けます。選択規制にもさまざまなものがあるので一概にはいえませんが、一般に選択規制は遂行規制よりも強い制限だと考えられます。^{*7}

(2)　職業選択の自由に対するさまざまな規制

　ここでは、職業選択の自由に課される各種の規制を概観してみましょう。^{*8}

　(a)　許可制　　許可制とは、本来自由に行いうる職業をあらかじめ一般的に禁止したうえで、一定の要件を満たした者について行政庁が個別的にその禁止を解除する、という規制です。^{*9}許可を得なければ本来自由であるはずの職業を開始できない点で、職業選択の自由に対する強力な制限だと考えられています。食品衛生法に基づく営業許可など多くの営業規制がこれにあたります。

　(b)　届出制　　届出制とは、職業等を開始するにあたり、行政庁への通知を求めるという規制です。職業選択の自由への制限としては、許可制よりも弱いものだといえます。たとえば、クリーニング業などで届出制が設けられています。

　(c)　資格制　　資格制とは、職業の専門性や公共性に鑑みて、その能力を担保するための特別な資格の取得を求めるという規制です。医師、弁護士、公認会計

士などが、その代表例です。

(d) 公企業の特許　　公企業の特許とは、伝統的に国家の任務とされてきた事業（電気事業、ガス事業、鉄道事業等がこれにあたるとされてきました）を行う権利を、私人に特別に付与するものだと説明されます。営業権を与えられなかった私人にとっては、事業を行うことが禁止されることになります。他方、営業権を与えられた者には、価格やサービスに関する規制（事業遂行に関する規制）が併せて設けられることが多いです。

(e) 国家独占　　国家独占とは、特定の事業を国家が独占して、私人が行えなくするというものです。現在では民営化されていますが、かつての郵便事業やたばこ事業が、その具体例としてあげられます。

(3) 許可要件のいろいろ

先ほど、一般に許可制は職業選択の自由に対する強力な制限だと述べましたが、許可制のなかでも、職業選択の自由への制限の強さが同じだとは限りません。

ここで知っておくべきなのは、どのような許可要件が設けられるかによって、職業選択の自由への制限の強度が変わるということです。薬局開設の許可制を例にとってみましょう。許可要件が薬局の構造設備や薬剤師の数にかかわる場合には、許可申請者は、みずからの意思や能力（がんばり）によってこれを達成することができます。それでは、既存薬局から一定の距離には薬局を開設できないという許可要件（適正配置規制）はどうでしょうか。もし薬局を開設したいと考えた場所の近くにすでに薬局があった場合には、許可申請者が努力を重ねても、許可を得ることはできそうにありません。そうだとすると、これは職業選択の自由に対するきわめて強力な制限となるはずです。最近の学説では、前者のように個人の能力や資質にかかわる要件を**主観的要件**、後者のように個人の意思や能力とは無関係に課される要件を**客観的要件**とよんでいます。

(4) 規 制 目 的

職業の自由に対する規制を、もう少し違う角度から眺めてみることもできます。それは、規制目的（何のための規制なのか）という観点です。規制目的は、**消極目的**と**積極目的**に大別されてきました。まず、消極目的の規制とは、社会生活における安全の確保や秩序を維持することを目的とする規制のことです。国民の生命や健康に危険が及ぶことの除去などが、これにあたります。次に、積極目的の規制とは、国民経済の円満な発展や、社会公共の便宜の促進、経済的弱者の保護等を目的とする規制のことです。これは、先ほど触れた、福祉国家の理念にもとづく職業の自由への規制ということができます。すぐ後に触れますが、職業の自由を制限する法律の規制目的がどのようなものであるかは、裁判所がその法律の合憲性を審査する際に重要な意味をもつと考えられてきました。

④　職業の自由を制限する法律の合憲性判断

　職業の自由を制限する法律の合憲性は、どのように判断されているのでしょうか。

(1)　規制目的二分論

　この点について、最高裁の立場を説明するものとしてかつて広く支持されたのが、**規制目的二分論**とよばれる議論です。それによれば、最高裁は、職業の自由を規制する法律が消極目的規制なのか、それとも積極目的規制なのかに応じて、違憲審査基準を決定しているとされます。消極目的規制であった場合、**厳格な合理性の基準**（立法目的が重要なものであり、より緩やかな制限によっては規制目的を十分に達成することができないことを要求する基準）によって規制の合憲性を判断する。これに対して、積極目的規制であった場合には、**明白性の原則**（当該規制手段が著しく不合理であることが明白である場合に限って違憲とするという基準）により判断する。最高裁の立場を、このように理解するのです。この判決理解は、薬局距離制限事件判決（消極目的の規制措置の合憲性が争われ、厳格な合理性の基準が適用された）と、小売市場判決（積極目的の規制措置の合憲性が争われ、明白性の原則が適用された）という、2つの重要判決から抽出されたものでした。

　この議論の理屈は、次のように説明されました。〈そもそも積極目的に基づく規制措置の必要性や手段の適切妥当性を判断するためには、社会経済の実態についての正確な基礎資料、具体的な規制措置が社会経済に及ぼす影響の査定、その利害得失など、さまざまな複雑な事項についての専門技術的・政治的な評価・判断が必要だが、これは裁判所が適切に判断できる問題とはいいがたい。政策立案のためのリソースを持ち、また国民に政治的責任を負う国会のほうが、むしろそうした判断をする適格を備えている。他方で、消極目的に基づく規制措置の場合は、上記のような複雑な評価・判断は必ずしも必要とされない。むしろその判断は国民相互の権利の調整という裁判所が普段から行っている判断と親和的だ……。〉規制目的二分論の説得力は、このような、国会と裁判所それぞれが持つ能力や役割分担という観点によって支えられていました。

(2)　規制目的二分論への批判

　しかし現在では、規制目的二分論は強い批判にさらされています。最高裁判決をきちんと読むと、違憲審査基準が導き出されるまでに、規制目的以外のさまざまな要素も考慮されており、規制目的という要素にすべてを還元するかのような議論は、判決を過度に単純化するものだ、という批判が妥当するのです。

　また、そもそも規制目的を明確に二分することには無理があるということが意識されるようになりました。ひとつには、ある法律が、消極・積極いずれの目的に基づく規制か判然としなかったり、規制目的の理解が変遷したりすることがあります。たとえば、公衆浴場の開設に関する適正配置規制です。最高裁は、1955

*10　公衆浴場距離制
限事件判決（最大判昭
和30年1月26日）。

*11　公衆浴場距離制
限事件判決（最判平成
元年1月20日）。

*12　公衆浴場距離制
限事件判決（最判平成
元年3月7日）。

⚖ 判 例

*13　酒税法事件（最
判平成4年12月15日）
　本事件では、酒類の
販売に免許制を敷く酒
税法の合憲性が争われ
ました。最高裁は、租
税の適切かつ確実な徴
収をはかるという財政
目的の規制について
は、きわめて専門技術
的な判断が必要とされ
ることから、経済・財
政・社会の実態につい
ての正確な資料を有す
る立法府の政策的・技
術的判断に委ねざるを
得ないため、立法府の
判断が著しく不合理な
ものでない限りは違憲
とならないとし、酒類
販売の免許制およびそ
のもとでの具体的な免
許基準を合憲としまし
た。

⚖ 判 例

*14　司法書士法違反
事件（最判平成12年2
月8日）
　本事件では、司法書
士等以外の者が登記手
続の代理業務を行うこ
とを禁止した司法書士
法2条1項1号（現3条
1項1号）の合憲性が
争われました。本文で
述べた通り、本判決で
同規定の規制目的は明
示されませんでした
が、規制目的を二分す
るなら、消極目的規制
にあたるものと考えら
れます。しかし、（規↗

年の判決で、この適正配置規制を、過度な競争の防止を通じて「浴場の衛生設備の低下」を防ぐためのものだとしました。つまり消極目的規制だと理解したのです。しかし最高裁は、1989年のある判決で、公衆浴場の経営が困難になりつつあることに言及したうえで、この規定の趣旨を、業者を過度な競争から守って安定的な経営を確保することを通じて「国民の保健福祉を維持する」ことであるとし、これを「積極的、社会経済政策的な規制目的に出た」ものと理解しました。要するに、消極目的規制だと理解されていた規定が、時代や社会状況の変化によって、積極目的規制と理解されるようになったのです。さらに同年の別の判決では、消極目的・積極目的の両方を併有しているという理解も示されています。

　加えて、この2つの規制目的のいずれにも分類しがたい規制目的の存在も明らかになってきました。たとえば、酒税法事件判決では、酒類の製造および販売業の免許制について、これを「租税の適正かつ確実な賦課徴収を図るという国家の財政目的のための職業の許可制による規制」として、積極目的規制・消極目的規制のいずれにも該当しないことを示唆しました。

　こうした事情も反映してか、最近の司法書士法違反事件判決では、規制目的が明示的に言及されることなく、職業の自由を制限する法律の合憲性が判断されているところです。

(3)　総合的な検討の必要性

　それでは、実際の最高裁の立場は、どのようなものでしょうか。これを簡潔に説明することはむずかしいですが、基本的な考え方を示しておきます。

　最高裁は、職業の自由に対する規制措置にはさまざまなものがある以上、その合憲性を一律に論じることはできない、というところから出発します。そのうえで、具体的な規制措置の合憲性は、その目的、必要性、内容、それにより制限される職業の自由の性質、内容、そして制限の程度など、さまざまな要素を検討して、慎重に決定するべきだといいます。その際の最高裁の基本スタンスは、規制措置の必要性や合理性について第一次的に判断する権限と責務をもつのは国民に政治的責任を負う立法府だ、というものです。そのため最高裁は、立法府に判断の余地（「裁量」といいます）を認めており、原則として立法府の判断を尊重する構えを見せています。

　とはいえ最高裁は、立法府の合理的な裁量の範囲については、事の性質上おのずから広狭があり得るとしており、この基本スタンスから離れて、裁判所として規制措置の必要性や合理性を慎重に見定めるべき場合もあるといいます。たとえば、許可制など、職業の自由に対する強力な制限の場合には、重要な目的のために必要かつ合理的な措置であるかどうかを判断する必要があると明言しています。さらに最高裁は、具体的な許可要件が客観的要件である場合には、より厳しく規制措置の必要性と合理性を審査する構えを見せている、との理解が有力です。

他方で、規制目的がどのようなものであるかという点も、それだけで違憲審査基準が決定されるものではないにせよ、重要な要素であることには変わりありません。職業選択の自由に対して強力な制限が課されていた場合であっても、それが積極目的規制であった場合には、裁判所として国会の判断を強く尊重せざるを得ないと考えられます。

みなさんが今後、具体的な判例や裁判例を学ぶ際には、裁判所がどのような要素を、どのように考慮しながら、違憲審査の際の基準あるいは審査の密度を決定しているのかを意識してみてください。

5　CASE の背景

CASE の A 君は、思いついた「商売」を断念することになりました。この「商売」、つまりタクシー業については、昔からさまざまな規制がかけられてきており、その合憲性についての最高裁の判断も示されてきました。たとえば、自家用自動車での有償運送行為を禁止する道路運送法の規定（当時の101条1項。現行法の78条にあたります）に反したために起訴された被告人の刑事事件で、最高裁は、当時のタクシー事業の免許制について、憲法22条1項に反しないと判断しました（さらに、当時の101条1項についても、自家用自動車による有償運送行為は無免許営業に発展する危険性が多く、これを放任すると無免許営業に対する取締りの実効性がなくなり免許制が崩れるという理由で22条1項に反しないとしました）[15]。

ただ、この判決は、かなり昔のものだということもあってか、免許制合憲の理由づけも簡素なものとなっています。そこで、本節で紹介してきた違憲審査のあり方を用いた場合にはどのような議論ができるか考えてみると、よい復習になるはずです。なお、この判決で合憲とされたタクシー事業の免許制は、2002年の法改正で大幅な規制緩和がなされ、名称も「免許」から現在の「許可」に変更されています。さらにその後、再度規制強化の動きがあるなど、さまざまな変化がありますが、現行の道路運送法や関連する法律をひもときつつ、現在のタクシー業規制が職業の自由の観点からどのように評価できるのかについても、考えてみるとよいでしょう。

○×問題

① 憲法22条1項は、職業を選択する自由を保障しているにとどまり、これを遂行する自由までは保障していない。

② 職業選択の自由への消極目的規制とは、社会生活における安全の保障や秩序の維持を目的とする規制を意味する。

（制目的二分論からすれば適用されるはずの）厳格な合理性の基準は適用されず、簡略な説示でもって、規定の合憲性が認められました。

*15　タクシー事業免許制事件（最大判昭和38年12月4日）。

2 「おれのもの」はなぜおれのもの？──財産権

◆CASE◆　突然、畑が使えなくなった

　A君の実家は、Y県ののどかな地方で農業を営んでいます。実家のある地域では夏の降水量が少ないため、水不足に備えて、ため池がたくさんあります。A君の実家は、代々ため池の堤防部分を利用し、木を植えて果物を収穫していました。
　しかしある日、Y県は条例を制定し、ため池の堤防部分に木を植えてはならないことを決定しました。A君の実家は、これまで当たり前のようにできていた果物の栽培が、突然できなくなってしまったのです。このような制限は許されるのでしょうか。もし許されるとしても、Y県から補償があるべきではないでしょうか。[*1]

これは実際に奈良で起きた事件です

1 財産権の意義

(1) 財産権とは

　あなたは今、この憲法教科書を手にしていますが、これは誰のものですか。本屋であれインターネット通販であれ、あなたがこれを買ったのであれば、これはあなたのものです。先輩や友達から譲ってもらったのであっても、あなたのものです。
　もしこの教科書があなたのものであれば、これはあなたの「財産」です。もしあなたが土地をもっていれば、株をもっていれば、友達にお金を貸していれば、あるいはネットに自作の詩をアップしていれば、それらはすべてあなたの「財産」です。この教科書を借りているとしても、教科書を貸出期限まで読むことができるという限りで、それは「財産」です。
　憲法が保障する財産権とは、このような財産的な価値をもつ権利のすべてを指しています。そしてこれは財産権を理解するポイントでもありますが、財産権とは、法律によって保障された権利の束の総称なのです。

(2) 財産権と近代立憲主義

　財産権という権利が憲法で保障されるまでには、どのような背景があったのでしょうか。端的にいえば、財産権は財産制度の個人主義化・自由主義化であり、また経済において**資本主義**[*2]を導入するための前提だったのです。
　近代立憲主義[*3]が登場する前の、中世と呼ばれる時代の社会・経済体制は、身分制あるいは封建制でした。この時代、人々は社会のなかでの役割（職業＝身分）や住む場所（住所、土地）も固定されていました。日本でいえば江戸時代を想像してみてください。農村から人々が逃げ出すこと（逃散）は禁止されていました。

用語解説

*1 補償
　損失に対する金銭的な穴埋めのことです。「賠償」と似ていますが少し異なります。賠償は、「違法な行為」を原因とした「損害」を金銭で回復させるものです。

用語解説

*2 資本主義
　個々人がそれぞれ有する私有財産を自由に使って利潤を上げる活動を行える経済のしくみを意味します。

用語解説

*3 近代立憲主義
　個人の自由を中心として国家統治のしくみを構築する考え方です。つまり、人権保障と権力の抑制を憲法の基本原理とする考え方です（⇒第9章）。

江戸などの都市のなかでも、職業ごとに住む場所が割り当てられていて、「八丁堀」といえば町方同心（当時の警察官のようなもの）を指しました。

また身分制のもとでは、身分集団が社会における単位になるので、一定の共同体で土地を管理するという形態がとられました。たとえば村で山を共同管理するなどです。もっとも、基本的に土地は領主のものではありつつ、家臣が領主から土地を与えられたものであって、1つの土地に権利をもつ人が何人もいるという状態になっていました。

近代立憲主義は、このような状態を解消し、土地や財産所有のあり方も個人を単位とするように変更したのです。その背景には、**自然権思想**があります。哲学者の**ロック**は、人が生まれながらにして有する権利として「生命、自由、財産」すなわち「プロパティ」に対する権利があると述べました。「プロパティ」（直訳すると財産）とは、個人が運や努力によって獲得したものを指しており、個人の自由な労働・活動の結果として、財産がとらえられるようになりました。だからこそ、財産権は「神聖」だったわけです。[*4] 簡単にいえば、中世の集団的な財産制度は、近代の個人主義的な財産制度へと転換したのでした。

(3)　現代福祉国家と財産権

19世紀終わりから20世紀に入ると、**福祉国家**の時代になっていきます。[*5] 福祉国家は、貧しい人には**社会権**[*6]を認めると同時に、経済的な自由に対しては制限をかけていきます。[*7]

このようにして、現代国家は、近代立憲主義を維持しつつ、貧富の差の解消に努めようとしました。このような時代の変化が、憲法の人権規定の解釈にも連動していき、財産権などの経済的自由権は、精神的自由権と比べて制限されやすい権利であると位置づけられるようになっていきました。[*8]

(4)　日本国憲法における財産権

以上のような財産権の歴史をふまえてみると、財産権を保障する憲法29条1項と2項が、それぞれ19世紀の「神聖」な財産権という発想と、福祉国家的な制約つきの財産権という発想を反映していることがわかると思います。

つまり、29条1項では、財産権を「侵してはならない」として、大変強く保障しているように読めます。他方で、29条2項では、財産権の内容を「公共の福祉に適合するやうに、法律でこれを定める」として、財産権に対する法律による制限が大幅に認められるかのような規定に読むことができます。

では、29条の1項と2項は、整合的に解釈できるのでしょうか。通説と判例は、財産権を保障するというこれらの条項を通して、①個人が今現在有している個々の財産的権利をある程度保障することと、②財産に関する制度を保障することであると理解しています。これは言い換えると、財産に関する個人の権利（**主観法**とともいいます）と法制度（**客観法**ともいいます）を保障するという意味です。

★ポイント★
*4　フランス革命の際に宣言された、1789年フランス人権宣言は、17条で「所有権は、神聖かつ不可侵の権利」とうたっていました。

*5　詳しくは、第4章1（p.74）を参照。

*6　詳しくは、第4章3（p.86）を参照。

★ポイント★
*7　ドイツのワイマール憲法（1919年）153条3項は、「所有権には義務を伴う。その行使は、同時に公共の福祉に役立つべきである」と規定されていました。

★ポイント★
*8　このような考え方を「二重の基準論」といいます。

② 財産権と財産法制度

(1) 財産と法制度

憲法29条
1項　財産権は、これを侵してはならない。
2項　財産権の内容は、公共の福祉に適合するやうに、法律でこれを定める。

なぜ憲法29条1項・2項は、財産権と財産制度の両方を保障すると理解されているのでしょうか。財産というものの不思議な性質について考えてみましょう。

たとえば「おまえのものはおれのもの、おれのものもおれのもの」というジャイアンの名ゼリフがあります。これがなぜ名言になるかというと、これはジャイアンの傍若無人さを際立たせるセリフだからです。ジャイアンはこのように主張するのですが、はたしてこの主張は社会のなかで通用するでしょうか。

当然通用しないでしょう。というのも、ある人の財産がその人の財産であるのは、社会的ルールがそのように設定しているからです。ある人がどのように主張しても、その主張が社会的ルールにかなっていない限り、それはその人の財産にはなりません。財布のなかに入っている、人物の描かれた紙切れを見てもよいでしょう。なぜこの紙切れが「○○円」という価値を有するのでしょうか。著作権も同様です。なぜ著作権という権利が存在するのでしょうか。すべては社会的ルールがそのように設定しているからというほかありません。何が財産であるかは社会的ルール（つまり客観法）によって決められるのです。

近代国家における社会的ルールとは、すなわち法律です。だからこそ必然的に、財産権の内容は法律で定まることになるのです（**内容形成**）。「借りたら返す」などの単純な規定から複雑な規定に至るまで民法などその他の法律が存在しますが、これらの法律が財産権をかたどっているのです。

(2) 法制度保障の内容

では、法律で財産の仕組みを自由に変えられるのであれば、財産というものをこの世からなくしてしまうことも可能なのでしょうか。それはできないというのが、上述した財産に関する法制度の保障ということの意味です。つまり、憲法がわざわざ財産権の規定を置いている以上、財産が一切ない状態（私有財産制度の廃止）はさすがに禁止されている、という理解です。言い換えれば、憲法29条は**私有財産制度**を保障している、すなわち共産主義を採用することを禁止しているということになります。

*9　最大判昭和62年4月22日。

用語解説
*10　一物一権主義
　1つの物に対して1つの権利だけを認めるべきであるという考え方です。この場合は、土地は単独所有するのが原則である、という考え方の言い換えです。

さて、私有財産制度を廃止しなければ、どのような法律を作ってもよいのでしょうか。そうではないというのが判例です。次に紹介する**森林法違憲判決**[9]は、法律の内容は財産に関する法制度として「一物一権主義」[10]を原則として維持していなければならず、もしこの原則から離れる場合には、それなりの正当な目的と手段によらなければならないと示しました。

(3) 森林法違憲判決

違憲と判断された後に法改正が行われたので、もう残っていませんが、それは

森林法186条という条文でした。森林法旧186条は、森林を共有している場合、その一方が他方に対して**分割請求**を求めることができないという規定でした。[*11][*12]

　事件は兄弟げんかから始まります。ある兄弟は父から山林を贈与され、２人で共有していましたが、次第に仲違いするようになりました。そうすると、山林の経営は共有状態なので２人で話し合って行わなければならないのですが、仲違いのためそれもできません。手を入れることのできないまま次第に山林が荒れていくようになったため、兄弟の一方が民法256条にもとづいて分割請求をしたのですが、森林法186条に阻まれてそれが認められなかったのです。

　最高裁は、森林法186条を違憲と判断しました。しかしその根拠は何でしょうか。最高裁によれば、民法256条の定める共有物分割請求という制度は「一物一権主義」を実現させるための制度であり、それ自体が憲法的な保障の対象であるとしました。つまり、近代においては共有ではなく個人所有こそが、個人主義・自由主義的な財産制度のあり方であり、それが憲法の保障する財産制度の一内容である、したがって、個人所有を可能にさせないような法律のしくみは違憲の疑いがあるということです。財産のあり方として、共有物は分割できて当たり前ということが憲法的にも保障されているというわけです。そして最高裁は、山林に限ってどうしても個人所有を禁止するべき理由があるかどうかを検討したうえで、そのような理由はないとし、森林法186条を違憲と判断しました。

(4)　財産権の対象になるものとならないもの

　森林法違憲判決の後、財産権に関する有名な事件として**証券取引法事件**[*13]があります。これは、証券取引法（現在の金融商品取引法）において、会社役員などの地位にある人が自分の会社の株を６か月以内に取引することで利益を得た場合には、その利益を会社に返還しなければならないとする規定の違憲性が争われた事件です。最高裁は、この規定の目的がインサイダー取引[*14]をあらかじめ防止することにあるとして、やむを得ない制限であるとしました。この判断の前提には、自分の財産を売った利益は基本的には自分の財産である、という法制度を念頭に入れたうえで、しかし株取引の場合には不正防止も求められるため、制約もやむなしという考え方があると考えられます。

　これに対して、そもそもあるものが初めから「財産」ではないとされた事件もあります。**奈良県ため池条例事件**[*15]では、ため池の堤防の上で耕作をするということが、そもそも財産権の「内在的制約」や「埒外」である、つまり「財産」ではないとされました。つまり、堤防という土地を耕作するという行為は、堤防の決壊という大災害の原因となりかねない危険な行為であるため、堤防という土地の「耕作」という使い方は、はじめから「財産」ではない、というわけです。

(5)　財産権の制限ではなく付与の場合

　日本では大地震など大災害がしばしば発生し、多くの人が住む家などを失いま

す。そこで国は被災者を支援するために支援金を支給したりしますが、そもそもこれは私有財産制度をとる憲法からすれば違憲なのではないか、という議論もありました。しかし、財産権が財産制度の保障も含むとすれば、支援金の支給は、個人の生活だけではなく社会の経済体制すなわち財産制度の立て直しという意味をもつことも見えてくるようになるでしょう。

③ 損 失 補 償

(1) 損失補償と損害賠償

憲法29条３項は、国家が財産権を制約した場合に、制約した分の穴埋めを求めることができると規定します。このような制度を**損失補償**といいます。国家としては公共の目的のためにやむを得ずある人の財産権を制約するわけで（これを**公用収用**といいます）、それ自体は違法な行為ではありませんが、その人だけ犠牲になるのはおかしいので、**公平**の観点から、その人が負った損失を、国家が税金で負担しようという趣旨です。これに対して、国家が違法なことを行った結果生じた損害に対して、国家が違法性を認めて金銭で穴埋めすることを、**損害賠償**または**国家賠償**といいます。

(2) どのような場合に補償が必要か

上述のような損失補償の趣旨からすれば、財産権が制限されれば必ず補償してもらえるわけではありません。むしろ、**特別の犠牲**がある場合にのみ補償の請求ができるとされていて、特別の犠牲があるかどうかは、ある特定の人だけか（形式的要件）、あるいは財産権の制限の程度が大きいか（実質的要件）の総合的な検討が必要とされています。ちなみに、ため池堤防の使用禁止は、水害防止という公共の目的のための制限にも見えますが、最高裁は、そもそもため池の堤防の使用は財産権ではないとして、補償の必要性を認めませんでした。

(3) 正 当 な 補 償

では補償の金額はいくらでなければならないのでしょうか。通説は失われた財産の市場価格の全部である（完全補償説）としますが、判例は、合理的なある程度の額（相当補償説）でよいとしています。[16] ただし判例も、土地収用法という法律の解釈としては完全補償の立場をとっています。

なお、法律が国民の財産権に対して公用収用をする旨を規定しているときに、そしてその収用が正当な補償を必要とするようなものである場合、それでも法律には補償をする旨の規定がない場合は、どのように考えればいいのでしょうか。その法律は、憲法29条３項に違反して無効である、ということになるでしょうか。この点、最高裁は、名取川事件（河川附近地制限令事件）において、補償に関する規定が法律に書かれていなくとも、憲法29条３項にもとづいて直接補償を請求

憲法29条
３項 私有財産は、正当な補償の下に、これを公共のために用ひることができる。

判例
*16 農地改革事件（最大判昭和28年12月23日）
地主から土地を買い取り、零細の農家に売り渡した農地改革が、憲法29条３項に適合するかどうかが争われた事件。国は地主から田んぼ１反を「鮭３匹」くらいの値段で買い取ったようですが、最高裁はこれを相当な補償であるとして合憲としました。

することができると判示しました。[*17]

*17　最大判昭和43年11月27日。

(4)　国家補償の谷間

　憲法が国民にお金を支払う場面として損失補償か損害賠償がありますが、そのどちらも支払われかねない場面も生じます。たとえば予防接種による副作用が出た場合です。国は何もわざと副作用を起こさせようとして人々に予防接種を受けさせたわけではありませんので、損害賠償は使えそうではありません。では損失補償はとなると、副作用にかかった人の健康や生命を「収用」して国は全国民の健康を維持しようとした、と説明されることになりますが、それではまるで人の命をモノのように扱うようでしっくりきません。この点、判例は、損害賠償のカバー範囲を広げることで対応してきています。[*18]

⚖️ 判 例

*18　ある予防接種禍事件で、東京地裁は、副作用を「特別の犠牲」として損失補償を認めましたが（東京地判昭和59年5月18日）、最高裁は損害賠償のもとで救済を広げる方向をとっています（例として、最判平成3年4月19日）。

④　財産か財産ではないか

　冒頭のCASEは、奈良県ため池条例事件をモデルにしています。前述のとおり、判例は結局、これを財産権に該当しないとし、補償も認めませんでした。「堤防を耕作地として使用することは、堤防の決壊という重大な災害の原因になるため、そもそも財産としては認めない、したがって補償も不要」ということです。

　ところで、考えてみると、そもそも堤防に植樹するという使用方法は財産ではないと言い切ってしまうことができるでしょうか。実質的には、A君の家族から土地を奪うのと同じではないでしょうか。

　判例の考え方は、「堤防を耕作使用することは財産ではない、したがって完全禁止も許され、補償も不要である」というものです。つまり、はじめから財産でないものならどのように扱っても違憲ではない、ということになります。

　しかし、そもそも堤防部分に植樹すると本当に堤防が決壊することになるのかどうかも慎重に検討してもよかったのではないでしょうか。さらに、もしこの場所からの収益がA君の家族の大きな収入源だったとすると、この規制は、A君の家族にとっては大打撃です。まさに「特別の犠牲」が生じていると考える余地も生まれてきます。その場合、正当な補償を求めることも可能になります。[*19]

🔍 ★ポイント★

*19　2020年に新型コロナウイルス感染拡大防止対策として、政府が飲食店などに休業を要請したことも財産権の制約です。その損失に対し補償が必要かどうか考えてみましょう。

⚖️ ○ × 問 題

① 財産権の内容は法律が定めると憲法29条2項にあるので、法律は国民の財産権をなくすこともできる。

② 財産権の制限は、すべて特別の犠牲であり、補償が必要である。

3 もしも生活に困ったら……――生存権

◆CASE◆ 自業自得かな？

　大学2年生のAさんは、「年金なんて、どうせ払ったってもらえない！」と題された記事をみて以来、年金に疑問を持っていました。テレビのニュースでも年金問題についてたびたび批判されているし、「もらえるかどうもわからないものに、毎月少なくない額を支払うのは嫌だな…」と感じていたのです。そして、20歳の誕生日の後に届けられた「国民年金被保険者資格取得届書（国民年金に加入するための書類）」を、バカバカしいと思い無視して大学生活を続けました。

　その後大学4年生になって就職先も決まり、あとは卒業するだけだったAさんは、ゼミで一緒だった友人と最後の思い出にスキー旅行に出かけたのですが、そこで、スキー中に接触事故に遭い、重い障害を負ってしまいました。働くことが困難になったAさんは、障害者年金を申請しようとしましたが、Aさんの申請は国民年金の未納を理由に認められませんでした。Aさんは障害者年金の申請を却下されたことは生存権を侵害しているとして訴えを提起しました。

歳をとってからのことなんてわからないよね

憲法25条
1項　すべて国民は、健康で文化的な最低限度の生活を営む権利を有する。
2項　国は、すべての生活部面について、社会福祉、社会保障及び公衆衛生の向上及び増進に努めなければならない。

📝**用語解説**

＊1　社会権
　社会的・経済的弱者が国家の積極的な介入を求めるというのが基本的な考え方で、「国家による自由」を求める権利を指します。一方、自由権とは、国家からの介入や干渉を拒むというのが基本的な考え方で、「国家からの自由」を求める権利を指します（⇒序章）。

1　社会権の登場

　「消えた年金問題」や「年金の世代間格差」といったフレーズを聞いたことがある人は多いのではないでしょうか。どうやら年金という制度は問題がありそうだと、漠然とした認識をもっている人も多いと思います。ここでは、年金をはじめとする社会保障制度がどのような背景で登場し、誰がその制度を作り、憲法がどのように関係しているかについて勉強します。

　さて、このような社会保障制度と関係する憲法上の規定が、生存権（憲法25条）です。

　まずは、なぜ生存権が憲法で保障されているかを確認しておきましょう。歴史的な話になりますが、18・19世紀の資本主義経済を主軸とする社会では、会社や工場を設立し、労働者を雇って資金を増やすことができる裕福な人があらわれる一方で、どんなに厳しい労働条件でも生活のために働かなければならない労働者がいました。しかも、彼ら労働者は病気やケガ、突然の景気の悪化で職を失い、貧困に苦しむことも少なくありませんでした。このような社会問題の深刻化から、19世紀後半から20世紀にかけて、国家はその解決に積極的な役割を果たすべきであるという考えが生まれました（社会国家・福祉国家）。そして、社会的・経済的弱者を守るために保障される権利として登場したのが**社会権**です[1]。生存権は、勤労の権利、教育を受ける権利と並んで、社会権のひとつとされています。

2) 生存権の法的性格

社会権は、失業や貧困といったような社会問題に対して国家が積極的に介入することを要求します。生存権は、国民誰もが人間らしい生活を送ることができることに関係し、「健康で文化的な最低限度の生活」を保障する権利であるとともに社会権全般の基本規定として位置づけられています[*2]。また、冒頭で取り上げた年金は、生存権を具体化する制度のひとつとなります。

このような国家による積極的な措置を要求する生存権については、その法的性格をどのように考えるかが論点となってきました。かつては、憲法25条は国家の努力義務を定めただけであり、裁判の場で法的に主張できる権利ではないという**プログラム規定説**が主張されましたが、現在では、生存権が**法的権利**であることを認める説が支配的になっています[*3]。この説には、①憲法25条を根拠に国会が必要な制度を作っていないこと（立法不作為）が憲法に違反するかを確認する訴訟を起こすことができるとする**具体的権利説**と、②国会が制度を作っていないことが憲法に反するとの主張を行うことはできないけれど、国会が作った制度や行政が行った個別の決定が「最低限度の生活」を保障するのに不十分である場合には、その制度が憲法違反であることを主張することができるという**抽象的権利説**の2つの立場があります。具体的権利説と抽象的権利説のどちらがよいかには争いもありますが、最近ではこの2つの立場を区別することに大きな意味はないともいわれています[*4]。重要なのは生存権が法的権利としての性格をもっており、裁判において主張することができるという点です。なお、具体的権利説といえども、憲法25条を根拠に健康で文化的な生活の水準に不足する「○○円」を裁判で求めることができるわけではない点には注意が必要です。

3) 社会保障制度とは

(1) 生存権の法律による具体化

生存権の確保のために整備される制度は、**社会保障制度**とよばれます。この全体像をどのように設計するかは国会の仕事になります。国会は、国の限られた予算のなかでさまざまな選択肢のなかから法律を制定することによって、社会保障制度を基礎づけます。たとえば、年金であれば、どれくらいの期間、どの程度、どのような人から掛け金を徴収し、何歳から、いくら年金として支払うのかなどについて決定します。そして、国会が立法によって作った社会保障制度を実施していくのは、行政の仕事になります。以下では、主要な社会保障制度についての簡単な紹介を通して、国会と行政がどのように生存権を具体化しているのかを確認しておきましょう。

*2 その他の社会権については、第1章6（教育を受ける権利）、第4章4（労働基本権、勤労の権利）を参照。

⚖ 判 例

*3 朝日訴訟（最大判昭和42年5月24日）

最高裁は、健康で文化的な最低限度の基準を認定する厚生大臣の裁量を認めたうえで、ただし、「憲法および生活保護法の趣旨・目的に反し、法律によって与えられた裁量権の限界を超えた場合または裁量権を乱用した場合」には、「司法審査の対象となる」と述べています。裁判所は憲法の趣旨・目的に反する場合には、裁判の場で争えることを示唆しているので、生存権の裁判規範性を認めているといわれています。

🔍 ★ポイント★

*4 抽象的権利説と具体的権利説は、裁判所で主張できる権利の内容に違いがありますが、近時、立法不作為の違憲国賠訴訟が認められつつあり、また、各種社会保障制度の整備が進んでいる状況においては、両説を区別する実益はさほどないといえます。裁判における中心的問題は、各社会保障制度の不十分性に関する争いとなります。なお、最近では生存権を国家目標規定と理解すべきだとする学説もあります。

(2) 生存権を確保するための制度

国会はこれまで生存権を確保するためにさまざまな制度を作ってきましたが、憲法との関係でとくに問題となるのは、次の公的扶助と社会保険です。[*5]

（a）**公的扶助** まず、「健康で文化的な最低限度の生活」を下回るような困窮した生活に陥った場合、その原因がなんであれ、不足分を補う範囲で給付（金銭・物品などを支給すること）を行う**公的扶助**とよばれる制度があります。財源は税金でまかなわれており、典型例は生活保護制度です。

生活保護は、国会の立法した生活保護法という法律にもとづいて、生活に困窮する人に対して、最低限度の生活を国家の責任で保障するとともに、人が人らしい生活を送るために「自立」を助長することを目的としています（生活保護法1条）。ここでいう最低限度の生活の内容は、厚生労働大臣（行政）が定める保護基準によって具体的に示されます（同8条）。

また生活保護は困窮に陥った原因を問わずに実施されます（同2条）。つまり、ギャンブルが原因で生活に困窮した人も等しく保護されます。これは、生活保護が生活困窮者にとって最後のセーフティネットであり、まさにギリギリの生活を保障するものだからです。そのため、生活保護法の重要な原理のひとつに**補足性の原理**があります（同4条）。この原理は、最低生活の維持のために自分の資産を実際に使っていることを保護の条件とします。持っていたほうが生活の維持や自立に役立つものを除いた資産を最低生活のために使わなければなりません。貯金もすべて処分する必要はないですが、手元に残しておける額は限られます。

生活保護法という法律の制定と改正を通して生活保護の全体像を設計するのが国会の仕事で、実際に保護を申請した個人の生活状況を調査して、保護の決定をしたり、保護費をいくらにするか決めたりするのが行政の仕事になります。

（b）**社会保険** 次に、さまざまな生活上のリスク（病気や失業）に備えて、人々が一定の保険料を国家に支払い、その保険料を財源（の一部）として、必要となった人に給付する**社会保険**という制度があります。現在では、年金保険や医療保険、介護保険、雇用保険、労災保険の5つが存在します（図4-1）。

ここでは、冒頭のCASEでも取り上げた年金保険について簡単に説明します。まず、Aさんが支払わなかった国民年金は、公的年金制度の基礎部分になります（1階部分）。この国民年金に民間のサラリーマンが加入する厚生年金、公務

🔍★ポイント★

＊5 本文で紹介したもののほかに、憲法25条2項は社会福祉と公衆衛生を規定しています。社会福祉とは、一定の生活上のハンディキャップをもつ人々にサービスを提供する制度のことをいいます。具体的には、障害者や高齢者に援助や介護などを提供することを指します。公衆衛生とは、感染症などの疾病予防や食品の衛生管理などのほか、国民の身体的および精神的に健康な生活を保持し増進する活動を広く意味します。

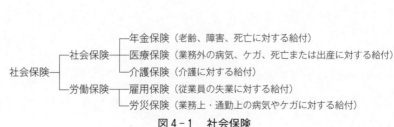

図4-1 社会保険

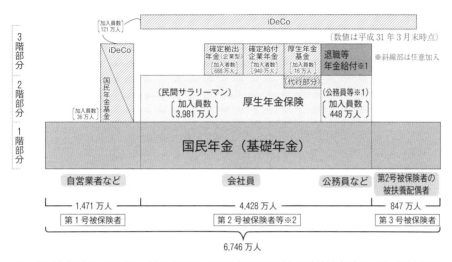

図4-2 年金制度の仕組み

出典：厚生労働省「年金制度の仕組み」（https://www.mhlw.go.jp/content/000574082.pdf）

※1 被用者年金制度の一元化に伴い、平成27年10月1日から公務員および私学教職員も厚生年金に加入。また、共済年金の職域加算部分は廃止され、新たに退職等年金給付が創設。ただし、平成27年9月30日までの共済年金に加入していた期間分については、平成27年10月以後においても、加入期間に応じた職域加算部分を支給。

※2 第2号被保険者等とは、厚生年金被保険者のことをいう（第2号被保険者のほか、65歳以上で老齢、または、退職を支給事由とする年金給付の受給権を有する者を含む）。

員の加入する共済年金が上乗せされたもの（2階部分）が一般的に公的年金とよばれるものです。[*6] また、3階部分として、任意に「iDeCo」などの私的年金を上乗せすることも可能です。この公的年金の仕組みは、老後に備えるものというイメージが強いですが、実際には老齢・障害・死亡のリスク[*7]に対応したものです。国会は、国民年金法や厚生年金法を通して、こうした年金を受給するための条件を定めます。基本となる老齢基礎年金では、65歳から年金を受給することができますが（ただし、繰り上げ受給・繰り下げ受給の仕組みもあります）、そのためには、保険料を支払った期間と保険料を免除された期間を合わせた期間が一定以上（現在は10年以上、ただし満額を受給するためには保険料を支払った期間が40年必要）あることがその条件となっています。CASEで取り上げた障害年金にも、同じく受給するための条件があります。細かい条件はいろいろとありますが、大まかにいうと、①傷病の診療日に被保険者（保険給付を受ける資格のある人）であった者、②一定の障害等級に該当する状態、③傷病の初診日の前日までに、初診日の月の前々月までに（国民年金）保険料を支払った期間と保険料を免除された期間を合わせた期間が、被保険者期間の3分の2以上であることです（国民年金法30条）。

④ 社会保障制度に不満があるとき

　国会が法律によって設計した社会保障の全体像や、行政による個別の決定に不

*6 ここではごく簡単に説明していますが、詳しくは社会保障制度を専門に扱う「社会保障法」の授業で学習することになります。その入門書として、菊池馨実編『ブリッジブック 社会保障法［第2版］』（信山社、2018年）がおすすめです。

🔍 ★ポイント★

*7 死亡のリスクに対応するものとしては、遺族年金という仕組みがあります。

満があった場合は、憲法25条の生存権を用いて裁判で争うことができるかが問題となります。憲法25条を法的権利としてとらえる考え方が一般的ですから、生存権にもとづいて裁判で争うことが可能なことに疑いはありません。具体的に、裁判で主張されるのは、①社会保障についての法律がないこと、②法律が不十分であること、③行政の決定などが不十分であることの３つです。

では、国会や行政の裁量（独自の判断の余地があり、一定の活動の自由が認められていること）をコントロールする役割を与えられている裁判所は、どのようにして、国会や行政の活動をコントロールするのでしょうか。

まず、この点について最高裁は、堀木訴訟において、「憲法25条の規定の趣旨にこたえて具体的にどのような立法措置を講ずるかの選択決定は、立法府の広い裁量にゆだねられて」いる、といって国会の広い裁量を認めています[8]。また、行政府の裁量については、朝日訴訟で認められています。

⚖️ **判 例**

[8] 堀木訴訟（最大判昭和57年7月7日）
視覚障害で国民年金法にもとづく障害福祉年金（当時）を受給していた原告は、シングルマザーとして男児を養育していたため、児童扶養手当受給資格の認定を請求したが、請求が棄却された事件。本文にあげたように立法府の広い裁量を認めたうえで、最高裁は、社会保障給付全体の公平を図るために、社会保障給付の併給禁止規定を設けるか否かは、「立法府の裁量の範囲に属する事柄と見るべきである」と述べ、原告の主張を認めませんでした。

[9] 大阪高判昭和50年11月10日。

(1) 「最低限度の生活」と「良好な生活」

そこで、憲法学は国会・行政の広い裁量を限定する方法を考えるようになりました。その方法のひとつが、憲法25条の１項と２項を区別するという考え方です。憲法25条１項は「すべて国民は、健康で文化的な最低限度の生活を営む権利を有する」と規定しており、最低限度のギリギリの生活を保障していると読むことができます（**狭義の生存権**）。その一方で、２項は「国は、すべての生活部面について、社会福祉、社会保障及び公衆衛生の向上及び増進に努めなければならない」と規定しているので、最低限度以上の良好な生活を保障していると理解できます（**広義の生存権**）。したがって、１項は貧困に陥った人を救う**救貧**、２項は貧困に陥ることを事前に防止する**防貧**という性格をもつということもできます。

そうすると、まさにギリギリの生活を保障する１項に関する場合には、裁判所は国会・行政の裁量を厳しく審査することができるといえるでしょう。かつて裁判所もこうした理解を示したことがありましたが、１項に関する場合を生活保護のみに限定したため批判されました（堀木訴訟控訴審判決[9]）。しかし、最後のセーフティネットである生活保護が１項の中核になることは疑いなく、このアプローチをとれば、裁判所は狭義の生存権（少なくとも生活保護）に関する領域では強力な裁量統制を行うことができるので、有力な考え方だといえます。

他方で２項に関する場合は「それが著しく合理性を欠き明らかに裁量の逸脱・濫用と見ざるをえないような場合を除き、裁判所が審査判断するのに適しない事柄」であると考えることが原則となります。

(2) 制度後退禁止原則

このほかに国会や行政の裁量をコントロールしようとする試みとして、**制度後退禁止原則**とよばれるものもあります。これは、ある社会保障に関する制度が一度設立されると、それを後退・廃止させることは憲法上許されなくなると考える

ものです。この考え方は、国会や行政の裁量をコントロールする方法として有力でしょうか。具体的な例をみてみましょう。

生活保護は、とくに高齢者（70歳以上）は他の年齢層よりもいくつかの面でお金が必要であるとの考えから、老齢加算という仕組みを備えていました。しかし、生活保護費の基準額を決める裁量権がある厚生労働大臣が老齢加算の段階的廃止を決定したので、この決定の違法性が争われましたが（**老齢加算廃止訴訟**）、最高裁は制度後退禁止原則を採用しませんでした。学説では、国会や行政のほうが財政状況の把握や必要な社会保障の程度を判断する能力に長けていること、憲法25条1項と2項を区分する考え方からすると、憲法違反となる制度の後退もしくは廃止は、狭義の生存権の保障に必要な最低水準を下回る場合に限られるとの見方が有力です。しかし、近年、社会保障給付の「切り下げ」が増加しており、制度後退原則の発想を発展させていくことの重要性も指摘されています。

(3) 判断過程審査

それでは、老齢加算の段階的な廃止などについての厚生労働大臣の判断について、裁判所はどのように審査するのでしょうか。老齢加算廃止訴訟[*10]では、老齢加算を不要とする「厚生労働大臣の判断に、最低限度の生活の具体化に係る判断の過程及び手続における過誤、欠落の有無等の観点からみて裁量権の範囲の逸脱又はその濫用があると認められる場合」に違法であると述べました。ここで採用されたのは、厚生労働大臣が下した決定の判断過程を審査する（**判断過程審査**）という手法です。この審査手法によると、まず、抽象的で時代や景気の状況によって絶えず変化する「最低限度の生活」という基準を具体的に決定したり、変更したりする裁量が厚生労働大臣にあることが認められます。そのうえで、厚生労働大臣が老齢加算という、従来、最低限度の生活のために必要であると考えられていた仕組みを段階的に廃止するという結論に至った「判断の過程及び手続」を裁判所が審査して、厚生労働大臣の裁量の行使（老齢加算の段階的廃止）が、大臣に与えられていた裁量権の逸脱またはその濫用と認められる場合には違法になる、とされます。裁判所によると具体的には、「統計等の客観的な数値」や「専門的知見」を考慮して、適切な手続（専門的な委員会での審議を行うことなど）にもとづいて結論に至っているか、さらに、老齢加算があることによって日々の生活設計を立てている受給者の期待的利益（一定の事実［生活保護の受給者でかつ高齢者になる］が発生すれば一定の法的利益［老齢加算］を得ることができると期待できる権利）等を考慮に入れて判断しているかなどを審査します[*11]。

(4) 行政裁量の拘束

このように生存権に関する訴訟では、国会や行政機関に与えられた広い裁量をどのように限定していくか、が憲法学あるいは裁判所の最近の取り組みとなっています。もっとも、具体的な法律が存在する場合は、当該法律の目的および趣旨

⚖️ **判 例**

*10 老齢加算廃止訴訟（最判平成24年2月28日）

2004年4月以降、70歳以上の者に対して行っていた生活保護費の老齢加算を段階的に減額・廃止する厚生労働大臣の決定が各地で争われた事件。福岡控訴審判決ではこの決定を厚生労働大臣の裁量権の「逸脱又は濫用」として廃止処分を取り消すという判断がされましたが、最高裁は、厚生労働大臣の判断過程や手続に過誤、欠落はないとして裁量権の「逸脱又は濫用」はないと判断しました。

🔍 **★ポイント★**

*11 老齢加算廃止訴訟では、裁量権の逸脱・濫用といえないため、本件での厚生労働大臣の決定は違法ではない、ということになります。しかし、厚生労働大臣をはじめとする行政機関はその決定に至った判断の過程が適切かどうか裁判所によって審査されるため、行政に与えられた裁量といえども自由に行使してよいわけではなくなっています。

に照らして行政裁量が拘束されることが原則となります。したがって、裁判所もこうした観点から審査を行います。たとえば、生活保護を受ける際には、補足性の原理にもとづき、利用可能な資産を活用しなければならないことはすでに説明しましたが、この「資産」は個人の自立を助長するという生活保護法の目的に従って判断すべきであるとしています。[12]　よって、行政機関の裁量は、その裁量を与えている法律の目的に拘束されるのです。

⑤ 広義の生存権保障としての障害年金制度

　最後に冒頭にあげた CASE に戻りましょう。そこで問題となっていたのは、社会保障制度のうち、社会保険に関する制度です。この制度に従うと、給付を受けるための条件となっている保険料の支払いをしていない A さんは、障害保険を受け取ることができません。次に、A さんは法的権利である生存権を用いて国会の作った制度に対する不満を主張することができます。しかし、裁判所が国会の広い裁量を認めていることを前提にして、憲法25条の1項と2項を区別する考え方をする場合、障害保険がどちらに属するかが重要になります。社会保険に分類される障害保険は2項の広義の生存権に属するものですので、裁判所に厳しい判断を要求することはむずかしいでしょう。

　かつて、裁判所は、A さんと似たようなケース（学生無年金障害者訴訟[13]）を判断しています。その判決では、現在とは異なり学生の国民年金への加入が任意であったため、すこぶる加入率が低く、そのため障害年金をもらえない障害者があらわれ、学生を国民年金制度の強制加入被保険者としていなかったことが争われました。裁判所は、国会の広い裁量を認めて、学生を強制加入とせず任意加入としていたことは「著しく合理性を欠くということはでき」ない、として憲法25条に反しないとしました。さらに、国民年金法が改正され、1991年以降は20歳以上の学生も国民年金の強制加入被保険者となっています。[14]　これらを合わせて考えると、やはり年金（保険料）を払わなかった A さんが障害年金を受け取ることはきわめて困難だと言わざるを得ません。

⚖️ ○×問題

① 憲法25条は国家の努力義務を定めただけだとするプログラム規定説が学説において確立している。　□

② 学説では、国会の広い裁量を限定する方法として、憲法25条の1項と2項を区別し、1項のような救貧政策の場合には2項のような防貧政策よりも厳しい審査を要求することが考えられている。　□

4　ブラックバイトを見分けるために──労働基本権

◆CASE◆　学生なのに授業よりバイト!?

　大学生のAさんは2年前から飲食店のアルバイトをしていました。この飲食店では夜遅くまでたくさんの客が来ていたため、Aさんは時給1,000円で午後1時から10時まで（午後5時から6時までは休憩時間）の計8時間勤務する契約だったのに、実際には午前0時まで計10時間働かされ、しかも超過2時間分の給料はまったく支払われていませんでした。そして、学期末試験が近くなり自分の勉強に集中したいことを理由に、しばらくアルバイトを休みたいと店長に伝えたところ、「その時期は客が多いから休まれると困る」と言われたために休めず、授業の単位を落としてしまいました。そこで、Aさんは店長に対して超過分の給料の支払いなどを求めて提訴しました。

こんなときはだれかに相談しよう！

1　労働問題と憲法

　私たちが生活していくためにはなんらかの仕事に就いて働き、日々の生活費を稼がなければなりません。そこで、憲法27条1項では、**勤労の権利**が保障されています。19世紀から20世紀にかけての社会では、経営者がより多くの利益を得ようと労働者に過酷な労働条件や低賃金などを強制して労働者の生活を脅かし、また、そのことを国は十分に解決してきませんでした。そのため、日本国憲法では二度とそのようなことが起きないようにという意味も込めて、職業選択の自由とは別に勤労の権利を保障することになりました。それゆえ、憲法27条1項は国民に勤労の義務があることを確認しつつ、国民の義務が適切に果たされるように、国にも労働環境を整備する義務を負わせていると考えられています。

　また、そのような背景から、憲法は国の活動をしばるのが本来の役割ですが、勤労の権利やその権利を実現するために憲法28条で保障されている労働基本権については、国だけでなく経営者からの侵害も対象にしています。つまり、経営者が理由もなく労働者を解雇するなど不利益を与えれば憲法違反になります。その意味で、労働問題に関するこれらの権利は憲法のなかでは特殊であるといえるかもしれません。なお、憲法や法律の世界では、経営者のことを**使用者**といいます。憲法27条や憲法28条は国対国民の関係だけでなく使用者対労働者の関係も規律しているのです。したがって、これらの権利は国民のなかでも特に労働者という社会的に弱い立場の人たちをターゲットにしているので、**社会権**として位置づけられています。

　なお、憲法25条では生存権が保障され、国は「健康で文化的な最低限度の生活」

> **憲法27条**
> **1項**　すべて国民は、勤労の権利を有し、義務を負ふ。
> **2項**　賃金、就業時間、休息その他の勤労条件に関する基準は、法律でこれを定める。
> **3項**　児童は、これを酷使してはならない。

＊1　詳しくは、第4
章3（p.87）を参照。

を送れない人たちに対して、社会保障制度を設けてお金などを援助しています[1]。しかしながら、国のお金にも限りがあるので、もしも国が必要以上に国民に対してお金を与えれば、当然国は破産してしまいます。そのため国としては、みずからの力で最低限度以上の生活を送ることができる人は、みずからの力でなんとかしてもらいたいところです。そこで、憲法27条1項では**勤労の義務**も定められ、国の活動をしばるのが本来の役割である憲法が、例外的に「働いて生活費を稼げることができる人はちゃんと働け！国を頼るな！」と国民に命じています。

② 憲法27条の具体的な内容

用語解説

＊2　労働基準法
　労働条件の最低基準
を定めた法律。

＊3　職業安定法
　職業紹介事業等の基
準を定めた法律。

＊4　雇用保険法
　雇用保険つまり労働
者が失業した場合など
に必要な給付を定めた
法律。

＊5　労働基準局
　厚生労働省の内部部
局の一つであり、労働
基準法など労働関連法
令の施行などに関する
事務を担当している。

＊6　労働基準監督署
　労働基準法その他の
労働関連法令に基づ
き、企業やその職場を
監督する行政組織。

＊7　児童福祉法
　児童福祉に関する事
業などに関する基本原
則を定めた法律。

　憲法27条1項は、労働者が国や使用者の理不尽な干渉なく自由に働ける権利を保障しているため、2項は「賃金、就業時間、休息その他の勤労条件に関する基準は、法律でこれを定める」として、国に賃金や就業時間などの労働条件について基準となる法律を定めるように命じています。そもそも労働に関する契約は労働者と使用者の間で決めるべき問題ですが、両者の判断にゆだねてしまうと、労働者は生活費を稼がなければなりませんから、人事権を握る経営者に及び腰になってしまい不利な立場に置かれてしまいます。そこで、国が労働者をきちんとサポートする必要があるとの意図で、このような規定が設けられたわけです。そして、この規定のもと、国はこれまでに**労働基準法**[2]や職業安定法[3]、雇用保険法[4]など労働者のために多くの法律を制定し、さらにこれらの法律の基準を守らせるために各都道府県に**労働基準局**[5]と**労働基準監督署**[6]を設けています。

　また、3項は「児童は、これを酷使してはならない」として、児童の酷使を禁止しています。この規定は、かつて大人が子どもたちを仕事場で過酷に働かせ、力が弱い子どもたちはその大人たちに従うしかなかったという歴史を二度と繰り返さないとの意図から設けられています。なお、日本国憲法とほぼ同時期に児童福祉法[7]も制定され、その後、「児童の権利に関する条約」という国際人権条約の締約国に日本も加わっており、現在では児童の権利を十分に保護するための法整備がなされています。

③ 労 働 基 本 権

(1) 位 置 づ け

憲法28条
勤労者の団結する
権利及び団体交渉
その他の団体行動
をする権利は、こ
れを保障する。

　憲法28条は、いわゆる**労働基本権**という権利を保障しています。労働者の権利はすでに27条が保障していますが、同条は最低限度の労働条件、つまり労働者が給料をもらって働ける環境の確保や絶対にやってはならない労働の禁止を国や使用者に対して命じています。一方で、28条は、労働者が望ましい労働条件を使用

者から得られるように、その環境整備を国や使用者に求めている規定になります。では、労働者が望ましい労働条件を使用者から得るために必要な環境とは何でしょうか。憲法では、労働者と使用者の力関係が対等になることが必要であると考えられています。つまり前述のとおり、使用者は労働者に対して人事権を振りかざすことができるために常に優位な立場になっています。たとえ労働者が「給料を上げてくれ！」、「夜遅くまで働かせるな！」と要求しても、使用者から「イヤなら辞めればいい」、「文句があるならクビにするぞ」と言われてしまえば引き下がらざるをえないでしょう。そこで、28条では労働者と使用者のこのような力の差をなくすために必要な権利が保障されています。

(2) 団 結 権

　憲法28条では、労働者が団結する権利、いわゆる**団結権**が保障されています。団結権とは、労働者が使用者と対等に交渉するための団体を組織する権利です。労働者が単独で使用者と交渉を持ちかけたところで人事権をちらつかされ、常に不利な立場に置かれてしまいます。しかしながら、もしも集団で使用者に掛け合えば、使用者としても人事権を振りかざすことがむずかしくなるので、労働者の要求を聞いてくれる可能性が高くなります。なぜなら、1人をクビにする程度であれば経営に問題が出るほどの影響は生じませんが、数十人、数百人を同時にクビにしてしまえば経営を続けられなくなってしまうからです。そして、この権利のもとで、日本では企業ごとに**労働組合**が結成されています。また、国も**労働組合法**を制定して、公権力や使用者が組合の運営に理由もなく干渉することを禁止しています（労働組合法7条3号本文）。なお、労働組合としては、加入者の数が多ければ多いほど使用者との交渉で有利に進めることができるので、多くの労働者を集めなければなりません。そこで日本では、労働組合と使用者の間で**ユニオン・ショップ協定**を結ぶことが普及しています。ユニオン・ショップ協定とは企業で新規採用された者が採用後一定期間内に組合に加入しない場合、あるいは組合から脱退した場合に、使用者がその者を解雇する義務を負う協定のことをいいます。ユニオン・ショップ協定は組合の加入を事実上強制しており労働者の組合に加入しない自由を侵害しているようにも思えますが、組合への加入が結果として個々の労働者の自由を守ることにもつながるなどを理由に憲法に違反しないと考えられています。[8]

(3) 団 体 交 渉 権

　次に憲法28条では、労働者が団体交渉する権利、いわゆる**団体交渉権**が保障されています。団体交渉権とは、労働者の団体がその代表者を介して使用者と労働条件について交渉する権利です。労働者が団体を結成できたとしても、使用者が「忙しい」、「相手にしたくない」などを理由に、その団体との交渉から逃げ出すことも予想されます。そこで、28条では使用者を交渉の場に立たせるために団体

⚖️ **判 例**

*8　日本食塩製造事件（最判昭和50年4月25日）

　ユニオン・ショップ協定を会社と締結していた労働組合から除名された者が協定に基づき会社から解雇されたためにその解雇の有効性が争われた事件。最高裁はユニオン・ショップ協定について「間接的に労働組合の組織の拡大強化をはかろうとする制度であり、……制度としての正当な機能を果たすものと認められるかぎり」はその効力が認められると判断しました。

交渉権が保障され、労働組合法でも使用者が正当な理由なく団体交渉を拒むことが禁止されています（労働組合法7条2号本文）。

(4) 団体行動権（争議権）

さらに憲法28条は、団体行動する権利、いわゆる**団体行動権（争議権）**も保障しています。団体行動権とは、労働者の団体が望ましい労働条件を使用者から引き出すために行動する権利、すなわち争議行為する権利です。人事権という武器を持っている使用者に対抗すべく、労働者に与えられた武器といえるでしょう。争議行為の具体例としては、要求が通るまで働かない**ストライキ**、労働の能率を著しく低下させるサボタージュ、ほかの労働者を仕事場から閉め出してストライキの効率を上げるピケッティングなどがあります。そして、この規定を受けて、労働組合法では正当な争議行為であれば、たとえ会社に損害を与えても刑事上の責任や民事上の責任を負わないことが規定されています（労働組合法1条2項本文・8条）。会社の活動を妨害すれば、本来は業務妨害罪などの刑事責任や労働契約違反などの民事責任を負うことになりますが、これらの責任を負わせないとすることで、労働者が争議行為できるようにしているわけです。もっとも、28条の目的にかなうような争議行為でなければ、責任から免れることは認められません。したがって、労働条件の交渉とは無関係な争議行為、たとえば「集団的自衛権反対！」など政治目的の争議行為、生命や人体に危険を及ぼすような争議行為などについては、刑事上の責任や民事上の責任を負うことになります。[*9]

⚖ **判 例**

*9 全農林警職法事件（最大判昭和48年4月25日）
警察官職務執行法の改正に反対する運動を行っていた全農林労働組合役員が、各県本部に対して勤務時間内に反対運動に参加するよう促したために、争議行為のあおり行為等の罪で起訴された事件。最高裁は「経済的地位の向上の要請とは直接関係があるとはいえない……政治的目的のために争議行為を行うがごときは、……憲法28条の保障とは無関係」である等を理由に、処罰は憲法に違反しないと判示しました。

④ 労 働 法

(1) 労 働 法 と は

憲法27条・28条の規定を受けて、国が労働者のために多くの法律を制定していることは上記で述べたとおりです。そして、これら労働関係に関する法律全般のことを**労働法**といいます。ですから、労働法というのは実際に存在する法律の名称ではなく、あくまで法律分野の名称ですので注意してください。なお、みなさんの大学に「労働法」という授業があるかもしれませんが、その授業では労働法にカテゴライズされるさまざまな法律で共通する原則などを学ぶことになります。

そして、労働法のなかでさらに仲間分けすると、個別的労働関係法、団体的労使関係法、労働市場法の3つの分野に分けることができます。**個別的労働関係法**は1人の労働者と使用者の関係を定めた法律、**団体的労使関係法**は労働組合と使用者の関係を定めた法律、**労働市場法**は労働市場つまり労働力を商品とした取引システム、要は雇用関係の社会構造を定めた法律の分野になります。

(2) 労働時間と休暇

労働法のひとつである労働基準法では、労働時間について、使用者が過度の労

働を強要して労働者の勤労の権利などを侵害しないように、**1 日 8 時間、週40時間（法定労働時間）**を超えて労働させてはいけないこと、労働時間が 6 時間を超える場合には45分以上、8 時間を超える場合には 1 時間以上の休憩時間を与えなければならないことが定められています（労働基準法32条・34条）。なお、労働時間とは、「労働者が使用者の指揮命令下に置かれている時間」であると解されています[*10]。しかし一方で、使用者にも憲法で営業の自由が保障されていることに配慮し、使用者は過半数の労働者で組織される労働組合か労働者の過半数の代表者との取り決めで労働時間を延長したり休日に働かせたりすることができます（労働基準法36条 1 項本文）。ただし、労働者の勤労の権利などに影響が出ないよう、法定労働時間を超える労働（**時間外労働**）を命じた場合、使用者は超えた時間分の給料については通常の給料より 2 割 5 分割増し以上で支払わなければなりません（労働基準法37条 1 項）。また、午後10時から午前 5 時までの間に労働者を勤務させた場合、**深夜労働**として通常の給料より 2 割 5 分割増し以上で支払わなければなりません（労働基準法37条 4 項）。

(3)　年次有給休暇

また、労働基準法では 6 か月間継続して労働した者に対して、使用者は毎年一定日数の休暇を有給で与えなければならないことが定められており、労働者が休暇をしっかりと取って勤労の権利を適切に行使できるように図られています（労働基準法39条 1 項）。このような、毎年一定日数与えられる有給の休暇のことを**年次有給休暇**といいます。したがって、労働者側はある程度継続的に勤務していれば、自分が休みたい日に休みたいと申し出ることができます。このような権利を**時季指定権**といいます。時季指定権をどのような意図で行使できるのかについては特に定めがないため、原則として労働者が自由に決めてよく、使用者に告げる必要もないと考えられています。ただし、使用者側にも人手不足など休んでほしくない事情が当然あります。そこで、使用者の営業の自由にも配慮して、経営上の問題がある場合に限って、使用者は労働者側に対して別の日に変更するように求めることができます（労働基準法39条 5 項ただし書き）。このような権利を**時季変更権**といいます。経営上の問題があるかどうかは、企業の規模、その労働者の職務内容、業務全体の忙しさ、代わりの労働者を確保するむずかしさ、同時期における休暇取得者の有無などから判断されます[*11]。

(4)　バイトと労働法

なお、労働基準法は、同法が適用される労働者を、職業の種類を問わず、事業または事務所に使用される者で、賃金を支払われる者と定めているので、労働基準法における上記のルールは、正規社員だけでなくアルバイトにも適用されることになります（労働基準法 9 条）。ただし、年次有給休暇については、週 5 日働いている正規社員よりは取得できる休暇の日数が少なくなります。

⚖️ **判 例**

*10　三菱重工長崎造船所事件（最判平成12年 3 月 9 日）
　午前の始業時刻前の入退場門から更衣所までの移動時間などにつき所定の労働時間外に行うことを余儀なくされた従業員が時間外労働に対する割増賃金の支払いを求めて提訴した事件。最高裁は「労働時間に該当するか否かは、従業員の行為が会社の指揮命令下に置かれたものと評価できるか否かによって客観的に決定される」として、入退場門から更衣所までの移動時間は労働時間に該当しないと判断しました。

⚖️ **判 例**

*11　弘前電報電話局事件（最判昭和62年 7 月10日）
　年休の時季指定を行い成田空港反対集会に参加しようとした従業員に対し、上司が意図的に指定日の勤務者を減らし、最低配置人員を欠くことを理由に時季変更を行ったもの。同従業員は指定日に出勤しなかったため、賃金が差し引かれるなどされた事件。最高裁は「会社として通常の配慮をすれば……代わりの者を配置できる客観的な状況があるにもかかわらず……配慮をしない……ときは、……事業の正常な運営を妨げるとは言えない」と判示しました。

⑤　A さんは給料・休暇を求めることができるか

(1)　給料の支払い

　これまでの内容をふまえたうえで、冒頭の CASE を考えてみましょう。

　A さんは契約で計 8 時間の勤務をしたにもかかわらずさらに 2 時間勤務しており、その分の給料は支払われていませんでした。これはいわゆるサービス残業ですが、労働者には勤労の権利が憲法27条で保障されており、使用者に対して労働力を提供した分の給料を請求できますからそのような残業は認められません。したがって、A さんは飲食店の経営者に対して 2 時間働いた分の給料の支払いを求めることができます。

　また、A さんは合計で10時間勤務していますが、本来ならば 8 時間を超える労働を使用者が命じることは認められません。ただし、過半数の労働者で組織される労働組合などとの取り決めがあれば、例外的に使用者は 8 時間を超えて労働者を勤務させることができますので、そのような事情があれば A さんの10時間労働は違法になりません。もっとも、飲食店の経営者は延長した 2 時間の給料について通常の給料より 2 割 5 分割増し以上で支払わなければなりませんし、午後10時以降の労働ですので深夜労働としてさらに 2 割 5 分割増し以上の給料を支払う必要があります。

　したがって、A さんは飲食店の経営者に対して、時給1,000円× 8 時間の8,000円に、時給1,000円×超過した 2 時間×（ 1 ＋時間外労働0.25＋深夜労働0.25）の3,000円を加えた合計11,000円を支払うように求めることができます。

(2)　試験期間中の休暇

　次に、A さんは学期末試験を理由に休暇を申し出たのに拒否されて単位を落としていますが、A さんに休暇の申し出は認められるべきだったのでしょうか。A さんの労働時間が週40時間を超えていたならば、原則として飲食店の経営者は休日を与えなければなりませんので、休暇の申し出の拒否や給料の支払いの拒否は違法になります。ただし、(1)と同様、過半数の労働者で組織される労働組合などとの取り決めがあれば、例外的に A さんを働かせることができるので違法になりません。

　もっとも、A さんが年次有給休暇を申し出た場合はどうでしょうか。A さんは 2 年前から働いているので、すでに休暇を取得してしまっていない限りは、試験勉強を理由に飲食店の経営者に対して年次有給休暇を求めることができます。しかし、学期末試験の時期が飲食店の繁忙期と重なっていることを理由に経営者が休暇日の変更を求めてきたときには、A さんはその求めに従わなければならないかもしれません。

(3) 　労働組合と労働基準監督署

　人事権を握っている経営者に対して、A さんが単独でこれらの権利を主張することはむずかしいかもしれません。そのため、A さんはまず労働組合に相談して組合の協力を求めたほうがよいでしょう。アルバイトでも労働組合への加入を認めている企業はあります。また、労働基準局や労働基準監督署が各地域に設けられていますので、これらの窓口に相談するという選択肢もあります。

○×問題

① 　勤労の権利や労働基本権については憲法上の権利であるが、国や自治体による侵害だけではなく私企業による侵害も想定されている。

② 　労働条件の改善などを目的としていないストライキも団体行動権としての保障を受け、民事上・刑事上の責任を追及されることはない。

Column ⑤……ブラックバイトユニオンの結成

　　近年、ここであげた CASE のような、いわゆるブラックバイトが問題になっています。ブラックバイトとは学生らしい生活を送れなくしてしまうアルバイトであり、具体的には正社員並みに働かされたり、シフトを一方的に決められて授業や課外活動に参加できなくなってしまったりするケースがあります。

　　このようなブラックバイト問題に対処すべく、ブラックバイトユニオンという労働組合が有志で結成されました。ブラックバイトユニオンは東京に事務所を持ち、コンビニや外食チェーン店、個別指導塾、小売店などで働く学生およそ50人が参加している団体です。ブラックバイト被害者の労働・生活相談の受付や労働法や雇用政策などを学生が学ぶための場を提供するなど、ブラックバイト被害を受けている学生をサポートしています。自分のバイトが「ブラックかも！？」と思う場合は、ここに相談してみるのもよいかもしれません。

注：詳しくは、ブラックバイトユニオンのホームページを参照してください
　　（http://blackarbeit-union.com/）。

第 II 編

国を動かす政治の主人公として

本編では、国を構成する決まりとしての憲法、とくに「統治機構」について学びます。

第 5 章

選挙から国会・内閣へ

1 選挙に行こう！──参政権と選挙制度

◆**CASE**◆　選挙

　20xx 年 4 月、内閣によって衆議院が解散され、衆議院議員選挙が行われることとなりました。大学 1 年生である Z 君にとっては、はじめての選挙です。しかし Z 君は、大学進学のため上京するにあたり、住民票を故郷の北海道から東京に移したばかりでした。公職選挙法21条 1 項は、選挙人名簿に登録されるために、引き続き 3 か月以上、住民基本台帳に記録されていることを求めています。そのため Z 君は、自身が居住する選挙区での選挙に参加できません。Z 君は、せっかく現在自分が居住している住所の選挙区に応援したい候補者がいるのに投票できず納得できないと考えています。

投票に
行ったこと
あるかな

1　選挙というイベント

　みなさんは、「選挙」と聞いて何を思い浮かべるでしょうか。候補者の名前を大きな音で連呼する選挙カーでしょうか。何度落選してもめげずに選挙に出てくる、いわゆる「泡沫候補」でしょうか。あるいは、街頭で意気盛んに演説をする大政党の候補者でしょうか。いずれにせよ、国政選挙が行われる時期は、どこか普段とは違う雰囲気がこの国を覆うことになります。まだ選挙で投票した経験がなくても、こうした雰囲気を肌で感じたことのある人は多いはずです。

　日本国憲法のもとでは国民が主権者だとされていますが、法律の制定などの国家作用を直接行うのは、原則として、国会議員などの国民の代表者です。[*1]そこで、国民が代表者を選ぶ機会、すなわち選挙が重要になります。

　憲法43条は、「両議院は……選挙された議員でこれを組織する」と規定し、衆議院議員と参議院議員が、選挙を通じて選ばれることを明らかにしています。本章では、国会議員の選挙に関する憲法上の規定、現行の選挙制度、それをめぐる判例について学んでいくことにしましょう（地方公共団体の選挙については、第 8 章 2 節で扱います）。

★ポイント★
*1　憲法96条 1 項所定の憲法改正国民投票の場面では、例外的に国民が直接的に国家作用を担うことになります（⇒第11章）。

② 憲法と選挙制度

(1) 選挙権の保障

　憲法は、国民に選挙権を保障しています。その根拠条文としては、一般に、「公務員を選定し、及びこれを罷免することは、国民固有の権利である」と定める憲法15条1項があげられます[*2]。選挙権は憲法で保障された参政権のなかでも中核的なものです。最高裁も、選挙権について「国民の国政への参加の機会を保障する基本的権利として、議会制民主主義の根幹をなすもの[*3]」だと述べて、その重要性を強調してきました。

┌─ mini コラム ──────────────────────────────

被選挙権

　現行法上、衆議院議員の被選挙権は満25歳の日本国民に、参議院議員の被選挙権は満30歳の日本国民に認められています（公職選挙法10条1項1号・2号）。

　ところで、選挙について立候補制を採用する場合、被選挙権は、立候補の自由の保障と密接にかかわることになります。憲法は被選挙権者の立候補の自由について明文で保障していませんが、最高裁はこの自由が「選挙権の自由な行使と表裏の関係にあり、自由かつ公正な選挙を維持するうえで、きわめて重要である」ことから、これを憲法15条1項の「保障する重要な基本的人権の一つと解すべきである」としています（最大判昭和43年12月4日）。

└──

(2) 選挙制度

　選挙権の保障と同じくらい重要なのが、どのような選挙制度で選挙を行うかという問題です。選挙制度のあり方によって議員の顔ぶれは大きく変わりますし、議院内閣制を採用する日本国憲法のもとでは、誰が内閣総理大臣になるのかにも影響を与えます。このように、私たち一人ひとりの選挙権の実質的なあり方は、選挙制度によって大きな影響を受けることになります。それでは憲法は、どのような選挙制度によって選挙を実施するべきだとしているのでしょうか。

　実は憲法は、選挙制度の具体的なあり方について、あまり詳細に規定していません。衆議院議員・参議院議員それぞれの任期と、参議院の半数改選制について規定していますが（憲法45条・46条）、その他の選挙制度の具体的内容の決定については法律に委ねているのです。条文に即していうと、「両議院の議員の定数」、「両議院の議員及びその選挙人の資格」、「選挙区、投票の方法その他両議院の選挙に関する事項」について「法律でこれを定める」（憲法43条2項・44条・47条）とされています。選挙制度を規定する法律としては、公職選挙法が代表的です。

　憲法はなぜ、選挙制度の具体的決定を法律に委ねたのでしょうか。もし、どの国・どの時代でもうまく機能し、みんなが納得できる"理想の選挙制度"というものが存在するなら、それを憲法にしっかりと書き込むべきなのでしょう。しかし現在のところ、そのような"理想の選挙制度"は見つかっていません。〈ある

🔍 ★ポイント★

*2 もっともこの規定は、すべての公務員の選定・罷免を国民が直接行うことまで求めているわけではありません。憲法上予定されているのは、国会議員、地方議会議員と長その他の吏員の選挙です。また、最高裁判所の裁判官については国民審査の制度が定められています。憲法による選挙権の保障を受けて、公職選挙法9条1項は、日本国民で年齢満18年以上の者が衆議院議員および参議院議員の選挙権を有すると規定しています。

*3 在外邦人選挙権判決（最大判平成17年9月14日）。

国にとっては理想的な選挙制度でも、政治文化や社会における利害対立の状況などが異なる別の国では、機能不全に陥るかもしれない。また、もともとはうまく機能していた選挙制度も、社会状況が変化していくなかで、同じように機能するとは限らない。それぞれの国、それぞれの時代に応じて、"理想の選挙制度"は違うものであるはずだ……。〉このように考えられているのです。最高裁も、選挙制度の具体的決定が法律に委ねられている趣旨について、次のように説明しています。つまり、そもそも選挙制度は「国民の利害や意見が公正かつ効果的に国政の運営に反映されること」を目的としつつ、「政治における安定の要請」をも考慮しながら定められるべきものであるが、これは「それぞれの国において、その国の実情に即して具体的に決定されるべきものであり、そこに論理的に要請される一定不変の形態が存在するわけではない*4」。私たちは日本国にとっての"理想の選挙制度"を試行錯誤しながら探し当てていかなければならないのです。

*4 衆議院小選挙区制合憲判決（最大判平成11年11月10日）。

　ところで、選挙制度を法律で定めるということは、選挙制度の決定を国会にお任せするということを意味します。しかし、国会がなんの制約もなしに選挙制度を決定できるとすることには問題が多いといわざるを得ません。そこで日本国憲法は、国会が選挙制度を構築するうえで守るべき、いくつかの大きな原理原則を定めることにしました。こうした憲法上の選挙原則は、その時々の国会内の多数派によっては曲げられてはならないものであり、選挙法の公理と呼ばれることもあります。

③ 憲法上の選挙原則

　憲法上の選挙原則としては、①**普通選挙**、②**平等選挙**、③**秘密選挙**、④**直接選挙**、⑤**自由選挙**、という5つの原則が一般にあげられます。

(1) 普 通 選 挙

　現在、普通選挙は、国籍と年齢以外を選挙権の条件とすることを禁じるものとして理解されています。「公務員の選挙については、成年者による普通選挙を保障する」と規定する憲法15条3項がその根拠です。なお、かつて普通選挙は、財産や納税額による選挙権の制限を否定するものとして理解されていました（財産や納税額を選挙権の条件とする制度は、制限選挙とよばれました）。

(2) 平 等 選 挙

　平等選挙は伝統的に、特定の有権者だけに2票以上の投票を認める複数選挙や、納税額等に応じた有権者の等級ごとに代表者を選出する等級選挙を禁止するものとして理解されてきました。憲法14条1項および憲法44条が、その根拠だとされるのが一般的です。

　また、平等選挙原則は、こうしたあからさまな不平等の禁止からさらに進んで、

投票価値の平等を要請していると考えられています。[*5]

(3) 秘密選挙

秘密選挙は、誰に投票したかを第三者に知られないことを保障します。秘密選挙は保障されるべき理由は、誰がどの候補者・政党に投票したのかが明らかになると、投票に際して他人から不当な圧力が加えられたり、政治腐敗の温床になったりする可能性が高まるからです。憲法15条4項は、「すべて選挙における投票の秘密は、これを侵してはならない」と規定し、それを受けて公職選挙法が、秘密投票を実効的なものとするための仕組みを設けています。[*6]

(4) 直接選挙

直接選挙は、一般有権者の投票によって当選者が確定することを保障します。これは間接選挙を否定するものです。間接選挙とは、有権者が中間選挙人を選び、この中間選挙人が最終的な当選者を選ぶという仕組みで、一般大衆の判断能力への不信感が強かった時代に多く用いられていました。実は、国会議員選挙での直接選挙を明文で保障した規定はないのですが、先にあげた憲法15条1項のほか、「両議院は……選挙された議員でこれを組織する」とする憲法43条を根拠に、直接選挙の要請が衆・参両院の選挙に及ぶと理解するのが、現在の通説です。[*7]

(5) 自由選挙

自由選挙は、投票するか否か、またどの候補者に投票するかについての自由な判断を保障します。投票に際しての「選択に関し公的にも私的にも責任を問われない」と定める憲法15条4項後段が、その根拠だとされています。学説のなかには、自由選挙原則をより広くとらえて、自由な政党結成や選挙運動の保障が含まれるとするものもあります。その場合には、結社の自由や政治活動の自由を保障する憲法21条が根拠条文となります。

4 選挙制度のメニュー

国会は、こうした憲法上の要請を守りながら、選挙制度を決定していかなければなりません。もちろん、憲法が定める以上の選挙原則をふまえても、選挙制度を構築する場面での国会の裁量（どのような選挙制度を構築するかに関する判断の余地）は大きいということができるでしょう。この裁量を適切に行使して、よりよい選挙制度を構築していくことが、国会に期待された役割であるわけです。

選挙制度はさまざまな要素から構成されていますが、特に重要な要素として、①**選挙区制**と、②**代表方法**、をあげることができます。ここでは、この2つの要素についてもう少し詳しく見たうえで、その組合せによって、さまざまな種類の選挙制度が生まれることを確認していきましょう。

*5 詳しくは、第5章2 (p.113) を参照。

🔍★ポイント★
*6 公職選挙法は、無記名投票主義を採用するとともに（公職選挙法46条4項）、投票用紙への他事記載を投票の無効要因として定めています（公職選挙法68条1項6号・2項6号・3項8号）。

🔍★ポイント★
*7 なお、衆議院議員の選挙には直接選挙の原則が妥当するが、憲法が両院制を採用している趣旨、また、参議院の権限が衆議院に比して弱いものであるという理解を前提にして、参議院議員の選挙に関しては間接選挙制も許されるとする見解もあります。

(1) 選挙区制と代表方法

　多くの国では、選挙を実施する単位を複数の地理的な単位に分割して、それぞれの区域ごとに、有権者が代表者を選ぶという仕組みを採用しています。一般に、このような有権者を区分する区域のことを**選挙区**といいます。

　さて、選挙区制のあり方として、選挙区から何人の議員が選出されるのかが問題になります。1つの選挙区から1名が選出される選挙区を**小選挙区**といい、1つの選挙区から2名以上が選出される選挙区を**大選挙区**といいます。まずは、選挙区制のあり方をめぐるこの区別を押さえておきましょう。

　選挙制度のもう一つの重要要素である**代表方法**とは、各選挙区において当選者を決定する方法のことです。代表方法は、多数代表法と比例代表法に大別されます。まず、**多数代表法**とは、国民の多数派の声を議会に反映させようとするもので、選挙区のなかで多くの票を獲得した候補者を当選させます。先ほどみた小選挙区は、必然的に多数代表法と結びつきます。典型的には、各選挙区のなかで最も多くの票を獲得した候補者1名が当選するという仕組みであり、**小選挙区制**とよばれます[*8]。小選挙区制は、イギリスの庶民院やアメリカ連邦下院・連邦上院選挙などで採用されています。

　なお、大選挙区を用いつつ、多数代表法を採用することもできます。ここでは、多くの票を獲得した候補者から順に定数分の候補者が当選させることになりますが、多数派に支持される候補者を当選させるために、有権者が候補者を1人選んで投票する（単記制）のではなく、定数分の票を投票する（完全連記制）仕組みを採用することになります。たとえば、定数3の選挙区であれば、有権者は3名の候補者に投票するというイメージです（大選挙区完全連記制）。

　次に**比例代表法**ですが、この代表方法のもとでは、政党を中心とした選挙が前提となります。有権者は政党に投票し、各政党が得票に応じて議席を得るのです（典型的には、あらかじめ政党が用意した候補者のリストの順位づけにしたがって、各政党の獲得した議席分の議員が当選していくことになります[*9]）。論理上、比例代表法は、小選挙区とは結びつきません。大選挙区と組み合わせられるか、もしくは選挙区を設けない選挙実施単位全体での選挙と組み合わせられることになります。こうした仕組みは一般に**比例代表制**と呼ばれ、ヨーロッパの多くの国で採用されています。

　ところで、かつて日本の衆議院議員選挙で採用されていた選挙制度は、**中選挙区制**とよばれていました[*10]。これは、定数2〜6の選挙区において、有権者が一票を投じ（単記制）、多くの票を獲得した候補者から順に、定数分の候補者が当選するという仕組みでした[*11]。大選挙区と単記制が組み合わされることは、世界的にみてもめずらしいといわれています。ここでは、社会内の少数派が支持する候補者が当選する可能性が、少なくとも多数代表法の場合と比べて高まります。この

点をとらえて、中選挙区制は**少数代表法**を採用していると整理されてきました。

(2)　各制度の長所と短所

　それでは、小選挙区制、比例代表制、そして中選挙区制には、それぞれどのような長所・短所があるのでしょうか。

　(a)　小選挙区制　　小選挙区制は一般に、政党の二大政党化を促す傾向があるとされています（その背景にあるメカニズムについて関心がある方は、政治学の教科書をひもといてみてください）。ここで議院内閣制を前提とした場合、二大政党化は、単独政権による政権運営を可能にすることで、政治の安定を作り出します。また、政治が失敗したときの責任の所在（どの政党が悪いのか）の明確化に資することも指摘されています。こうした点は小選挙区制の長所だといえましょう。他方で、短所としてあげられるのが死票の多さです。死票とは、議員の当選に結びつかなかった票のことを指しますが、典型的な小選挙区制では、選挙区内の相対多数の支持を得るだけで当選できるため、死票が多く生じるのです。

　(b)　比例代表制　　比例代表制の長所は、死票が少なく、有権者の意思をより忠実に選挙結果（各政党の獲得議席）へと反映させることができる点にあります。切り捨てられがちな社会的少数派の声も、代表者を通じて国政の場にあらわれることができるのです。他方で、小選挙区制と比べて、単独で議席の過半数を占める政党があらわれにくいこと、さらに、各政党は自党の支持者を他党に奪われないように、政策的に近い他党を激しく攻撃したり、自党と他党との違いを過度に強調したりせざるをえなくなることから、議会内が小党分立状態になって、安定した政権が生まれにくいという短所が指摘されます。

　(c)　中選挙区制　　社会内の少数派の声を議会に届ける可能性があるという中選挙区制の特徴は、確かにひとつの長所だとはいえます。ただし注意が必要なのは、中選挙区制のもとで実際に少数派が議席を獲得できるかは偶然的な要素に左右される部分が大きいということです。また、少数派が議席を獲得できる可能性自体、定数のあり方（定数2なのか、3なのか、4なのか）によって変わります。こうしたことから、中選挙区制には、制度としての一貫性や合理的な根拠がないと批判されてきました。また、実際にかつての日本で生じていた中選挙区制の弊害として、同じ選挙区内で同一政党の候補者が複数立候補することで、選挙運動が候補者個人単位のものとなり、各政党が掲げる政策が重要視されなくなってしまったことがあげられます。ここでは、候補者が、自党の他の候補者と政策面で差別化できないことから、選挙区に公共事業を配分するとか、特定の団体の便宜を図るための「口利き」をするといったことをアピール要素として使うようになり、汚職や腐敗が生じる危険性が高まってしまった、と理解されているのです。

　このように、小選挙区制、比例代表制、中選挙区制には、それぞれ一長一短があります。そこで国会には、それぞれの特徴をおさえつつ、日本の政治文化やほ

かの選挙法との相互作用もふまえて、選挙制度を構築していくことが求められることになります。

⑤ 現行の選挙制度

それでは、現在の日本の選挙制度はどのようなものでしょうか。衆議院と参議院の選挙制度をそれぞれ見ていきましょう。

(1) 衆議院議員選挙

衆議院議員選挙では、**小選挙区比例代表並立制**が採用されています。つまり衆議院議員は、小選挙区制と比例代表制という、2種類の選挙制度を通じて選ばれるのです。現在、衆議院議員の定数は465名ですが、そのうち小選挙区選出議員が289名、比例代表選出議員が176名となっています。有権者は、衆議院議員の選挙（衆議院議員総選挙）において、小選挙区選挙と比例代表選挙にそれぞれに1票ずつ、合計2票を投票します。

小選挙区選挙については、全国を289の小選挙区に分割するというだけですから単純明快です。有権者は、選挙区の立候補者から1名を選んで候補者名を記載して投票し、選挙区内で最も多くの票を獲得した候補者が当選となります。なお、選挙区は、まず、289の定数が人口に応じて各都道府県に配分されたうえで、都道府県を（定数分）分割するかたちで画定されます。[12]

比例代表選挙では、全都道府県が11のブロック（選挙区）に分かれており、それぞれのブロックごとに票が集計されます（図5-1）。各政党等はあらかじめ、[13]ブロックごとに自党の候補者に順位をつけた比例名簿を作成して選挙に臨み、有権者は、候補者ではなく政党に投票します。そして、各政党等の得票数に応じて議席が配分され、名簿の順位が上位の者から当選していくことになります（**拘束名簿式比例代表制**）。重複立候補といって、一定の要件を満たす政党等の候補者については、小選挙区選挙と比例代表選挙の両方に立候補することも可能です。その場合、政党等は、比例名簿を作成する際に、重複立候補者を同一順位で並べることができ、同一順位の小選挙区落選者は、惜敗率の高い者から当選していくことになります。[14]

(2) 参議院議員選挙

参議院議員の選挙制度も、選挙区選挙と比例代表選挙という2種類の選挙制度から組み立てられています。参議院議員の定数は245名で、そのうち選挙区選出議員が147名、比例代表選出議員に98名です。有権者は参議院議員の選挙（参議院議員通常選挙）において、選挙区選挙と比例代表選挙で1票ずつ、合計2票を投じます。しかし、衆議院議員の選挙制度とはさまざまな面で異なっています。

まず、選挙区選挙については、各選挙区の区域を定めるにあたって都道府県と

ポイント

*12 選挙区の画定については、内閣府におかれた衆議院議員選挙区画定審議会が区割り案を作成し、内閣に勧告することとなっています（衆議院議員選挙区画定審議会設置法1条・2条）。なお、2022年以降、各都道府県への定数配分は、アダムズ方式と呼ばれる配分方法が用いられることになっています。

ポイント

*13 公職選挙法86条の2第1項は、名簿の提出を行うことができる政党等の要件として、①衆議院と参議院をあわせて5名以上の国会議員が所属していること、②直近の衆議院議員選挙または参議院議員選挙で有効投票総数の2%以上を獲得していること、③そのブロック（選挙区）での候補者の数が定数の20%以上であること、をあげています。

ポイント

*14 小選挙区選挙での最多得票者の得票数に対する、各重複立候補者の得票数の割合を指すものです。惜敗率が高いほど接戦だったということになります。

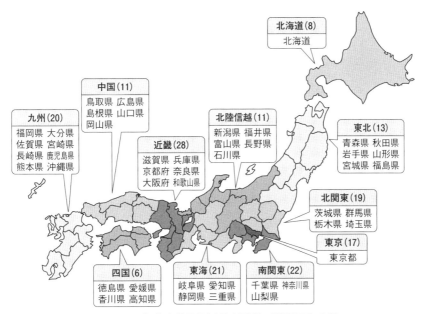

北海道(8)
北海道

中国(11)
鳥取県　広島県
島根県　山口県
岡山県

九州(20)
福岡県　大分県
佐賀県　宮崎県
長崎県　鹿児島県
熊本県　沖縄県

近畿(28)
滋賀県　兵庫県
京都府　奈良県
大阪府　和歌山県

北陸信越(11)
新潟県　福井県
富山県　長野県
石川県

東北(13)
青森県　秋田県
岩手県　山形県
宮城県　福島県

北関東(19)
茨城県　群馬県
栃木県　埼玉県

東京(17)
東京都

四国(6)
徳島県　愛媛県
香川県　高知県

東海(21)
岐阜県　愛知県
静岡県　三重県

南関東(22)
千葉県　神奈川県
山梨県

図5-1　衆議院議員比例代表選挙の選挙区と定数

いう単位が用いられています。基本的には一都道府県につき一選挙区であり、東京都選挙区、北海道選挙区、福岡県選挙区……といったイメージです（ただし、一部の選挙区では、二都道府県で一選挙区となっています）[15]。各選挙区の議員定数は、選挙区の人口に応じて2〜12名が偶数配分されています。偶数配分なのは、参議院議員選挙が3年ごとの半数改選制だからです。有権者は、候補者名を記載して投票し、得票数の多い候補者から順に、改選定数までの順位の者が当選します。この選挙区選挙は、改選議席1の選挙区（定数2の選挙区）については小選挙区制での選挙になる一方で、改選議席2以上の選挙区（定数が4・6・8・10・12の選挙区）については、かつての「中選挙区制」のような大選挙区単記投票制となります。

　次に、比例代表選挙です。参議院議員の比例代表選挙は、衆議院の比例代表選挙のようなブロック（選挙区）を設けず、全都道府県の区域を通じて実施されます。また、**非拘束名簿式比例代表制**が採用されています。ここでは、政党が作成する比例名簿に載っている候補者にあらかじめ順位がつけられていません。有権者は、政党名か候補者名のいずれかを記載して投票し、その後、個人への投票数と政党への投票数を合計した数にもとづき各政党に議席を配分したうえで、個人として最も票を集めた候補者から順に当選していくのです[16]。この制度の意義としては、政党中心の選挙制度を前提としつつも、国民による当選者決定の余地を高め、候補者の顔の見える選挙を実現することがあげられてきました。

　そうしたなか2018年の法改正によって、非拘束名簿式比例代表選挙に「特定枠

ポイント
*15 「合区」とよばれます。具体的には、鳥取県と島根県、徳島県と高知県で合区がなされています。これは、投票価値の不平等の是正の一環をなす2015年の公職選挙法改正で導入されたものです。

ポイント
*16 ドント式とよばれる配分方法が採用されています。ドント式のもとでは、各政党の得票数を1、2、3の整数で割ったうえで、割った後の数字をすべて比較して、大きい順に議席定数になるまで議席を配分することになります。

表 5-1 衆議院と参議院の選挙制度（2020年10月現在）

		衆 議 院	参 議 院
定 数		465名 （小選挙区289名・比例代表176名）	245名 （選挙区147名・比例代表98名）
選挙	選挙区	289の選挙区で各1議席	都道府県ごとに2・4・6・8・10・12議席のいずれか。ただし、鳥取県と島根県、徳島県と高知県は合区
	比例代表	全国を11のブロックに分けて実施。拘束名簿式	全都道府県の区域を通じて実施。非拘束名簿式。ただし、「特定枠」あり
任 期		4年（解散あり）	6年（3年ごとに半数改選、解散なし）

＊参議院の定数：2022年7月26日以降は248名（選挙区148名、比例代表100名）

制度」が導入され、政党等は、候補者とする者のうちの一部の者について、優先的に当選人となるべき候補者として、その氏名とその順位を名簿に記載できることになりました。これは、非拘束名簿式の趣旨を基本的には維持しつつも、全国的な支持基盤を有するとはいえないが国政上有為な人材、あるいは政党が民意を媒介するという役割を果たすうえで必要な人材を当選させやすくする趣旨の改正だと説明されています[*17]。

6 公正な選挙のために

選挙にかかわる法制度としては、以上のような（狭い意味での）選挙制度のほかに、選挙運動を規律したり、選挙権やその行使を制限したりする法律など、さまざまなものがあります。

(1) 選挙運動規制——「べからず選挙」？

選挙において有権者が選択を示す前提として、国民の間で自由な政治的討議が行われ、政策や候補者についての情報が十分に行きわたることが必要なはずです。しかし公職選挙法をみると、多くの選挙運動規制があることに気づかされます。

たとえば公職選挙法は、選挙運動のためにする文書図画の利用を広範に禁止・制限しています（公職選挙法142条～146条）。これは憲法が保障する表現の自由を侵害するものではないかとも考えられますが、最高裁は、こうした規制について、過度な競争が選挙の自由公正を害するという弊害を防止するためものであり、公共の福祉のための必要かつ合理的な制限だとして、その合憲性を認めてきました[*18]。また公職選挙法は、選挙運動をすることができる期間を候補者の届出のあった日から当該選挙の期日の前日までに限定し（公職選挙法129条）、その前に選挙運動をした者に罰則を設けています（公職選挙法239条1項）。最高裁は、この規定についても、常に選挙運動を許すことは不当・無用の競争を招き、選挙の公正を害

するおそれがあるなどして合憲性を認めています[19]。さらに、選挙運動において戸別訪問を禁止する公職選挙法の定めについては（公職選挙法138条）、表現の自由を侵害し違憲だとする判決が下級審で出されたこともありましたが、最高裁は、一貫してこれを合憲だとしてきました[20]。

　このような公職選挙法上の規制によって、選挙運動があまりにも不自由なものになっているとして、これを「べからず選挙」と揶揄する声も聞こえてきます。他方で、選挙の公正を維持するためにはこのような規制が必要だという立場もありえます。ここには、選挙という場面において、自由と公正のバランスをどのようにとるかという難問が横たわっているといえるでしょう[21]。

⑵　投票ができない？

　ところで、公職選挙法には選挙権やその行使を制限する規定があり、その合憲性が問題となることがあります。たとえば公職選挙法252条は、一定の選挙犯罪による処罰者について、選挙権・被選挙権を裁判確定から５年間停止する旨を定めています。最高裁は、選挙の公正の確保するためのものだとして、この規定の合憲性を比較的簡単に認めてきました[22]。選挙犯罪の処罰者はみずから選挙の公正を害したわけですから、これはいたしかたないと考えられるかもしれません。ところが公職選挙法上、選挙権が制限されているのは選挙犯罪による処罰者に限られません。たとえば公職選挙法11条１項２号は、禁錮以上の刑に処せられその執行を終わるまでの者を選挙権の欠格者としています。

　選挙権やその行使を制限する法律の合憲性を、裁判所はどのように判断すべきでしょうか。この問いに答えるうえでの重要判決として、在外邦人選挙権判決があります。かつて海外に居住する日本国民は選挙権を行使できず、1998年の公職選挙法改正後も、選挙権を行使できるのは衆参両院の比例代表選出議員の選挙に限定されていました。これが違憲の立法不作為だとして争われた裁判で、最高裁は、「自ら選挙の公正を害する行為をした者等の選挙権について一定の制限をすることは別として」と留保しつつも、「国民の選挙権又はその行使を制限することは原則として許されず、国民の選挙権又はその行使を制限するためには、そのような制限をすることがやむを得ないと認められる事由がなければならない」としました。そのうえで、やむを得ない事由があるといえるのは「そのような制限をすることなしには選挙の公正を確保しつつ選挙権の行使を認めることが事実上不能ないし著しく困難であると認められる場合」だけだとしたのです。選挙権の重要性をふまえた画期的な判決でした。現在では、このような厳しい基準が、どのような事案にまで及ぶのかをめぐって、活発な議論がなされています。たとえば、選挙犯罪による処罰者は、「自ら選挙の公正を害する行為をした者等」といえるので、選挙権が制限されとしても、厳しい基準での違憲審査が行われることはなさそうですが、選挙犯罪ではない犯罪による禁錮以上の受刑者はどうでしょ

*19　最大判昭和44年4月23日。

⚖ 判 例

*20　戸別訪問禁止合憲判決（最判昭和56年6月15日）
　最高裁は、戸別訪問の禁止について、①その目的が正当であること、②戸別訪問の一律禁止と禁止目的とが合理的に関連していること、③禁止によって意見表明の自由が制約されることは確かだが、それはたんに手段方法の禁止という限度での間接的、付随的な制約に過ぎない反面、禁止により得られる利益は、戸別訪問という手段方法のもたらす弊害を防止することによる選挙の自由と公正の確保であるため、得られる利益の方が失われる利益よりはるかに大きいことをあげて、憲法21条に反しないとしました。

🔍★ポイント★

*21　近年の選挙運動規制の動向として、インターネット選挙運動の解禁が注目されます。2013年の公職選挙法の改正で、従来は文書図画の頒布にあたるとして禁止されていたインターネット上の選挙運動が解禁されました。

*22　最大判昭和30年2月9日。

うか。この点については、下級裁判所でも判断が分かれているところです。

⑦ Ｚ君が新しい居住地で投票するには

　最後に、冒頭の CASE について考えてみましょう。現行法上、選挙権を行使するためには、市区町村の選挙管理委員会が管理する選挙人名簿に登録されていなければなりません。選挙人名簿制度は、投票希望者が選挙権をもっているのか否かを選挙当日に確かめることが困難なので、あらかじめ選挙権の有無をチェックして、有権者を登録しておこうとするものです。そうすれば、選挙日当日に投票を円滑に進行することができ、また二重投票なども防止できます。

　公職選挙法21条１項は、選挙人名簿に登録されるために、登録基準日[23]において引き続き３か月以上、住民基本台帳に記録されていることを要求しています。したがって東京に住民票を移したばかりのＺ君は、現居住地での選挙人名簿に登録されておらず、現居住地で投票することはできません。３か月要件の目的のひとつは、不正な投票を防ぐことです。この要件が存在しなければ、投票のみを目的として選挙前に組織的に住民票を移動し、移動先の選挙区で投票を行うことも可能になってしまいます。

　この３か月要件について、新しい居住先でのＺ君の投票機会を失わせる以上、在外邦人選挙権事件で問題となった選挙権またはその行使の制限だと考え、先に紹介したような審査基準で合憲性を判断するべきだと考える人がいるかもしれません。しかし、在外邦人選挙権事件とは事案がまったく異なると考えるべきでしょう。先の事件での在外邦人は、衆議院の小選挙区選出議員・参議院の選挙区選出議員の選挙において選挙権の行使自体ができなかったのに対して、Ｚ君は旧住所地では投票できますし[24]、次回の選挙からは現住所で選挙権を行使できる状態となるからです。このように３か月要件それ自体は、そもそも選挙権やその行使を制限するものではなく、また制限があったとしてもその程度は明らかに弱いため、一定の合理的な理由がある以上は当然に合憲と判断されるべきことになるでしょう。

○×問題

① いわゆる憲法上の選挙原則には、普通選挙、平等選挙、公開選挙、直接選挙、自由選挙が含まれる。 ☐

② 現行の衆議院議員選挙の仕組みは、安定的な政府を創出するために、全議席について小選挙区制がとられている。 ☐

★ポイント★

*23 選挙人名簿への登録には、年４回（３月・６月・９月・12月の原則として１日）を登録基準日とする提示登録と、選挙期日（投票日）の公示または告示日の前日を登録基準日とする選挙時登録があります。

*24 公職選挙法21条２項を見てください。

2 | 1票の価値って同じじゃないの？——議員定数不均衡

◆CASE◆ 同じ1票なのに……

　千葉県に住んでいるKさんは、202X年の衆議院総選挙で投票しました。その後、実家のある鳥取県で投票した妹のMさんと話した際に、Mさんの選挙区では、20万人の選挙人による投票で1名の議員を選ぶ計算になると聞きました。Kさんは自分の選挙区について気になって調べてみたところ、60万人の選挙人につき1人の議員を選ぶ計算になりました。また、Kさんの選挙区と同じような状況にある選挙区が、ほかにも10以上あることもわかりました。Kさんは、自分の投じる1票より妹の投じる1票のほうが選挙結果に与える影響が大きいことに気づき、不平等なのではないかと感じました。

　たしかに、KさんもMさんも等しく1票を投じており、その意味では選挙権の平等が確保されています。しかし、KさんとMさんの1票が有する価値は異なっているようです。このような場合、選挙権の平等が保障されているといえるでしょうか。

あなたの選挙区ではどうかな？

1 1票の較差はどうして生じるの？

(1) 1票の較差とは

　1票の較差と呼ばれる問題は、簡単にいうと、当選するために必要な有権者の票数が選挙区によって異なるために生じます。選挙区ごとに選出する議員の数（議員定数）に原因があると考えれば、**議員定数不均衡**とよぶこともできるでしょう。一般的に、人口の多い選挙区では、一人の議員が当選するためにたくさんの票数が必要となりますが、人口の少ない選挙区では比較的に少ない票数でも当選することができるので、1票の格差は大都市の選挙区と地方の選挙区との間で大きくなりがちです（表5-2を参照）。具体的には、最多の有権者数を最小の有権者数で割ることによって1票の格差を計算することができます。たとえば、最多の選挙区では10万人の有権者で1名の議員を選出し、最小の選挙区では5万人の有権者で1名の議員を選出する場合、較差は2倍ということになります。この較差が小さければ小さいほど、**投票価値の平等**に近づくといえます。

表5-2　近年の議員定数不均衡

選挙	選挙区		有権者数	較差
衆議院 (2017年)	最多	東京13区	474,326人	1.984倍
	最小	鳥取1区	239,104人	
参議院 (2019年)	最多	宮城県	975,949人	2.998倍
	最小	福井県	325,526人	

(2) 1票の較差が問題になる理由

そもそも、憲法は投票価値の平等を求めているのでしょうか。すでに勉強したように、選挙法の公理には平等選挙の原則が含まれており[*1]、有権者には平等に選挙権が付与されなければなりません。しかし、いくら平等に選挙権が付与されていても、1票の重みが人によって異なっていては、選挙権の平等が真に確保されているとはいえません。そこで、平等選挙の原則は、投票価値の平等をも求めていると考えられているのです。

平等を定める憲法14条1項[*2]が政治的価値の平等を重視していることから、憲法は選挙権の平等をとくに強く要請していると考えられています。そこで最高裁判所も、「15条1項等の各規定の文言上は、単に選挙人資格における差別の禁止が定められているにすぎないけれども、単にそれだけにとどまらず、選挙権の内容、すなわち各選挙人の投票価値の平等もまた、憲法の要求するところである」として、選挙における投票価値の平等を強調しています[*3]。憲法は、国民が等しく選挙権を有することだけではなく、どこに住んでいても、その1票によって選挙の結果に影響力を及ぼす可能性が平等でなければならないということまで求めているのです。もし憲法の求める投票価値の平等に反して選挙が行われたときには、生じた較差は、平等権を定める憲法14条1項と選挙権を定める憲法15条1項に反することになります。

(3) 選挙制度と1票の較差

では、なぜ1票の較差が生じてしまうのでしょうか。その原因は国会が公職選挙法で定める選挙制度にあります。

大選挙区では、全国が単一の選挙区となるため選挙区間の較差が生じることはありませんが、小選挙区と中選挙区の場合には、選挙区間で1票の較差が生じてしまう可能性があります。しかし、具体的にどのような選挙制度を設けるかについては、憲法は、直接定めるのではなく法律で定めるべきだとしています[*4]。選挙区割りも国会が決めるべき事柄なのです。したがって、国会には、地域的なまとまりや交通事情、人口密度などを考慮して、ある程度自由に選挙制度を定めることができる立法裁量があるといえます。国会は投票価値の平等に配慮しつつも、他のさまざまな事情を考慮しながら選挙区割りを決め、選挙区毎の議員定数を定めることができるのです。

日本では、公職選挙法という法律で、衆議院議員総選挙では小選挙区、参議院議員通常選挙では選挙区制を一部採用しています[*5]。こうして選挙区を設ける場合にも完全な投票価値の平等を実現するには、1人の選出議員あたりの有権者票数がどの選挙区でも同じになるように選挙区割りを行う必要があります。しかし、厳密な平等を実現するのは困難であるため、憲法上、どの程度の較差であれば許容されるのかが問われてきました。

[*1] 平等選挙については、第5章1 (p.104) を参照。

[*2] 平等権については、第3章2 (p.58〜) を参照。

⚖ 判 例

[*3] 最大判昭和51年4月14日。1972年に行われた衆議院議員総選挙で4.81倍の較差が生じたことについて、公職選挙法の選挙区割り規定の合憲性が問われた事件。最高裁は、選挙区割りの設定について立法裁量を認めたものの、投票価値に不当な差別を設けてはならないとしました。そのうえで、このケースでは、較差を正当化する合理的な理由はないとして、違憲と判断しました（ただし、事情判決の法理を用いて、選挙は無効とされませんでした）。

[*4] 選挙制度については、第5章1 (p.103) を参照。

[*5] 現行の選挙制度については、第5章1 (p.108〜) を参照。

② 1票の較差に関する判決の種類

(1) 憲法違反の判決

　これまでに1票の較差に関する訴訟がたくさん提起されてきました。このうち、1票の較差が憲法に違反しているといえるほどに大きいとした判決は、較差を生じさせた公職選挙法の定数を**違憲状態**とするものと、違憲とするものに分類することができます。[*6] 違憲状態とは、較差が憲法に反している状態をいいますが、この段階ではそのような状態が認定されただけなので、違憲そのものとは区別されます。

　まず、較差が憲法の選挙権の平等の要求に反する程度に至っている場合には、違憲状態にあるとされます。たしかに、国会はさまざまな事情を考慮して選挙制度を定めることができる立法裁量を有していますが、立法裁量は無制限に認められるわけではありません。国会が投票価値の平等に対して十分な考慮を行わずに選挙制度を定めた結果、較差が生じた場合には、その較差を生じさせた選挙区割りに関する規定は憲法に反すると考えられるのです。[*7] しかし、較差が一時的に生じたからといって、そのつど、公職選挙法を改正して選挙制度を変更しなければならないとするのは現実的ではありません。とりわけ、国会が常に生じている人口異動の状況に即応して議員定数を変更することは不可能だからです。そこで最高裁判所は、**合理的期間**[*8]が過ぎているにもかかわらず、国会が法律を改正して較差を是正しなかった場合にのみ、違憲と判断しています。このように裁判所は、①較差が違憲状態にあるかどうかを審査したうえで、②較差是正のための合理的期間が過ぎているかどうかを検討するという、2つのポイントの審査を順番に行います。もし、①較差は違憲状態にあるものの、②合理的期間を過ぎていない場合には、違憲状態と判断します。一方、①格差が違憲状態とされ、そのうえ、②合理的期間が過ぎていると考えられる場合には、端的に違憲と判断するのです。

(2) 違憲判決の影響？

　まず、違憲状態の判決が出されたら、国会は期間内に較差を是正することを求められます。国会による対応が問題になった例を見てみましょう。1980年に行われた衆議院議員総選挙では、1票の較差は3.94倍でした。裁判所は、1つ目のポイントの審査で、この較差は違憲状態にあるとしたものの、2つ目のポイントの審査で、是正のための合理的期間は過ぎていないと考え、違憲状態の判決を下しました。[*9] 違憲状態の判決が出た以上、国会は、合理的期間が過ぎてしまう前に、公職選挙法を改正して較差を是正しなければなりません。しかし、国会は選挙制度を修正しませんでした。3年半後の1983年に同じ選挙区割りのまま行われた衆議院議員総選挙では、較差が4.40倍に広がっていたため、裁判所は「憲法上要請される合理的期間内の是正が行われなかった」として、今度は較差を違憲と判断

ポイント
*6　1票の較差に関する訴訟は、「選挙無効訴訟」（公職選挙法204条）という訴訟形式をつかって提起されます。これは、違法に行われた選挙を無効にし、選挙を適法にやり直させることを目的に提起される訴訟です。

ポイント
*7　最高裁判所はこのことを「選挙制度の合憲性は、……諸事情を総合的に考慮した上でなお、国会に与えられた裁量権の行使として合理性を有するか否かによって判断される」と表現しています。

ポイント
*8　参議院議員総選挙に関する判決では、裁判所は較差の是正のために国会に認められた期間のことを、「相当期間」と呼んでいます。

*9　最大判昭和58年11月7日。

*10 最大判昭和60年
7月17日。

しました。[*10]このように、同じ定数配分規定が、ある時点では違憲状態だったのに、後に違憲となることがあります（図5-2を参照）。国会が較差を違憲状態のまま放置したので、どこかの時点で合理的期間を過ぎたと考えられるからです。

　次に、較差を生じさせた定数配分規定が違憲と判断された場合には、原則として、その規定に基づいて行われた選挙は違法・無効になるはずです。しかし、選挙を無効にすると、国会は訴訟の対象となった選挙区の議員の欠けた状態になってしまったり、ある選挙区の選挙の無効が他の選挙区にも影響し、全国的に選挙をやり直す必要が生じてしまったりするなど、政治的に大きな混乱が生じてしまうかもしれません。また、判決で選挙を無効にしたところで選挙制度そのものを改正しなければ較差は是正されませんが、公職選挙法を改正して選挙制度を定めるのは、裁判所ではなく国会の役割です。そこで裁判所は、公職選挙法の規定を違憲とし、それにもとづいて行われた選挙を違法としながらも、選挙そのものは無効としないことがあります。このような判決の考え方は、選挙を無効とすると公共の利益を大きく損なってしまうという事情に配慮しているという意味で、**事情判決の法理**と呼ばれます。

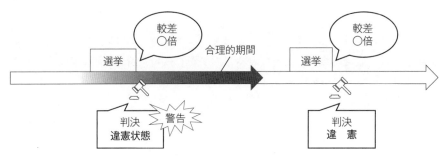

図5-2　合理的期間と判決の種類

③　どの程度の較差が違憲となるか？

(1)　憲法違反になる較差の程度

　最高裁は、どの程度の較差が違憲状態に当たるのかについて明確な数字を示していませんが、これまでに言い渡された判決からある程度読み取ることができます。図5-3は、これまでに最高裁で憲法違反が問われた衆議院議員総選挙と参議院議員通常選挙で生じていた最大較差の推移を示したものです。いずれの選挙でも、許容される較差が徐々に小さくなってきたことがわかります。

(2)　衆議院議員総選挙における較差

　当初、最高裁は、衆議院ではおよそ3倍以上の較差を違憲または違憲状態にあると判断していました。たとえば、1972年と1983年に行われた選挙について、最

高裁は、それぞれ4.99倍の較差と4.40倍の較差を違憲と判断しました（ただし、事情判決の法理をつかって、選挙そのものは無効にしませんでした[11]）。一方で、1980年と1990年に行われた選挙では、それぞれ3.94倍の較差と3.18倍の較差が生じていましたが、最高裁は、これらの較差を違憲状態と判断しました。この頃には、4倍以上の較差はただちに違憲、3倍以上の較差は違憲状態にあると考えられていたようです。しかしその後、最高裁判所は1票の較差をより厳しく審査するようになりました。2009年の選挙で生じた2.30倍の較差、2012年の選挙で生じた2.43倍の較差[12]、そして2014年の選挙で生じた2.13倍の較差が、立てつづけに違憲状態にあると判断されたのです。一方で、2017年の選挙で生じた1.98倍の較差は合憲と判断されています。これらのことから、現在では、衆議院の選挙については2倍を超える較差が憲法に反すると考えられます。

(3)　参議院議員通常選挙における較差

　参議院議員通常選挙についても、最高裁の審査は少しずつ厳しくなっています。当初、6倍を超える較差が違憲とされていました（5倍程度の較差については合憲とされていましたが、1992年の選挙で生じた6.59倍の較差は違憲状態とされたからです）。そうすると、2010年と2013年に行われた選挙でそれぞれ5倍と4.77倍の較差が生じたことは憲法に反しないといえそうですが、最高裁は、一転して違憲状態にあると判断しました[13]。一方、2016年の選挙で生じた3.08倍の較差については、合憲と判断しています。これらのことから、現在では、参議院の選挙については、5倍程度の較差が憲法に反すると考えられます。

★ポイント★

*11　1947年から1994年の公職選挙法改正までは、衆議院の選挙制度は、中選挙区制が採用されていました。中選挙区制は、都道府県を複数の選挙区に分けて各選挙区から複数の議員が選出されるしくみでした。しかし、1994年に公職選挙法が改正されて小選挙区比例代表並立性が導入されました。

★ポイント★

*12　2009年と2012年の選挙では、「一人別枠方式」という議員定数配分の方法が採用されました。一人別枠方式とは、全議席のうち47議席を各都道府県に1議席ずつ配分した後、残りの議席を人口に比例的に各都道府県に割り振るというものです。つまり、1議席については、人口にかかわらずすべての都道府県に配分されるため、1票の較差が生じやすい制度でした。最高裁は一人別枠方式で行われた2回の選挙をそれぞれ「違憲状態」と判断しています（最大判平成23年3月23日、最大判平成27年11月25日）。

判　例

*13　最大判平成24年10月17日。2010年に行われた参議院議員通常選挙で、5.001倍の較差が生じたことについて合憲性が争われた事件。最高裁は、衆議院の選挙と同じように2つのポイントの審査方法を採用し、このケースでは較差を正当化できる理由がないとして、違憲状態の判決を下しました。

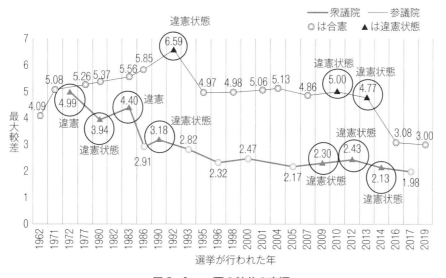

図 5 - 3　一票の較差の変遷

┌─ **mini コラム** ─────────────────────────────────

参議院の選挙の較差は大きくてもよい？

　最高裁は、参議院議員通常選挙については、衆議院議員総選挙に比べてより大きな較差を容認しているようにみえます。そもそも、参議院の選挙で一票の較差が大きい原因は、選挙区が基本的に都道府県を単位に設定されていることにあります。このような区割りが行われているのは、参議院議員には、「都道府県の代表」という、衆議院議員とは異なる役割を期待されているからであると説明できるかもしれません。

　しかし、憲法は衆議院と参議院を区別することなく、「両議院は全国民を代表する」（43条1項）と定めています。都道府県単位の選挙区割りそのものが否定されるわけではありませんが、憲法が両院議員の役割を区別するよう求めていない以上、両議院の役割分担を理由に、憲法が厳格に求めている投票価値の平等をなおざりにすることはできません。最高裁もこのように考えを変えて、都道府県単位の区割りによって生じた較差をより厳しく審査するようになっています。これを受けた国会は、2015年に公職選挙法を改正し、複数の県で1つの選挙区を構成する「合区制度」を導入しました。
└───

④　Ｋさんの疑問を考えてみよう

(1)　較差は違憲状態？

　CASEで取り上げたＫさんの疑問は、衆議院議員総選挙において、千葉県に住むＫさんの選挙区と鳥取県に住むＭさんの選挙区の間に1票の較差が生じており、憲法に反するのではないかというものでした。たしかに、両選挙区間には3倍の較差が生じています。最高裁は、衆議院議員総選挙については2倍を超える較差を違憲状態にあると判断していますから、CASEで生じている較差は少なくとも違憲状態にあるといえそうです。

(2)　格差は違憲？

　では、この較差を生じさせた公職選挙法の規定は、合理的期間を過ぎて違憲だといえるでしょうか。最高裁は、合理的期間がいつからいつまでの期間を指すのかについて、明確な基準を示していません。しかし、判決のなかにいくつかヒントがあります。たとえば、先ほど、較差を違憲状態とする判決が出されたにもかかわらず、次の選挙でさらに較差が広がっていた場合、この2回目の選挙で生じた較差を違憲とした判決をみました（本節②(2)を参照）。1つ目の選挙が判決で違憲状態とされた時点で、国会は較差を是正する必要性をわかっていたはずですから、較差を是正すべき合理的期間は、この判決の時点から始まり、次の選挙までの3年半の間に過ぎてしまったと考えられたようです。

　また、最高裁は、「人口の変動の状態」を合理的期間の判断のための一要素として考慮していることもみました（本節①(3)を参照）。人口変動の状況は、5年ごとに行われる国勢調査[*14]の結果に基づいて把握され、これをもとに選挙区割りが行われることになっています。したがって、前回の国勢調査から5年が経過しているのに国会が較差を是正しなかった場合には、合理的期間が過ぎているといえる

📝 **用語解説**

*14　国勢調査
　統計法に基づき、日本国内にふだん住んでいる人の統計をとるための調査です。

かもしれません。

　とはいえ、合理的期間の判断は、単に人口変動の状況や期間の長短のみによって判断されるわけではありません。結果的に較差が解消されなかったとしても、国会が選挙区割りの変更を審議したり、急に選挙区割りを変更したときに生じてしまう政治への影響を緩和するための措置を講じたりするなど、較差是正のために前向きな措置を講じている場合には、このような国会の努力は、合理的期間が過ぎていないというために有利にはたらきます。一方で、裁判所がこうした国会のうごきに配慮して判断を行うことには、批判もあります。

　なお、仮にMさんが訴訟を起こし、較差を違憲とする判決を勝ち取ったとしても、裁判所は、事情判決の法理をつかって選挙を無効とはしないでしょう。その場合には、違憲な較差の生じている状態で当選した衆議院議員が、そのまま任期を全うすることになります。

🔨 ○ × 問 題

① 衆議院議員総選挙における投票価値の平等に関する最高裁の判決では、およそ4倍以上の較差が違憲状態にあると判断されている。　□

② 最高裁によって較差が違憲と判断された場合には、選挙は必ず無効となり、再選挙が行われる。　□

③ 国会議員って何をしているの？──立法・国会

◆**CASE**◆ もしこんな政党があったとしたら……

　20XX年の衆議院選挙で突如として「国民の声党（仮）」という政党が登場して注目を集めました。この政党が注目されたのは、インターネットを用いた直接民主制を基本理念とするという特徴をもっていたからです。これは、選挙を通して当該政党から国会議員が当選すれば、その後は、国会で取り上げられる議案に賛成か反対かを国民（政党員）の意見をインターネットで集計し、その結果にしたがって、「国民の声党（仮）」所属の国会議員が投票するというものです。

　直感的に「国民の声党（仮）」のようなやり方でもよいのではないか、と考える人もいると思います。しかし、国会議員の役割というのは、議案や法律案に対して賛成・反対を単純に表明するだけなのでしょうか。国会議員、そして国会議員から構成される国会とは本来どのような仕事をする機関なのか、改めて考えてみましょう。

確かに政治家の不祥事は多いけどね

① 全国民を代表する存在

　みなさんは、国会議員や国会にどのようなイメージをもっているでしょうか。才能と魅力にあふれる「国会議員」による演説でしょうか。あるいは、賄賂や不適切な政治資金の利用を問いただされて言い訳めいた記者会見をする「国会議員」でしょうか。国会の審議中に居眠りをしたりヤジをとばしている国会議員の姿がテレビに映し出されたりすることもあり、「国会議員」に対してネガティブな印象をもっている人が多いかもしれません。

　しかし、ちょっと待ってください。憲法43条１項は、国会は「全国民を代表する選挙された議員」で組織されると規定しています。そう、国会議員というのは、選挙で私たち（国民）が選んだ人物であり、私たちを代表する存在なのです[*1]。さらに憲法41条は、その国会議員の活動する国会が、「国権の最高機関」であると位置づけています。

　本節では、国会がどのような権限を与えられ、どのように活動しているのか、そして、そこに集う国会議員にはどのような役割が期待されていて、その期待に応えるために、どのような特権が与えられているのかを学習していきます。さらに、「衆議院」と「参議院」という２つの議院がなぜ必要なのかについても勉強しましょう。国会の本来の仕事について学習した後、みなさんの国会のイメージはどのようなものになるでしょうか。少し見方が変わるかもしれませんよ。

★ポイント★

*1　ここでいう「代表」には歴史的にさまざまな考え方があります。中世の身分制議会では、議会に派遣される身分集団の代表は、それぞれの選出母体の意思に忠実に拘束されていました。その後、議員は国全体の代表であるから、全体の一部でしかない選出母体に拘束される必要はないという代表観が登場します（純粋代表）。さらに、代表による行動は有権者によって拘束されないけれども、現実社会の民意にできる限り従うことを求める社会学的代表観も提唱されています。

② 国会って何をするところ？

(1) 国会の活動期間

すぐ後にみるように国会にはさまざまな権限が与えられていますが、国会がその権限を行使できるのは一定の「活動期間」に限られています。これは「**会期制**」とよばれており、国会はこの期間中にのみ活動することになります。この会期について、憲法は**常会**、**臨時会**、**特別会**という３つの会期を定めています（表5-3）。会期制について重要なのは、**会期不継続の原則**とよばれるものです。国会は会期ごとに独立して活動し[*2]、１つの会期中に議決に至らなかった案件は、次の会期で継続して審議されず、廃案となります[*3]。

表5-3 会期制

	常会（通常国会）	臨時会（臨時国会）	特別会（特別国会）
召集	年１回（１月） （憲法52条）	・内閣の必要にもとづく場合 （憲法53条） ・衆参いずれかの４分の１の議員の要求があったとき（憲法53条） ・衆議院の任期満了による総選挙、参議院の通常選挙後 （国会法２条の三）	衆議院の総選挙から30日以内 （憲法54条１項）
会期	150日（国会法10条）	原則、両議院一致の議決にて決定 （国会法11条・13条）	原則、両議院一致の議決にて決定（国会法11条・13条）
議題	予算、法律案など	補正予算、重要法案など	内閣総理大臣の指名
延長	１回まで	２回まで	２回まで

(2) 国会の権限①──立法権

憲法によって国会に与えられているさまざまな権限についてみていきましょう。国会の権限としては、①立法権、②憲法改正の発議権、③内閣総理大臣の指名権、④弾劾裁判所の設置権、⑤条約承認権、⑥財政に関する議決権などがあげられます。このなかでも、国会の担う主な仕事は立法（＝法律を作ること）です。

憲法や法学などの講義を受講されている人は、主要法令を収録した「○○六法」のような参考書（法令集）を購入したことと思います（購入していない人はスマートフォンのアプリなどを確認してみてください）。こうした法令集を開いてみると、「○○法」とか、「○○に関する法律」というような名称のついたものが多く確認できるはずです。これらが「法律」です。ここでの論点は、㋐国会が作ることができる法規範を「法律」とよぶにすぎないのか、㋑「法律」でなければ定めることができない法規範の中身があるのかです。㋐は「**形式的意味の立法**」概念といわれますが、行政が定める命令などによっても法律と同じ内容の法規範を作れて

憲法43条
1項 両議院は、全国民を代表する選挙された議員でこれを組織する。
2項 両議院の議員の定数は、法律でこれを定める。

憲法41条
国会は、国権の最高機関であつて、国の唯一の立法機関である。

*2 たとえば、第190回国会（常会）は平成28年１月４日から平成28年６月１日までで、第191回国会（臨時会）は平成28年８月１日から平成28年８月３日まででした。

★ポイント★
*3 ただし、閉会後も委員会での審査を可能とするために議院が議決した法律案などは、次の会期に持ち越すことができます（国会法47条２項）。

しまうので、国会を「唯一の立法機関」とした憲法の趣旨が損なわれてしまいます。

　これに対して、⑦は「**実質的意味の立法**」概念とよばれ、法律でしか規定できない法規範の中身があると考えます。この規範の中身について、法実務で採用されているのが**法規説**という考え方です。法規説では、「一般的かつ抽象的規範のうちで新たに国民の権利を制限し、又は新たに義務を課すような法規範」（法規）は、「法律」でしか定められないと理解します。[*4]「一般的かつ抽象的規範」とは、特定の人や特定の状況のみ——たとえば、あなただけ、あるいは、20xx 年にあなたの住む街で起こった交通事故だけ——を対象とするものではなく、不特定多数の人を対象に、類似のケースにも当てはまるような一般的なルールを作ることを意味します。そして、「権利を制限し、……義務を課す」とは、たとえば、他者を脅迫することを犯罪として刑罰を科す、飲食店を経営するためには役所の許可をとる必要がある、車やバイクを運転するためには運転免許を取得しなければならないなど、普段の生活に規制を加えたりする規範のことを指します。

　しかし、法規説を採用すると、国家が財貨やサービスを提供する「給付」に関する国家の活動は、国民の権利自由を制限するものではないため、法律の根拠を必要とせず、行政の一存で実施可能となりかねません。そのため、法規説に対しては、国民の代表である国会を軽視することになるのではないかとの批判があります。そこで、学説では、ⓐ法律でしか定められない事項、ⓑ法律でも法律以外でも定められる事項、ⓒ法律によっても定められない事項という場合分けをしつつ実質的意味の立法を拡張していく方向性が示されています。

（3）　国会の権限②——立法以外の権限

　国会のメインの仕事は立法ですが、それ以外にも多くの重要な権限が与えられています。

　(a)　**憲法改正の発議**　憲法96条は、「この憲法の改正は、各議院の総議員の３分の２以上の賛成で、国会が、これを発議し、国民に提案してその承認を経なければならない」と規定しています。そのため、憲法改正案を国民に提案すること（**憲法改正の発議権**）も国会に与えられた権限といえます。[*5]

　(b)　**内閣総理大臣の指名**　憲法67条１項は、「内閣総理大臣は、国会議員の中から国会の議決で、これを指名する」と規定しています。この**内閣総理大臣の指名権**は、「この指名は、他のすべての案件に先だつて、これを行ふ」とされているので、国会が国会議員のなかから内閣総理大臣を指名することは非常に重要な権限です。また、内閣は国会に対して連帯して政治責任を負うので、国会は内閣およびその配下にある行政各部が担当する行政について、**監督する**こととなります[*6]（憲法66条３項）。

　(c)　**裁判官の弾劾裁判**　司法権を担う裁判官に対して憲法は手厚い身分保障

★ポイント★

*4　現代社会においては高度に専門的な事柄に対応するための法律を作成しなければならない場面も数多く存在します。国会よりも、専門的に分化した行政機関（内閣も含む）のほうが詳しいという場合、法律で大枠を定めて、詳細は行政機関の定める命令に委任することになります。これを**委任立法**とよびます。この委任立法は憲法上認められていますが、無制限に認められているわけではなく、包括的な白紙委任をすることはできないなどの限界があります。

*5　憲法改正については、第11章（p.197～）を参照。

*6　詳しくは、第5章4（p.134）を参照。

122

を与えていますが、裁判官といえども人間ですので、重大な過ちを犯すこともあります。そこで、裁判官を訴追し、罷免・処分する手続として、憲法64条は、両議院の議員で組織する弾劾裁判所が罷免の訴追を受けた裁判官を裁判することを認めています。なお、「弾劾」には、罪や不正を暴く、厳しく責任を問うなどの意味があり、身分を保障された公務員の非行を訴追し、罷免・処分する手続のことを指します。この**弾劾裁判所の設置権**も国会の権限となります。

　(d)　条約の承認　　**条約の承認権**もまた国会の権限のひとつとなります。条約[*7]とは、国家間の約束を文書ですることです。憲法上、条約の締結は内閣が行うことになっていますが、憲法73条3号によると、事前に、場合によっては事後に、国会の承認を経ることが必要となります。憲法が、国会に条約の承認権を与えている仕組みを採用していることは、条約の民主的正統性や条約の国内的実施の観点からも重要です。[*8]

　(e)　その他　　このほかにも国会の権限としてはさまざまなものがあり、なかでも重要なのは**財政に関する議決権**です。内閣が提出する予算案の審議および議決を行うことや、新たに租税を課す法律を制定する権限などが含まれます。[*9]

(4)　「国の唯一の立法機関」と「国権の最高機関」の意味

　次は、国会の憲法上の位置づけについてです。

　(a)　「国の唯一の立法機関」　　憲法41条は、国会を「国の唯一の立法機関」であると規定しています。「立法」とは何を意味するかはすでに確認しましたので、ここでは「唯一の」の意味を考えてみましょう。

　この「唯一の」という言葉は、①「実質的意味の法律」を定めることができるのは、国会のみであるということ（**国会中心立法の原則**）と、②法律の制定には、国会以外の機関の参与を必要とせず、国会のみで制定することができるということ（**国会単独立法の原則**）、を意味します。なんだか当たり前のことを言っているように感じますが、大日本帝国憲法（以下、「明治憲法」といいます）と対比してみるとこの2つの原則が重要であることがわかります。明治憲法は、緊急勅令（緊急時に国会閉会中に法律にかわる命令）や独立命令（公共の安寧秩序の保持などのための命令）を天皇が制定することが可能でした。①国会中心立法の原則はこれらを否定するという趣旨をもっています。さらに、明治憲法下では法律を制定するために帝国議会の議決だけでなく、天皇の裁可（天皇が許可を与えること）も必要でした。②国会単独立法の原則は、このような天皇の裁可を必要とせず、国会の議決のみで法律を制定することができる、ということを意味します。[*10]

　(b)　「国権の最高機関」　　憲法41条は国会を「国権の最高機関」と位置づけています。その一方で、立法権を国会に、行政権を内閣[*11]（憲法65条）に、司法権を裁判所[*12]（憲法76条1項）に割り当てて、権力間相互の抑制と均衡を働かせるという権力分立の仕組みを採用しています。「国権の最高機関」という言葉を文字どお

📖 用語解説

*7　条約
　条約について、詳しくは国際法という分野で勉強しますが、ウィーン条約法条約によると、条約とは「国の間において文書の形式により締結され、国際法によって規律される国際的な合意」となります（同2条1項(a)）。

🔍★ポイント★

*8　条約の承認手続きが法律制定手続きではなく予算の手続きと同様となっている点には注意が必要です。なお、憲法98条2項はすべて国家機関に対して条約などを「誠実に遵守すること」を求めています。

*9　財政について、詳しくは、第8章1（p.175〜）を参照。

🔍★ポイント★

*10　ただし、この原則には例外が存在します。憲法95条によると、特定の地方公共団体にのみ適用される法律を制定する場合には、その地方公共団体の住民投票によって過半数の賛成を獲得する必要があります。「広島平和記念都市建設法」や「松山国際観光温泉文化都市建設法」がこの条文にもとづき制定されましたが、1950年前後に19例に適用されただけで、その後95条の適用はなされていません。

*11　詳しくは、第5章4（p.132〜）を参照。

*12　詳しくは、第6章2（p.151〜）を参照。

りに理解すると、内閣や裁判所との関係で国会が優位になることになります。この関係についての憲法学の現在の通説は**政治的美称説**とよばれるものです。この説は、国会が「国権の最高機関」であるというのは国民を代表し国政の中心に位置する重要な権限を付与されているという意味での政治的美称であって、国政全般を統括する法的権限をもつものではないと説明します。要するに「最高機関」とは、国会の位置づけを政治的に美しく表現したものであり、内閣や裁判所に対してなんらかの命令をすることができるといったような法的な意味はないということです。もっとも、近年、行政による国家統治が主流になるなかで、国会の地位が低下していることなどを背景に、国民から直接選出されているという「民主的正統性」をもつこと、国政全般がうまく機能するように絶えず配慮を行うべき立場にあることなどを再確認し、国政に対する「最高の責任」を負っていると説明する見解（**最高責任地位説**）などが有力に主張されているところです。[13] この説でも、国会は内閣や裁判所に対して優越するのではなく、国会も他の2権と並列的関係であるものの主権者である国民に対して最高の責任を負っている、と考えている点は重要です。

★ポイント★

*13　ほかに、国会を法的に最高の決定権と国政全般を統括する権能をもった機関とする統括機関説や、国会は国政全体の動きを絶えず注視して、その円滑な運営を図る機関であるとする総合調整機関説などが主張されています。これらは、ニュアンスの差はあるものの、「国権の最高機関」になんらかの法的な意義を見出そうとする学説です。

mini コラム

権力分立

　「権力分立」は、統治機構に関する基本原理のひとつです。「権力の濫用を防ぎ国民の自由・権利を守るために、国家の統治権を性質に応じて異なる国家作用に『区分』し、それを異なる国家機関に『分離』したうえで、互いに『抑制・均衡』させる発想」といわれます。日本国憲法のもとでも、立法権を国会に、行政権を内閣に、司法権を裁判所に、というように各権力を区分し、異なった国家機関に分離して与えています。そして、それぞれの機関間の抑制と均衡の複雑なプロセスが組み込まれています（図5-4）。なお、統治機構の基本原理としてほかに、「法の支配」、「国民主権」、「民主主義」があります。

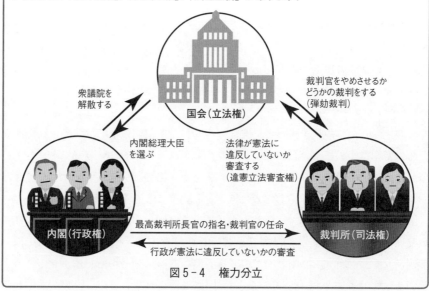

図5-4　権力分立

(5) 法律が作られるプロセス

　国会に与えられている権限のなかでも「立法」という権限が最重要権限であることは前述のとおりです。それでは、国会による「立法」は、どのようなプロセスで行われるのでしょうか。

　法律が制定されるまでの流れは、①法律案の発議・提出、②委員会での審議、③本会議での議決、④もう一方の議院での審議（委員会と本会議）、⑤成立、⑥公布となります（図5-5）。まず、法律案の提出は、国会議員か内閣によって行われます。そして、法律案が提出された議院（衆議院と参議院のどちらか）の議長から、適切な委員会に付託され、委員会での審議結果をもとに本会議で審議・採択が行われます。委員会は、各議院に設置されており、**常任委員会**（常設の委員会）と**特別委員会**（会期ごとに必要に応じて設置される委員会）があります。また、国会議員は少なくとも1つの常任委員会に所属することとなっています。科学技術の発展などを筆頭に、法律案の内容も専門的技術的な観点からの調査と審査が必要であることから、一定の事項を専門とする委員会での審査が法律案の審議に

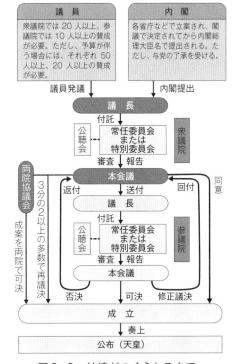

図5-5　法律がつくられるまで

出典：参議院ホームページ（http://www.sangiin.go.jp/japanese/aramashi/houritu.html）

とって主要なステージとなります（**委員会中心主義**）。委員会の審議では、法律案の提出者による趣旨説明やそれに対する質疑、討論を経て議決されます。

　その後、委員会での審査の経緯と結果が委員長によって、議院に報告され、この報告をもとにして本会議で議事および議決が行われることになります。そして、総議員の3分の1以上の出席で議事が開かれ、出席議員の過半数の賛成によって当該法律案が可決されます。一方の議院で法律案が可決されると、もう一方の議院で同様の審議・議決が行われます（衆議院で先に審議・議決が行われた場合は、次に参議院で行われます）。このプロセスを経て、両院で可決された法律案は「法律」となります。

　最後に、国会で成立した法律は、国会から内閣を通して天皇に奏上され、天皇は内閣の助言と承認にもとづき公布します。なお、法律の公布は、明治以来の慣例として官報（政府の機関紙）によって行われます。

③ 国会議員の役割とは

(1) 議員の仕事

　以上は国会の任務ですが、国会のメンバーである国会議員もさまざまな仕事を担っています。国会議員の主な仕事は、国会の主な権限が「立法」であることと関連し、法律案の提案、委員会や議院での審議に参加することなどです。具体的にいうと、今の日本の状況をみて必要な法律は何かを考え提案したり、何人かの議員もしくは内閣の暴走によって悪い法律が制定されようとしているときに、その問題点を指摘し廃案に持ち込んだりすることが国会議員の仕事なのです。[*14]

　そして、国会議員が今の日本の状況や国民の求めているものを正確に知るために、地元の有権者（国会議員は選挙で選ばれる）や有力な業界団体関係者との会合、新聞・テレビをはじめとする各種マスコミとのやり取り、所属する政党などでの会合、政策などに関する勉強会への参加なども広く国会議員の仕事といえます。

(2) 議員の特権

　国会議員が以上のような仕事を十分に行うために、憲法はいくつかの特権を国会議員に与えています。

　(a) 歳費受領権　憲法49条は**歳費を受ける権利**を与えています。自身の財力にかかわらず、政治活動を行うためには、一定の給与（歳費）を保障することが必要です。歳費とは国会議員の給与にあたるものになります。この額については、国会法35条が「一般職の国家公務員の最高の給与額……より少なくない歳費を受ける」と規定しており、具体的な額は「国会議員の歳費、旅費及び手当等に関する法律」によって定められています。たとえば、一般的な議員は月129万4,000円のほか、毎月100万円の文書通信交通滞在費、選出された地域によりJRの鉄道に無料で乗ることのできるパスまたは航空券の支給などを受け取ることができます。

　(b) 不逮捕特権　憲法50条は、「両議院の議員は、法律の定める場合を除いては、国会の会期中逮捕されず、会期前に逮捕された議員は、その議院の要求があれば、会期中これを釈放しなければならない」としています。これは**不逮捕特権**とよばれています。歴史的には、君主の恣意的な逮捕による議会活動の妨害を阻むという意義をもっており、行政からの不当な議会活動の妨害を防ぐものといえるでしょう。もっとも、不逮捕特権は、会期中に限られており、また議院外での現行犯逮捕の場合や議院が所属議員の逮捕を認めた場合は不逮捕特権の例外となり、逮捕されます。

　(c) 免責特権　憲法51条は、「両議院の議員は、議院で行つた演説、討論又は表決について、院外で責任を問はれない」と定めています。これは、**免責特権**とよばれ、議員の自由な意見表明や発言および表決（賛否の投票）を確保するこ

⚖ 判 例

*14 憲法53条違憲国賠訴訟（那覇地判令和2年6月10日）
　この点、平成29年6月22日に野党議員が内閣に対して臨時会の召集を要求したにもかかわらず、内閣がこれを怠ったことで、「臨時会において国会議員としての権能を行使する機会を奪われた」とし、国家賠償請求訴訟を提起した事例があります。那覇地裁は、臨時会の召集は「憲法上明文をもって規定された法的義務」であり、内閣が召集を怠ったことを「違憲と評価する余地はある」が、臨時会の召集を求めた個々の国会議員に対し、「内閣が国家賠償法1条1項所定の職務上の義務として臨時会の召集義務を負うものとは解されない」と述べ、国家賠償請求を退けています。

とで、国会議員の仕事をまっとうさせることをねらいとするものです。したがって、免責特権によって、国会議員は自身の行った演説や討論などによって一般人であれば負うはずである刑事上または民事上の責任を「院外」で問われないことになります。もっとも、議院内で責任を問われることはあり得ますし、所属する政党内で責任を問われることもあります。

(3)　議員と政党

「自由民主党」や「立憲民主党」、「日本維新の会」、「日本共産党」などの名前をニュース等で聞いたことがあると思います。これらは現在の日本の政党の一部ですが、政党とはどういったものでしょうか。

国会議員の役割のひとつとして、現在の日本の状況や国民が必要としているものは何かを適切に把握し、委員会などの審議で取り上げることがあるといいましたが、莫大な人口を抱え、さまざまに複雑化した問題が偏在する現代国家において、ある程度取り扱うべき問題や各種利害を集約することが必要となります。そうした役割を担うのが政党です。政党は「政治上の主義主張を同じくする人々が、政治権力の獲得、行使を通じて、議員とともに、その実現を目指すために設立された団体」である、または「市民の意思や選好を選挙を通じて集約して政策形成・実施過程に反映させようとする自発的結社」であるなどと定義されています。各政党がそれぞれ政策をもっており、その政策を政治の場で実現しようとしていることは周知のところでしょう。政党は、現在の選挙制度（衆・参議院の比例代表選挙）のなかに組み込まれており、有権者の投票行動にも候補者がどの政党に所属しているかが影響しています。[*16]

また、政党の機能については、大まかに次の3つが指摘されています。①代表機能、②公的意思形成における統合機能、③人材育成機能です。①は国民それぞれが持っている各種利害を議会に反映させることであり、②は多様で場合によって無秩序な各種利害を調整してひとつの政策にまとめることです。そして、③は①や②の役割を適切に果たすことのできる国会議員を代表とする政治家を育成することです。

日本国憲法には政党に関する規定は存在しませんが、最高裁は「憲法の定める議会制民主主義は政党を無視しては到底その円滑な運用を期待することはできないのであるから、憲法は、政党の存在を当然に予定しているものというべき」と述べています。[*17]

4)　衆議院と参議院

(1)　日本型二院制の存在意義

最後に国会を構成する両議院、すなわち衆議院と参議院について学習していき

判 例

*15　札幌病院長自殺事件（最判平成9年9月9日）。

委員会での質疑で、国会議員がある病院の医院長を個別に取り上げた結果、その病院長が自殺した事件。最高裁は、私人が議員の発言により損害を被ったこのような場合であっても、免責される、と述べました。しかし、同時に、議員の職務と関係のない不当な目的で、あるいは虚偽であると知りながらある事実を述べた場合などにはその限りではないとしています。

*16　第5章1（p.102〜）を参照。

判 例

*17　八幡製鉄政治献金事件（最大判昭和45年6月24日）

八幡製鉄会社からある政党に対して行われた献金は無効であるとして株主が争った事件。最高裁は法人に献金を含む政治的行為の自由を認め、当該献金は会社の定款に反する行為ではないと判断しました（⇒第3章1の注13）。

表5-4　衆議院と参議院

	衆議院	参議院
選 挙 権	日本国民で満18歳以上の者	日本国民で満18歳以上の者
被 選 挙 権	日本国民で満25歳以上の者	日本国民で満30歳以上の者
任 期	4年（ただし、解散する場合には任期満了前に終了する）	6年（3年ごとに半数改選される。解散はない）
定数および選挙方法	① 小選挙区選挙289名 ② 比例代表選挙176名	① 選挙区選挙148名 ② 比例代表選挙100名

ましょう。衆議院と参議院の基本的な情報は、表5-4を参照してください。

　このように、衆議院と参議院では、被選挙年齢や任期、定数、選挙方法に若干の違いがあることがわかります。しかし、若干しか違いがないのだとすると、なぜ2つの議院が存在するのでしょうか。「ねじれ国会」という現象を聞いたことがある人も多いと思います。これは、衆議院では多数派である政権与党が参議院においては少数派に転落することを指していますが、この事態が起こると衆議院で可決された法律案が参議院では否決される可能性が高くなり、法律の制定が阻止されてしまいます。このような批判もあるなかで、なぜ二院制を採用しているのでしょうか。

　(a)　議院の類型　この問題を考えるために、各国の第二院がどのような意義をもっているかをみておきましょう。ちなみに、普通名詞として日本の衆議院にあたる議院のことを**下院**、参議院にあたる議院のことを**上院**とよびます。そして、下院は多くの国で共通して、国民の人口に比例して選挙で選出される仕組みをとっているので、特徴が出るのは上院の構成です。図5-6は、上院の構成を大まかに類型化したものです。このうち、この民選型の上院（日本の参議院など）に対しては、下院と一致するのであれば無用であり、下院に反対するのであれば

連邦型	目　的：州の利益を連邦政治の場面でも確保すること 代表例：アメリカ 選出方法例：人口にかかわらず各州2名の代表を選出（アメリカ）
貴族院型	目　的：貴族という一般国民とは異なる身分の意見を反映すること 代表例：イギリス 選出方法例：選挙ではなく任命制だが、現在では世襲貴族ではなく各界の専門家、聖職者などを一代貴族として任命することが多い（イギリス）
民選型	目　的：多角的な民意の反映、下院に慎重な行動を促す 代表例：フランス・日本 選出方法例：下院院と同じ有権者集団から選挙で選ばれる（日本）

図5-6　第二院の類計

有害であるという批判も向けられていますので、*18 その存在意義についてもう少し具体的に考えてみましょう。

　(b)　参議院の意義　　参議院の存在意義として、民意の多角的反映という視点が指摘されています。この見解では、両議院の構成が同じだとしても、選出方法や時期が異なることによって、異なった視点から民意を把握することができるとし、衆議院を「変化の議院」、参議院を「安定の議院」と位置づけます。具体的にいうと、衆議院は4年任期であり解散という仕組みが備わっているので国民からの選挙を受ける回数が多く、民主的正統性は高いが不安定（よく変化する）ということになります。他方、参議院は6年任期で解散はないので、国民からの選挙を受ける回数が少なく、民主的正統性は低いが安定していることになります。したがって、日本の二院制の意義は「変化」と「安定」を組み合わせることで多角的な視点を確保しようとするものといえるでしょう。

　さらに、衆議院を抑止するという側面もあります。たしかに衆議院しか存在しなければ、スピーディーに議決し法律を制定することができますが、その議決は常に正しいとは限りません。そのときに議院が一院しかなければ、その議院が暴走すると歯止めが利かなくなるので、「理性の府」として参議院を配置し、国会が慎重かつ公平に運営できるようにするというわけです。

(2)　衆議院の優越

　では、衆議院と参議院の関係は、どうなっているのでしょうか。日本の衆議院と参議院は、ほぼ対等の権限をもち、両者の意思がそろわないと国会の意思とならないとされていますが、表5-5にあげた4つの場面では例外的に衆議院の意思が優越します。これを**衆議院の優越**といいます。

*18　この批判はフランスの思想家シェーエスが行ったものです。なお、列国議会同盟のホームページ（https://www.ipu.org/national-parliaments）によると、世界193か国のうち二院制の議会をもつ国が79か国、一院制の議会をもつ国が114か国だとされています。

表5-5　衆議院の優越

	法律案	予算案	条約	内閣総理大臣の指名
衆議院による再議決	出席議員の3分の2以上	必要なし	必要なし	必要なし
参議院が可決しない場合	衆議院の可決した法律案を受け取った後60日以内に議決しないと否決したとみなされる	衆議院の可決した予算案を受け取った後30日以内に議決しないと否決したとみなされる	予算案と同じ	衆議院の可決した指名案を受け取った後10日以内に議決しないと否決したとみなされる
根拠条文	憲法59条	憲法60条	憲法61条	憲法67条
両院協議会の開催	任意（衆議院からの開催要求があれば可能）	必ず開催		

(3) 議院の自律権

これまでみてきた議院の活動が十分に行われるためには、それぞれの議院が独立しており、各議院が他の国家機関（内閣や裁判所）あるいはもう一方の議院からの干渉を受けることなく、その内部組織や運営などに関して自主的に決定できる権限が必要となります。これは**議院自律権**とよばれており、具体的には議長の選出や委員会の構成などに関する**組織自律権**、議院の運営に必要な予算を独立して計上する**財務自律権**、そして議事の手続などを定めることに関する**運営自律権**が認められています。運営自律権には**議院規則制定権**と議員懲罰権が含まれます（憲法58条2項）。議院規則制定権によって規定されるのは、議院の内部規律と議事手続で、制定された議院規則はそれぞれ「衆議院規則」や「参議院規則」とよばれます。

また、議員懲罰権は、議院の秩序を維持するために議員に対して科せられる制裁となります。懲罰の種類としては、①公会議場における戒告（お叱りを与えること）、②陳謝、③登院停止、④除名の4つがあります。

(4) 国政調査権

議院の活動が十分に行われるためには議院自律権が認められていることのほかに、国政全般の情報を議院が入手することができなければなりません。憲法62条が規定する**国政調査権**は、議院に与えられた国政上のさまざまな権限を実効的に行使するために必要な資料や情報の収集・調査を行うために各議院に認められた権限です。具体的には、各議院は証人の出頭・証言、記録の提出を要求することができます。この権限は、調査のために調査特別委員会を設置するか、常任委員会に委任して行使されます。

もっとも、①権力分立原理や②人権保障に反する調査を行うことまでは認められないと考えられています。①については、主に司法権と行政権との関係が焦点になります。司法権との関係では、司法権の行使に事実上重大な影響を与えるような国政調査は違憲だと考えられています。[19] 行政権に対しては、行政の活動を統制することが国会の重要な権限と考えられていることから、当然に認められますが、司法権と密接な関係を持つ検察権との間では特別な調整が必要だとされています。②の人権との関係では、国政調査権が発動されると、証人は正当な理由なく出頭・証言・書類提出を拒否することができませんが（議院証言法7条）、証人のプライバシー[20]、適正手続[21]などは保護されなければなりません。

⑤ 改めて、国会と国会議員の役割とは

さて、これまで国会と国会議員の役割について多くのことを勉強してきました。国会や国会議員に対するイメージは変わったでしょうか。少なくとも、国会のな

かで行われているさまざまな仕事が、法案に対する単純な賛成・反対を表明することではないと理解できたのではないでしょうか。国会議員は、ときに法律案をみずから作成し、委員会や本会議での質疑・討議を通して立法をより良いものにしたり、その権限を十全に行使するために国政調査権を用いて情報収集を行ったりします。このほかにも国会がさまざまな権限を与えられているのはみてきたとおりです。

　もっとも、国会や国会議員に与えられている役割や権限と、それを行使する実際の「議員」は別物です。今の国会議員はこのような重大な権限を行使するに足る人物たちでしょうか。それとも、「信用ならない」から彼らが自由に議論し結論を出すことを制限して、冒頭の CASE で取りあげたようにインターネットを通じた国民の意見の集計結果にしたがって行動させるべきでしょうか。このとき考慮すべきもうひとつの観点は、実際にはさまざまな仕事について生計を立てている多くの人が、国会議員と同様に以上の権限を適切に行使するために活動する時間的余裕や、素養はあるのかという点です。[*22] いずれにせよ、国会議員は選挙で選ばれた私たちの代表です。CASE で取りあげたような例も含め、どのような人を代表とするかは、みなさんの選択次第です。ここで学んだ「国会議員」と「国会」に与えられている役割をふまえたうえで、みなさんはどのような選択をしますか。

〇×問題

① 法律の制定には、国会以外の機関の参与を必要とせず、国会のみで制定することができるということを国会中心立法の原則という。

② 一般的な学説においても、国政調査権は、国政全般について内閣や裁判所にも優越して独立に調査を行うことのできる性質の権限だと考えられている。

★ポイント★
*22　もっとも、代表者による「討議」が行われる「間接民主制こそが民主政の最良の形態である」との指摘もあります。Ｊ・Ｓ・ミルという思想家は、人間は不完全で間違いを犯す存在であるから、意見の異なる他者から学ぶべきだとします。そして、多様な意見が集約された議会における代表者の「討議」によってこそ洗練された良い立法が生まれるといいます。

4 理想の総理大臣って？──内閣

◆CASE◆ 大統領って何でもできるの？

日ごろからハリウッド映画やアメリカのドラマが好きでよく見る A 君は、作品の中で登場してくるアメリカの大統領という存在にあこがれを抱いていました。そこには、外交・防衛という大きな問題について大統領が強いリーダーシップをもって決断していた姿があったからです。A 君は、日本の首相（内閣総理大臣）はアメリカの大統領と比べると強い力もないし、1 年ぐらいで交代しちゃうし、頼りないと感じています。そこで、A 君はいっそのこと日本の首相も大統領のように強いリーダーシップがもてるように、たとえば国民が直接選べるようになるとか制度を変えたらいいじゃないかと思って B 君に話しました。でも、B 君からは「民主主義が根づいているかの違いでしょ。制度を変えればいいってもんじゃないよね？」と言われてしまいました。

みんなは A 君のアイデアどう思う？

1 内閣の仕組み

A 君が日本の政治状況に対して感じたことに、みなさんも共感する部分は多いのではないでしょうか。首相は党の代表なのに、（テレビを見ていると）同じ政党にいる実質的な指導者（いわゆる、ドン）が力をもっていて、操られているような印象を受けることもあるでしょう。マスコミがおもしろおかしく書き立てているからそう感じるのかもしれません。しかし、印象論だけを語っていては現状を理解することも改善することもできません。ここでは、三権のひとつを構成する「内閣」がどのような働きをしているのかを学習しましょう。

(1) 内閣の成立

内閣はどのようなプロセスを経て成立するのでしょうか。まず、内閣の主役である内閣総理大臣が決まらなければ始まりません。内閣総理大臣は国会議員のなかから**国会の議決**によって指名されます（憲法67条1項）。憲法では内閣総理大臣になる資格として、「国会議員」であることと**文民**（職業軍人の経歴のない者）であることしか要求していませんが（憲法66条2項）、国会議員のうち実際には衆議院議員しか内閣総理大臣になっていません。内閣総理大臣の指名は衆議院の優越[1]があてはまるので衆議院議員にとって有利になるからです。

次に、国会の指名を受けた内閣総理大臣は、天皇によって任命されます（憲法6条1項）。任命された内閣総理大臣は、その他の国務大臣を任命し（憲法68条1項）、天皇から認証を受けることになります（憲法7条5号）。このように内閣が成立します[2]。

憲法67条
1項　内閣総理大臣は、国会議員の中から国会の議決で、これを指名する。この指名は、他のすべての案件に先だつて、これを行ふ。

[1]　第5章3（p.129）を参照。

用語解説

[2]　内閣
国務大臣の数は17人以内であるが（内閣法2条2項）、復興庁が廃止されるまでの間は19人以内とすることができます（内閣法附則2・3）。

(2)　内閣の活動

　では、内閣はどのように仕事を進めるのでしょうか。内閣は、**閣議**を通じて組織の意思決定を行います（内閣法4条1項）[*3]。閣議とは、**合議体**である内閣が意思決定をするために行われる会議のことです。閣議における議決方法は、国会における通常の多数決とは異なり、慣例上、**全会一致**でなされています。全会一致だと1人でも反対者が出ると物事が決まらないのではないかと心配する人もいるかもしれませんが、後述するように内閣総理大臣は閣議の案件に反対する大臣を任意に罷免することができるので、閣内が統一されないという事態は生じません。なお、閣議の様子は非公開です（議事録だけ首相官邸ホームページで公開されます）。また、閣議は内閣総理大臣が主宰します（内閣法4条2項）。

(3)　内閣の終了

　内閣はどのような場合に終了するのでしょうか。内閣は**総辞職**によって終了することになります。憲法の規定によれば、内閣は、①衆議院で内閣不信任決議が可決されて（または信任決議が否決されて）、10日以内に内閣が衆議院を解散しないとき（憲法69条）、②首相が欠けたとき（憲法70条前段）、③衆議院の総選挙後はじめて国会が召集されたとき（憲法70条後段）に、総辞職しなければなりません。ただ、総辞職後、すぐに内閣が存在しなくなるのでは政治に空白が生じてしまうので、新しい首相が任命されるまで、引き続き職にとどまります。その場合の内閣は、事務管理内閣とか職務執行内閣とよばれます。

2　内閣の権限

　内閣の成立から終了までがわかったところで、次に内閣がどのような権限をもっているのかを学習していきましょう。

(1)　内閣の仕事

　統治機構の三権のなかで、国会と裁判所の仕事についてはみなさんもイメージをしやすい（国会は法律を作る、裁判所は紛争を解決する）と思いますが、内閣の仕事についてはどうでしょうか。わかるようでわからない、言葉で表現するのはむずかしいですね。憲法65条は、行政権が、内閣に属することを定めていますが、「**行政権**」が何を指すのかよくわからないですね。

　そこで、憲法学では一般に「**控除説**」という考え方をとってきました。控除説とは、行政権を「国民に対するすべての国家作用のうちから、立法と司法を除いた残りの作用」というように、引き算形式に消極的に定義するものなのです。なんだか残り物のような感じがして定義としてテキトーな感じがしますが、このように定義するには理由があります。それは、歴史的に国民に対するあらゆる支配権を握っていた君主から、立法権が議会に、司法権が裁判所にというように次第

*3　内閣法4条
1項「内閣がその職権を行うのは、閣議によるものとする。」
2項「閣議は、内閣総理大臣がこれを主宰する。この場合において、内閣総理大臣は、内閣の重要政策に関する基本的な方針その他の案件を発議することができる。」

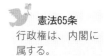
憲法65条
行政権は、内閣に属する。

に分散され、その残りの権限が行政権として君主に残り、君主から内閣へその仕事が移ったという歴史的経緯と適合するからなのです。しかし、控除説には次のような批判がなされています。

まず、内閣の活動の範囲があまりに広くなり過ぎ、国民主権を採用している日本国憲法と適合しないという批判から「法律の執行」に行政権を限定すべきであるという考え方（**法律執行説**）が主張されます。そもそも国家の諸機関は国民の制定した憲法によって授権されており、そのなかでも行政は国会の法律の根拠を必要とすることから、その本来的役割をたんに法律の執行をする権限と理解すべきであるとなるわけです。

これに対して、内閣の活動は法律執行説の主張するような法律の執行にとどまらず、また控除説のような消極的なものではなく、国政全体にわたる高度に政治的な機能も含まれるという点から内閣の仕事に国政全般の指導も含める考え方（**執政説**）も主張され、「行政権」の解釈をめぐって見解の対立があります。

ただ、政治的なリーダーシップをとるのは内閣に限られるわけではなく、国会が発揮していくことも考えられることからすると、行政権には法律を誠実に執行することと、国政全体の総合的な政策を形成するという双方が含まれるものといえるでしょう。ここではこのように考えて、次に進むことにしましょう。

(2) 内閣の事務

行政権以外にも憲法は内閣に対して次のような権限を与えています。憲法73条は、「内閣は、他の一般行政事務の外、左の事務を行ふ」として、7つの行政事務を掲げています。

(a) 憲法73条に列挙された権限

ⅰ）法律の誠実な執行および国務の総理　　国会の制定した法律を執行することは、行政という仕事の本質であるので、法律は内閣によって誠実に執行されなければなりません。ただ、内閣が国会の制定した法律を違憲と考えた場合に、その執行する義務を負うかという問題があります。この場合に、内閣が問題とした法律も国会は合憲と判断したと推定されるので、内閣としては国会の意思に従うことが求められるため、誠実な執行の拒否はできないとされています。

国務の総理の意味については、内閣が最高の行政機関として行政事務を統括し、行政各部を**指揮監督**することを指すと考えられるので、国務というのは行政事務の総称であるとされます。

ⅱ）外交関係の処理　　外交関係を処理するとは、外交交渉を行うことや、外交使節の任免、全権委任その他の外交文書の作成・受理などが含まれます。

ⅲ）条約の締結　　条約を締結することは、2号の外交関係の処理に含まれますが、その重要性から別に取り扱われています。条約の締結については、事前に（場合によっては事後に）国会の承認が必要になります[4]。

*4　第5章3 (p.123) を参照。

134

　iv）　官吏に関する事務の掌理　　官吏に関する事務の掌理とは、公務員の人事に関する仕事を意味します。この規定を受けて、国家公務員法が制定され、内閣の所轄のもとに人事院が置かれています。「官吏」とは簡単にいうと、行政機関の国家公務員を意味します。

　v）　予算の国会への提出　　国の収入および予算は、毎年予算という法形式で国会に提出され、国会の審議および議決を経なければなりません。予算の作成・提出は内閣にだけ認められた権限ということになります。

　vi）　政令の制定　　**政令**とは、内閣が制定する命令であり、命令のなかで最高の効力をもちます。命令とは行政機関によって制定される法の総称です。命令のなかには、**執行命令**、**委任命令**、**独立命令**などが含まれます。

　vii）　恩赦の決定　　恩赦とは、司法手続によらないで行政権が公訴権を消滅させたり、裁判所の言い渡した刑の効果の全部あるいは一部を消滅させたりすることを指します。恩赦は内閣が決定し、天皇が認証します。

　(b)　憲法73条以外の権限①──天皇との関係

　天皇との関係では、天皇の国事行為に対する「**助言と承認**」を行います[*5]（憲法3条・7条）。そのため、天皇の国事行為の実質的な決定権は内閣にあると考えられています。

　(c)　憲法73条以外の権限②──国会との関係

　国会との関係では、国会の召集（憲法7条2号・53条）、**衆議院の解散**[*6]（憲法7条3号・69条）のほか、参議院の**緊急集会**を求める権限（54条2項但書）、議案の提出権（憲法72条）などが内閣にあります。

　(d)　憲法73条以外の権限③──裁判所との関係

　裁判所との関係では、最高裁判所長官の指名（憲法6条2項）、最高裁判所の長官以外の最高裁判所裁判官と下級裁判所裁判官の任命（憲法79条1項・80条1項）の権限が内閣にあります。

(3)　内閣の責任

　内閣にはさまざまな仕事内容があることがわかったと思いますが（だからこそ内閣の仕事を簡単に定義するのはむずかしい…）、では、内閣は仕事を行うなかでミスを犯した場合に、どのように責任をとるのでしょうか。

　内閣は、憲法66条3項が「内閣は、行政権の行使について、国会に対し連帯して責任を負ふ」と規定しているように、その担当する事務のすべてについて、国会に対して**政治的な責任**を負うことになっています。この場合の「国会」とは両議院を意味することから、衆議院と参議院それぞれが内閣の責任を問うことができます。責任追及の方法としては、質疑などのほか質問などがありますが、最も重要なものとして衆議院による**内閣不信任決議**があります。衆議院による内閣不信任決議が可決されたときに、内閣は解散か総辞職のいずれかを選択することに

*5　詳しくは、第10章（p.194）を参照。

✎**用語解説**

*6　解散
　内閣の解散権の行使は憲法69条の場面に限定されるのかという争いがありますが、現実には解散権に限定はなく、憲法7条3号にもとづいて、いつでも解散権を行使できるものとされています（天皇の国事行為に対する実質的決定は内閣にあると考えます）。

なります（解散は時限つきの総辞職にすぎません）。なお、参議院の場合には**問責決議**とよばれますが、可決されても解散や総辞職のような法的効果は生じません。

③ 行 政 組 織

(1) 行 政 機 構

内閣には憲法上行政権が属することを学習しましたが、内閣がすべての行政の仕事を行うわけではありません。実際には、それぞれの行政機関が行うことになっており、内閣は各機関に対する指揮監督を行う立場にあります。どのような組織が内閣のもとに置かれているのかを図5-7で確認しましょう。

(2) 独立行政委員会

行政組織における各機関は、憲法65条が「行政権は、内閣に属する」ということから内閣の指揮監督を受けています。しかし、図5-7のすべての機関が内閣の指揮監督に服しているわけではありません。そのなかには、内閣から独立してその職権を行使する合議体としての機関である**独立行政委員会**というものがあります。

独立行政委員会は内閣や内閣総理大臣の所轄のもとにあるとされますが、その職権を行使する際には内閣からある程度独立しています。行政機関でありながらも、職務の**政治的中立性**や**専門性**が他の機関よりも強く要求されるからです。たとえば、公務員の人事について政治家の影響を受けることになるとすれば、そこには政治的に中立な行政運営を期待することができないので、独立して公務員の人事に関する職務を行う**人事院**を設けています。そして政治的圧力を受けないように、委員の身分は手厚く保障されています。

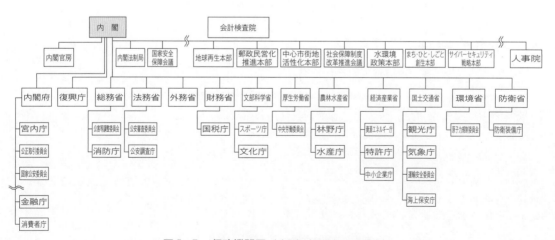

図5-7　行政機関図（略図）（2019年8月現在）

出典：内閣官房ホームページ（http://www.cas.go.jp/jp/gaiyou/jimu/jinjikyoku/satei_01_05.html）

　独立行政委員会は、その職務の性質から準立法的権限（規則の制定）や準司法的権限（採決・審決）をもつことがあり、そのことが権力分立上問題になりますが、①憲法65条は憲法41条（唯一の立法機関）や76条（すべて司法権は）と異なり、たんに「行政権は、内閣に属する」とあり、すべての行政権が内閣に属しなければならないわけではないこと、②内閣からの統制をまったく受けないわけではないことなどから憲法に適合するものとされています。

④　内閣総理大臣の地位と権限

　このような内閣の仕事、内閣の下に置かれる組織のなかで、内閣総理大臣にはどのような地位と権限が憲法上（あるいは法律上）与えられているのでしょうか。

(1)　地　　位

　明治憲法下では、総理大臣は基本的に国務大臣と対等の地位しか与えられておらず、**「同輩中の首席」**にすぎないものとされていました。そのような制度のもとでは、各大臣が内閣に対して拒否権をもつことになり、閣内不統一による内閣の総辞職という状況におちいることも少なくありませんでした。

　そこで、日本国憲法のもとでは、内閣総理大臣を内閣の**「首長」**とし（憲法66条1項）、その権限を強化しています。そのため、内閣総理大臣は内閣において、他の国務大臣の上位にあり、内閣の中心に位置することになります。

(2)　権　　限

　憲法は、内閣総理大臣が内閣の首長という地位にふさわしい権限として、次のような権限を付与しています。

　(a)　国務大臣の任免権　　憲法68条2項が規定するように、内閣総理大臣は国務大臣を任命するとともに、「任意に」国務大臣を罷免することができます。「任意に」というのは、内閣総理大臣の専権事項であることから閣議を経ることなく、「自由に」決めることができるということを意味します。閣内不統一による内閣の総辞職という状況を回避するためにこうした権限を付与しているのです。

　(b)　国務大臣の訴追同意権　　憲法75条が規定するように、国務大臣は内閣総理大臣の同意がなければ、訴追されることはありません。この規定の趣旨は、内閣の統一性を確保するために、政治的動機にもとづく国務大臣に対する不当な圧力を防ぐことにあります。

　(c)　内閣の代表権　　憲法72条が規定するように、内閣総理大臣は内閣を代表して、法律案や予算その他の議案を国会に提出することができます。内閣法はこの規定を受けて、議案のなかに法律案が含まれるとしています（内閣法5条）[*7]。

　また、行政各部の指揮監督権については、内閣法6条が「内閣総理大臣は、閣議にかけて決定した方針に基いて、行政各部を指揮監督する」と定めています。

*7　内閣法5条
「内閣総理大臣は、内閣を代表して内閣提出の法律案、予算その他の議案を国会に提出し、一般国務及び外交関係について国会に報告する。」

⚖️ **判 例**

*8 ロッキード事件
丸紅ルート（最大判平
成7年2月22日）
　ロッキード社の社長
の意向を受けた丸紅社
長らが、当時の内閣総
理大臣（田中角栄）に
対して、全日空がロッ
キード社製の大型旅客
機の購入を選定するよ
うに働きかけ、その選
定後に5億円の供与を
した行為が受託収賄罪
等に該当するとして、
丸紅社長、内閣総理大
臣らが起訴された事
件。

ただ、「閣議にかけて決定した方針」がない場合に内閣総理大臣に行政各部を指導する権限がないのかが問題になります。この点について、最高裁は**ロッキード事件丸紅ルート**[*8]で、内閣の明示の意思に反しない限り、行政各部に対し、随時、その所掌事務について一定の方向で処理するよう指導、助言等の指示を与える権限を有すると判断しました。この事件は、行政機関や他の国務大臣に対する内閣総理大臣の強い指導力を認めることになりました。

　(d) 法律・政令への連署権　　憲法74条が規定するように、法律および政令には主任の国務大臣の署名とともに、内閣総理大臣の連署が必要であるとされ、連署は義務となっています。ただし、署名・連署を欠いても法律や政令の効力がなくなるわけではありません。

　(e) 内閣法における権限　　上記の憲法上の規定のほか、内閣法により、閣議を主宰する権限（内閣法4条2項）、主任の大臣間の権限についての疑義を裁定する権限（内閣法7条）、行政各部の処分または命令の中止権（内閣法8条）など内閣の統一性を確保するために、内閣総理大臣に対して強い権限を与えています。

5 議会と政府の関係

　ここまでの学習を通して、みなさんは当初のイメージと違って、内閣総理大臣には想像以上に強い権限が憲法上も法律上も与えられていると感じたのではないでしょうか。それでも、「アメリカの大統領とは何か違う…。なぜ？」を理解するために最後に議会と政府の関係について学習しておきましょう。

(1) 議院内閣制とはなにか

　議会と政府との関係については、各国で異なりますが、いくつかの類型に分けることができます。代表的なものとして、大統領制、議院内閣制、議会統治制といったものがあげられます。議院内閣制は後述するように大統領制と議会統治制の中間に位置する制度ということになります。

　議院内閣制とは、議会の信任に依存する内閣が議会に対して連帯して責任を負う制度のことをいいます。もう少し簡単にいえば、行政権を担う内閣が議会の信任を得る限りで活動することができる仕組みのことです。議会がもう任せられないと判断すれば内閣はそれ以上活動することはできなくなります。

　議院内閣制は歴史をたどると、イギリスにその起源をもちます。1689年の名誉革命による議会の台頭に伴い、国王と議会が対立するようになると、国王はみずからの影響力をなんとしても保ちたかったため、議会の有力議員を自分の味方に大臣（内閣）として置くことをしました。そのため、内閣は国王と議会の両者の間に入り、国王にも議会にも責任を負うことになりました（二元的議院内閣制）。次第に、国王の権力が弱まり、形式化してくると、内閣の構成員は議会から直接

選ばれるようになり、内閣は議会にのみ責任を負うようになりました（一元的議院内閣制）。

　これらをふまえて日本国憲法をみてみると、内閣の国会に対する連帯責任を定める憲法66条 3 項のほか、衆議院の内閣不信任決議権（憲法69条）、さらには国会による内閣総理大臣の指名（憲法67条）、内閣総理大臣および国務大臣の過半数を国会議員とする要件（憲法67条・68条）などの規定があることから、日本も議院内閣制を採用していることがわかります。

(2)　その他の政府と議会の関係

　(a)　大統領制　　**大統領制**では、行政権の長である大統領と議会の議員は別々の選挙で選出され、大統領は議会に対して責任を負いません。なぜなら、議院内閣制と異なり、大統領も国民から選挙によって選ばれているからなのです。そのため、大統領が議会によって不信任決議を可決され、辞職するという場面は生じません。大統領が議会によって辞めさせられることがないのに伴って、議会も大統領によって解散されることもありません。このように大統領制は、議院内閣制と異なり、議会と政府がはっきりと（厳格に）分離されているという特徴があります。

　(b)　議会統治制　　**議会統治制**は、大統領制とは真逆で議会と政府が一体化している制度です。議会統治制の代表とされるスイスにおいては、政府は議会によって選出され、議会の一委員会に過ぎず、議会の意思に従属することになっています。大統領制と同じように議会による政府に対する不信任という仕組みや政府による議会の解散などがありません。それは政府が（大統領制のように）国民から選ばれているという理由ではなく、議会の内部に置かれているからなのです。

表 5 - 6　政府と議会の関係

	議院内閣制（日本）	大統領制（アメリカ）
組織	内閣総理大臣は国会議員から選出 各大臣は内閣総理大臣が任命（兼職可）	大統領は国民の選挙 各長官は大統領が任命（兼職不可）
法案提出権	国会議員、内閣	大統領には法案・予算提出権はない 必要な立法措置を教書で要請
解散 総辞職	衆議院に内閣不信任決議権 内閣に衆議院の解散権	解散・総辞職なし
両者の関係	対立が激しくなると、内閣の総辞職または衆議院の解散	大統領は議会を通過した法案に拒否権（veto）を行使できる（議会は 3 分の 2 以上の賛成で再可決）

6 A君の問題提起を考えてみよう

　これまでに学習してきたことをふまえて、CASE の A 君のアイデアを考えてみましょう。A 君には、議院内閣制（日本）と大統領制（アメリカ）を比べて、国民から直接選ばれたことを背景に大統領が強いリーダーシップを発揮している大統領制のほうが政治をよりダイナミックに進められるように見えたのでしょう。だからこそ、日本においても「**首相公選制**[*9]」（国民が直接首相を選ぶ制度）を導入したほうが内閣総理大臣も強いリーダーシップをもてるようになると考えたのかもしれません。

　しかし、大統領制を採用したからといって常に強いリーダーシップを発揮し、政治を前に前に進められるかといえばそうではありません。大統領制の場合には、議院内閣制と異なり、大統領と議会がそれぞれ国民から選ばれているので、議会多数派と大統領の所属政党が異なる場合には、大統領がさまざまな政策を提案しても議会の反発に合うため実現の見込みがなくなり、政治は一気に停滞してしまいます。それに比べて、議院内閣制の場合に内閣は議会多数派を構成する政党から選ばれ、支持を受けるため政策を実現することは容易になります。また、政府は解散権、議会は不信任決議を切り札としてチラつかせることで、政府と議会が激しい対立に陥ることを避けることができます。

　以上のことをふまえると、根本的な制度を変えれば政治の停滞がただちに解消され、「決められる政治」になるわけではないことがわかるのではないでしょうか。それよりも既存の制度をきちんと機能させられるように、国民一人ひとりが政治に関心をもち、投票行動に移すことが、政治をより良くすることにとってなによりも大切になってきます。そのために私たちは何ができるのか、みなさんじっくり考えてみてください。

用語解説

*9　首相公選制
　首相公選論が最初に登場したのはポツダム宣言の内容を実現するために設けられた憲法問題調査委員会のなかでの提案でした。その後、1960年代はじめに政府が改憲に関する検討を行う際に中曾根康弘（後に首相）が提案して注目を集めました。首相が党内の派閥の影響を受けることなく指導力を発揮するために必要であるという時代状況にもとづく議論でした。

○×問題

① 内閣総理大臣は、任意に国務大臣を任命することができるが、国務大臣を罷免しようとする場合には、閣議にかけてこれを罷免しなければならない。　□

② 内閣は、総辞職の後、新たに内閣総理大臣が任命されるまで引き続き職務を行う。　□

第 **6** 章　裁判と裁判所

1　裁判員制度ってよく聞くけど──裁判所と裁判員制度

◆**CASE**◆　もしもあなたが裁判員候補者に選ばれたら？

　「このたび、あなたは、抽選の結果に基づいて、当裁判所の裁判員候補者名簿に記載されましたので、お知らせいたします」。

　○○大学教育学部３年生のH君は、裁判所から送られてきた通知を片手にただただ困惑していました。裁判員制度というものがあることは知っていましたが、よりによって自分宛てに通知が届くとは、今この瞬間まで思ってもみなかったからです。弱冠20歳の自分が裁判員という役割を務めることに対して少なからず不安もあります。自分のことはそれなりに常識人だと思っていますが、生まれてこのかた法律の勉強といえば運転免許試験以来したことがありません。しかも、都合の悪いことに裁判員として審理に参加する日程が、大学の試験期間と重なっていました。H君は裁判員を辞退するべきでしょうか。

2009年より裁判員制度がスタートしてるね

1　「裁判」は身近なもの？

　「裁判」と聞くと、みなさんはどんなことを思い浮かべますか。たとえば、ニュースサイトやテレビで日々報道されるさまざまな刑事事件について想起したり、恋人とのけんか、友人とのお金の貸し借りをめぐる諍いなどといった身近な争いごとを思い出したりするかもしれません。そんな具体的なことは頭に浮かばなかったという人でも、法廷を舞台とするゲーム「逆転裁判」が人気を博してシリーズ化されたり、木村拓哉主演の「HERO」のように、弁護士や検察官など法曹（法律実務に従事する人）を主人公とするドラマがヒットしたりしたことで、娯楽を通じて「裁判」に触れたことがあるという人もそれなりにいるでしょう。

　とはいえ、裁判は、社会でも特に専門性の高い領域のひとつです。そこでここでは、裁判に少しでもなじんでもらうべく、裁判の役割や種類について説明をし、そのうえで裁判員制度の意義や課題に触れていきます。

② 裁判ってどんなもの？

(1) 裁判の役割

　けんかや金銭トラブルの例を待つまでもなく、社会にはさまざまなもめごと（**紛争**）が存在します。もめごとを解決しようとする場合、まずは、もめている当事者の間で話し合いをして、もめごとの原因を解消するべく努力する必要があります。なぜなら、**私法**をつらぬく**私的自治の原則**が、私人間における法律関係の帰結を当事者の自主的な意思決定にゆだねるべきとしているからです。もっとも、お互いの主張が大きく食い違っていたり、相手の要求が受け入れられなかったりすると、当事者同士では解決の糸口がつかめなくなります。そのような場合には、中立の立場にある第三者が、当事者の主張を整理し、法を適用することによって、あるべき結論を導き出さなければなりません。

　一方で、もめごとを解決せずに放置することが、犯罪のきっかけになってしまうこともあります。たとえば人から借りた物を返さずに強引に自分のものにするとか（ジャイアニズム！）、貸したものを返してくれないからといって暴力を用いるのは犯罪になります。現代社会では、個人が暴力を利用してもめごとを解決しようとすることは許されていません。したがって、社会の秩序を守るべく第三者が犯罪行為の事実を認定し、刑罰を宣言することになります。まとめると、裁判の役割とは、社会におけるもめごとや犯罪に対して、法を適用することによってしかるべき裁定を下すもの、ということになります。

(2) 裁判の種類

　一般に「裁判」と一言でくくることが多いですが、実際には裁判の目的に応じた３種類の裁判が存在します。

　(a) 民事裁判　　個人の間のもめごとから、会社や組織などを交えた大規模な利害の対立まで、およそ人間社会で起きるさまざまな利益の衝突（民事紛争）に対して調整を試み、解決しようとするための裁判を**民事裁判**（**民事訴訟**）とよびます。民事裁判は、私的自治の原則にもとづいて、市民（訴える側）と市民（訴えられる側）の対決という構図をとります。さらに、裁判でどういった利益を求めて争うか、どのタイミングで裁判を終えるかなどの点については、当事者の自主自律的な判断にゆだねられます。民事裁判においては、裁判官は公正かつ中立な立場において判定を行う第三者であり、裁判の主体はあくまでも当事者である市民なのです。

　民事裁判は、みずからの利益のために裁判を利用したい市民の申し出（訴え）によって開始されます。市民の立場は、夫婦の一方であるとか、会社や組合であるなど、ケースによってさまざまです。したがって、訴えの趣旨もまた、ケースごとに多種多様なものとなります。訴えの例としては、お金を貸した相手に返済

の要求をしたり、騒音を止めるよう要求したりする**給付の訴え**[*1]、借金の支払義務が存在しないことを認めさせたり、ある土地の所有権が自分にあることを承認させたりする**確認の訴え**、夫婦が離婚したことを法的に宣言したり、株主総会での決議の取消しを求めたりする**形成の訴え**などがあります。

　民事裁判の最終的な結論は、国家が権力をもって宣言する結論（**確定判決**）なので、当事者には履行義務や婚姻関係の解消など一定の効力が発生します（**判決効**）。

---

mini コラム

「裁判外」の紛争解決手段とは？

　民事裁判は、民事紛争を解決する唯一絶対の手段というわけではありません。そもそも紛争の当事者にとって、裁判は時間的にも経済的にも負担を強いられるものであり、少額訴訟（60万円以下の金銭の支払いを求める訴訟）のような事件で裁判を利用するのは割に合うものとはいえません。一方、判決を下す裁判官にとっても、すべての紛争が裁判による解決を要するということになれば、裁判機関としての許容能力を超えてしまい、適切な判断を下しにくくなるということも考えられます。したがって、民事紛争では、裁判外における当事者同士の合意にもとづいた解決が優先されます。いうなれば、民事裁判は、私人間の紛争を解決するための最終的な手段なのです。

　裁判によらない紛争解決の手段として法的に認められているものには、「**和解**」や「**調停**」、「**仲裁**」といったものがあります。交通事故を起こしてしまったときに、事故の相手方と損害の補償について取りきめをする「示談」も「和解」の一種ということができます。

　(b)　**刑事裁判**　ある行為に対して、それが犯罪行為であるかどうか、誰による行為か、また犯罪行為であるとすれば、どれだけの刑罰を科すべきかについて判断する裁判を**刑事裁判**（**刑事訴訟**）といいます。私的自治の原則に貫かれた民事裁判とは異なり、ことが犯罪の認定および刑罰の決定であるだけに、刑事裁判に対する国家の関心は高く、かかわり方も法にもとづき徹底したものとなります。

　刑事裁判の目的は、犯罪を犯したものに刑罰を科すことです[*2]。刑罰を科し、これを執行することは、国家にのみ認められた権限（**国家の刑罰権**）であり、被害者が自力で行ってよいものではありません。また、刑罰は罰金刑のように財産をはく奪するものから、懲役刑のように自由をはく奪するものまでさまざまですが、本質的に人権侵害的な要素を含みます。このため、捜査の段階から裁判の実施、刑罰の執行に至るまでの一連の刑事手続では、誤った作用による人権侵害が発生しないよう、法の定めに従った手続の進行が重視されます（憲法31条「法の適正手続」）[*3]。確かな証拠がないにもかかわらず、逮捕して刑罰を科すようなことになれば、取り返しのつかない結果になることを、私たちも意識しておく必要があります[*4]。

　(c)　**行政裁判**　国や地方公共団体などの行政機関による行為（**行政処分**）について、処分の対象となった市民が、その処分の適法性をめぐって取消しや変更

ポイント

[*1]　給付の訴えは民事裁判のなかで最も件数が豊富で種類も多い類型です。例としてあげたもの以外でも、謝罪広告の請求や、建物収去（取り壊し）の請求など一定の作為を求めるものや、出版差止めのような不作為を求めるものも含まれます。

ポイント

[*2]　刑罰は犯罪行為に対する罰（報い）という側面がありますが、刑罰自体の目的は犯罪者に報いを受けさせるのではなく、犯罪の予防や、犯罪者が再び罪を犯さないよう教育するといった意味があります。

[*3]　詳しくは、第3章4（p.68）を参照。

ポイント

[*4]　戦前の日本では、証拠もなく国民を逮捕して拷問にかけるような事例が横行したとされます（横浜事件）（⇒第3章4）。一方で、刑事手続の適正化が進んだ戦後になっても、冤罪による死刑判決が複数生まれている事実は忘れてはならないものです（袴田事件など）。

などを求める裁判のことを**行政裁判（行政訴訟）**といいます。

　行政裁判のきっかけとなる処分には、公益事業のための土地の収用や所得税の課税、身近なところでは自動車運転免許の付与取消などさまざまなものがあります。福祉国家化が進み、行政の機能が重要視される現代社会では、行政機関の活動は広い範囲で必要とされており、それだけ市民の生活に密着したものとなっています。そのような観点からみると、行政裁判は、行政機関による法の執行が適切に行われているかどうかを市民の目で（司法を通じて）監視するという役割を担っているといえるでしょう。

　「市民の目による監視」という意味で重要な行政裁判のひとつに、「**客観訴訟**」という裁判の形態があります。処分の取消しや差止めのように、処分対象となる市民の権利や利益の保護を目的とする「**主観訴訟**」とは異なり、法秩序の維持そのものを客観的に保障するための裁判です。自分のために行う裁判ではなく、社会のためにみんなで行う裁判といったほうがわかりやすいでしょうか。客観訴訟は、主観訴訟と比べると数も種類も少なく一般的とはいえませんが、投票価値の平等を争う「選挙無効訴訟」や、公的機関同士の権限紛争の裁定など重要なものがあります。

表6-1　裁判の3つの種類

種類	内容	例
民事裁判	さまざまな民事上の紛争を解決するための裁判	金銭返還、婚姻関係の解消など
刑事裁判	犯罪事実の認定・量刑などを決める裁判	傷害、窃盗など
行政裁判	国や地方公共団体による処分に対する裁判	土地の収用、課税など

③　裁判はどこで行われる？──裁判所の仕組み

　日本には全国津々浦々に裁判所がありますが、どこで裁判をしてもよいというわけではありません。すべての裁判所は、憲法上で、三権のひとつである**司法権**[*5]を担う司法機関として構成されています。そして、それぞれの裁判所には、担当する事件の種類や場所に応じた**管轄**が存在します。つまり、ある事件を審理するのがどの裁判所かについては、法律の定めによるわけです。

（1）　裁判所の組織

　現行憲法のもとで司法権を担う司法機関は、**最高裁判所**と**下級裁判所**の2つの系列に大別されます（憲法76条1項）。

　最高裁判所は、憲法によって直接設置されている最高にして**終審の裁判所**であり（憲法81条）、1人の長官と14人の裁判官の合計15人で構成されます。通常、最高裁判所が受理した事件は3人以上の裁判官が参加する**小法廷**で審理されますが、憲法問題を含むような重要な事件に関しては、裁判官全員が参加する**大法廷**

*5　詳しくは、第6章2（p.151〜）を参照。

🕊 **憲法76条**
1項　すべて司法権は、最高裁判所及び法律の定めるところにより設置する下級裁判所に属する。

で審理します。

　下級裁判所は、法律によって設置され、最高裁判所とは審級関係において下位に位置づけられる各裁判所を指します。裁判所の組織に関する基本法は裁判所法であり、これによれば現在、最高裁判所のもとに下級裁判所として**高等裁判所、地方裁判所・家庭裁判所、簡易裁判所**という４種類の裁判所が設けられています。このうち、地方裁判所と家庭裁判所は同列に位置づけられているため、通常の司法裁判所としては、最高裁判所以下４審級・５種類の裁判所が設置されていることになります。各裁判所は、最高裁判所を頂点として審級が定められていますが、それぞれの裁判所は独立して裁判を行い、上位の裁判所と下位の裁判所の間に裁判内容に関する指揮監督関係は存在しません。

(2)　三　審　制

　裁判組織として事件を最初に審理する第一審裁判所となるのは、地方裁判所、家庭裁判所、簡易裁判所の３つです。家庭裁判所は離婚や相続問題など、家族関係における紛争を管轄する第一審裁判所であり、簡易裁判所は少額訴訟や軽い罪の刑事事件を管轄する第一審裁判所となります。地方裁判所はそれ以外の通常の事件を管轄します。裁判の当事者は、第一審の判決に不服がある場合、より上級の裁判所へと不服申立てすることができます。これを控訴といいます。通常、控訴裁判所となるのは高等裁判所ですが、簡易裁判所からの控訴は地方裁判所が受理する場合もあります。控訴審の判決に不服がある場合は、さらに上位の裁判所へと上告することが認められています。このように、第一審から控訴、上告まで、三度の上訴が原則として認められていることを**三審制**といいます。諸外国の裁判制度もまた、裁判所の構成が三層ないし四層の構成をとっている場合が多く、形の上では三審制を採用している国が大半だといえます。

(3)　特別裁判所の設置の禁止

　憲法上、「最高裁判所」と「下級裁判所」という２つの系列から独立した**特別裁判所**は設置することが禁止されます（憲法76条２項）。特別裁判所の例としては、

★ポイント★
＊6　例外的に、第一審の後に控訴を経ずに直接上告することがあります。これは、刑事裁判の場合は跳躍上告と呼ばれ、民事裁判および行政裁判では飛越上告あるいは飛躍上告と呼ばれます。

憲法76条
２項　特別裁判所は、これを設置することができない。行政機関は、終審として裁判を行ふことができない。

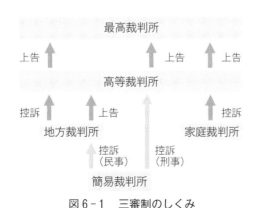

図6-1　三審制のしくみ

軍事裁判所（**軍法会議**）や行政裁判所などが該当するとされます。特別裁判所は、司法権の枠組みから外れた裁判機関において、特殊な立場の第三者による特定の事件の審理がなされることが法の統一的解釈をそこない、権力の濫用や人権侵害を生むおそれがあるとして問題視されています。しかし、逆にいうと司法裁判所の系列に位置づけたり、通常の司法裁判の前審として位置づけたりすることで憲法上許容される面もあります。そのような例として、東京高等裁判所の支部として知的財産に関する事件を専門に取り扱う知的財産高等裁判所や、行政処分に対する審査請求や異議申し立てに対して行政機関が行う裁定などがあげられます。

④ 市民と裁判とのつながり

(1) 市民にとっての「裁判を受ける権利」

　すでに述べたように、私たちの多くは「裁判」に直接かかわることなく日常生活を送っています。その限りでは、一般の市民にとって裁判はそもそも縁遠いもののように思われるかもしれません。しかし、ひとたび紛争や犯罪の当事者となったとき、「裁判」という手続が選択肢として存在することは、市民にとって非常に重要なことだといえます。

　たとえば、みなさんが行政機関を含む他の誰かとの間で紛争に巻き込まれ、自身の権利や利益を不当に侵害されるような事態に遭遇したとします。このとき、中立な立場にある裁判所に判断を求めることができるということは、他者による不当な侵害から救済されるチャンスがあることを意味します。

　また、犯罪の当事者（**被疑者**[7]）となった場合には、それがどのような経緯による事件であれ、公正な立場にある裁判所の審理を経ずに処罰されることはないということが、当事者の自由や財産といった人権を実質的に担保します。

　このようにしてみると、市民にとって「裁判」は、基本的人権の保障を実現するうえで不可欠なものであり、行政機関による不当な権力の行使を防ぐ意味でも欠かせないものだということができます。憲法は、32条において「何人も、裁判所において裁判を受ける権利を奪はれない」と規定することで、市民にとっての**「裁判を受ける権利」**を保障しているのです。

(2) 裁判へのかかわり方

　もっとも、憲法が「裁判を受ける権利」を保障し、それにもとづいた裁判制度が設けられていればそれで十分というわけではありません。当然ながら、裁判は公正で中立であることが保障されていなければ意味がありません。この点で憲法82条1項は**「裁判の公開」**を規定しており[8]、市民に対して開かれた裁判を実現しようとします。市民が裁判を**傍聴**することで、間接的に裁判の公正さが確保されることを想定しているのです。

📝用語解説

＊7　被疑者
　犯罪の疑いをもたれた人は、刑事訴訟法上にもとづいて「被疑者」とよばれます。被疑者となった人は、裁判に向けて起訴されると「被告人」となります。ドラマなどでよく耳にする「容疑者」という言葉は被疑者とほぼ同じ意味ですが、法律用語ではありません。

🔍★ポイント★

＊8　刑事裁判については、憲法37条1項が被告人に対して公開裁判を受ける権利を保障しています。

　また、裁判は法律にもとづく高度に専門的な国家作用なので、裁判を行う「裁判官」が素人ではなく法の専門家であることも重要です。もっとも、この点については、一部の司法エリート（裁判官）が司法権を濫用する「司法の暴走」につながらないように、市民の目でチェックをするという考え方があります。憲法79条2項は、最高裁判所の裁判官に対する**国民審査制度**を設けており、裁判官の選任過程に選挙の要素を組み込むことで、司法の「**民主的コントロール**」を実現しようとしています。

　さらに、判決までのプロセスに一般市民が直接参加することで「市民の感覚」という意味での公正さを確保しようという考え方もあります。2009年5月からスタートした裁判員制度は、市民が直接裁判にかかわることを可能にしました。このことが、いかにして「公正かつ中立な裁判制度」を実現することにつながるのかという問題を考えるため、以下では裁判員制度について概観していきます。

5 裁判員制度っていうけれど

(1) 裁判員制度の趣旨はなんだろう？

　2001年に公表された司法制度改革審議会意見書は、司法が求められる役割を十二分に果たすためには、国民の広い支持と理解が必要だと述べています。そしてそのために、司法は国民にとって「見えやすく、分かりやすく、頼りがいのあるもの」であるべきだと続けます。つまり、国民が裁判にかかわることで司法に「強固な国民的基盤」を加えることができ、司法の本来の役割をよりいっそう適切に果たすことができると想定しているわけです。これを受けて、裁判員法[*9]1条は、裁判員制度の目的を「司法に対する国民の理解の増進とその信頼の向上」と規定しました。

*9　正式名称は、「裁判員の参加する刑事裁判に関する法律」です。

　国民が裁判にかかわることの意義については、裁判所自身も前向きに評価しているといえます。2011年の最高裁判決[*10]で、最高裁判所は「法曹のみによって実現される高度の専門性は、時に国民の理解を困難にし、その感覚から乖離（かいり）したものにもなりかねない」として、「国民の視点や感覚と法曹の専門性とが常に交流することによって」実現される裁判には大きな意義があると述べています。

*10　最大判平成23年11月16日。

(2) 裁判員制度の概要はどうなっているの？

　(a) **どんな事件を審理するのか？**　現時点で裁判員という形で国民が参加する裁判は「**地方裁判所で行われる刑事裁判**」のみとなっています。ただし、すべての刑事事件が対象となるわけではありません。死刑が求刑されるような事件を含む、比較的重大な犯罪が裁判員裁判の対象となります。裁判員裁判の対象となる事件は年間約1,500件前後であり、刑事事件全体でみると2％ほどです。

　(b) **誰が裁判員として選ばれるのか？**　裁判員に選ばれるのは、**20歳以上の**

有権者です。毎年、地方裁判所管内の有権者のなかからランダムに選出した候補者の名簿が作成されます。この時点で候補者には選出の通知が送付され、辞退するかどうかの確認が行われます。実際に裁判にかかわる裁判員は、事件ごとに名簿からくじで選ばれることになります。最高裁判所が公表している資料によれば、2019（令和元）年度に裁判員候補者として名簿に登録された人は23万3,300人であり、これは有権者453人に1人の割合です。また、実際に裁判員として選定された人は約11万8,000人ですので、だいたい有権者900人のうち1人が裁判員を務めた計算になります。

(c) 裁判員がかかわる裁判の手続はどのように進められる？[11]　裁判員裁判では、3人の裁判官と6人の裁判員が評議によって事件を審理します。一般の人が裁判員として参加するので、事件の審理においては迅速な進行が求められます。審理にあてる日数を短縮するために、裁判員が参加する第1回公判前に、裁判官、検察官、弁護士が平均で8か月ほどの時間をかけて事件をわかりやすく整理します（**公判前整理手続**）。

公判日の約6〜8週間前になると、事件を担当する裁判員の候補者が選ばれ、公判日に裁判所によばれます。そこで選任手続を行い、実際に審理を行う6人の裁判員（と補充裁判員）が決定されます。裁判員に選ばれた人は、そのまま公判審理に臨むことになります。

公判審理は、被告人の確認や起訴状の朗読などといった冒頭手続から開始されます。その後、検察側と弁護側がそれぞれ証拠を提出しながら事実認定を進めていきます。裁判員にとっては、提出された証拠（証言）の信用性などを判断する重要なプロセスといえます。事実認定が終わると、双方の主張による弁論手続が行われ、最後の評議へと移ります。この間は大体2日、長くとも3〜4日ほどであり、連日で手続が進められます。

(d) 裁判員の任務は？　裁判員は、公判審理に積極的にかかわることができます。自分自身の価値観にもとづいて、何かの判断に必要だと思えば被告人や証人に質問することも可能です。時には公判前整理でも出てこなかったポイントを突くような質問が裁判員から出されることもあるそうで、まさに市民の感覚を活かした裁判の面目躍如といえます。

裁判員の権限は、①犯罪事実などの認定、②認定した事実の法律へのあてはめ、③有罪の場合における量刑の決定という3点について認められています。適用すべき法律の決定など法解釈については裁判官が行います。評議のなかでは、裁判員の判断は裁判官と同じ重みをもつとされ、評議の結果が一致しない場合は裁判官と裁判員の多数決によって結論を導きます。

(e) 裁判員の身分保障や報酬はどうなっている？　裁判内容に不当な圧力がかけられることを防ぐため、裁判員の身分は法律の保護を受けます。裁判員ある

*11　法務省や最高裁判所は、裁判員制度への国民の理解を深める目的で映画やアニメを作成しており、それらは図書館で視聴できるほか、国のウェブサイトや YouTube などで閲覧することもできます。筆者は酒井法子さん主演の「審理」（最高裁判所）や、西村雅彦さん主演の「裁判員制度——もしもあなたが選ばれたら」（法務省）を見ましたが、どちらもドラマ仕立てで説明くさい部分もなくおもしろいと思える作品でした。

いはその候補者の個人情報は公表されません（裁判員法101条）。また、判決前に裁判員候補者に対して接触したり、判決後に事件に関する秘密を知る目的で裁判員に接触したりすることは誰であっても許されません（裁判員法102条）。一方で、裁判員自身にも守秘義務が法定されています（裁判員法70条）。

　裁判員には、報酬として日当と交通費が支給されるほか、裁判員としての職務を果たすために自宅以外に宿泊する必要がある場合には、宿泊料も支給されることになっています。また、裁判員を務める間は「公務」とみなされ、雇用先などからの不利益取扱いから保護されています（労働基準法7条）。

　(f)　裁判員は辞退できる？　　裁判員の選任に際し、いくつかの欠格事由[*12]（裁判員法14条）、裁判員としての就職禁止事由（裁判員法15条）、辞退事由[*13]（裁判員法16条）が定められています。一方で、公務としての色彩の強さゆえに、辞退の自由はある程度制限されています。要するに、気が乗らないとか、ただ忙しいといった理由で辞退することはできないとされます。

(3)　裁判員制度の課題

　(a)　裁判員裁判の運用には課題がたっぷり？　　裁判員制度が導入されて7年が経過した今、制度の運用をめぐって多くの課題が浮き彫りにされてきています。たとえば、公判前整理期間が長く、実務家にとって負担になっているという意見や、「殺意」などの一般市民にとって理解しにくい「難解概念」の扱い、さらには裁判員の負担を気遣うあまりに争点や証拠物の過度な整理・制限が横行し、真相の究明という刑事司法の本分と矛盾しているのではないかといった指摘もあります。一方、裁判員にとって深刻な問題といえるのが、2016年5月に起きた暴力団員による裁判員への「声かけ」事件です[*14]。裁判員個人を脅迫することは、裁判員裁判の意義を脅かし、ひいては公正な裁判の実現を妨げる卑劣な行為といえます。

　量刑に関しては、裁判員裁判による判決を上級裁判所が破棄する事例がしばしばみられます[*15]。刑罰としての死刑が認められている日本では、裁判員の量刑判断はきわめて重大な人権侵害につながる可能性をもっています。2014年に裁判員経験者20人が法務省に対して「死刑執行停止要請」を提出しましたが、裁判員の精神的な負担は想像に難くありません。量刑判断を含む裁判員制度を導入する以上、量刑の是非、さらには死刑制度の是非について、国民に対して開かれた議論を行う必要があるのではないでしょうか。

　(b)　裁判員裁判は「裁判」の本分を守れているか？　　裁判員制度については、これまで違憲の疑いも何度か取りざたされてきました。それらの多くは、裁判員制度を作る過程で裁判員が裁判にかかわることの意味や目的が明確にならなかったことが原因といえます。市民が裁判にかかわることを優先するあまり、裁判の手続自体がおろそかになってしまっては本末転倒でしかありません。裁判員裁判

★ポイント★

*12　欠格事由は、①義務教育未終了者、②禁錮以上の刑に処せられた者、③心身に支障があり、裁判員の職務の遂行に問題のある者。

★ポイント★

*13　辞退事由は、①70歳以上、②学生、③やむを得ない理由（重い病気、裁判所から遠方に居住、妊娠中、産前・産後、その他どうしても自分でなければならない用事など）。

*14　朝日新聞夕刊、2016年5月30日「組幹部知人か、裁判員に声かけ　工藤会系事件、複数に『よろしく』」。

判例

*15　寝屋川幼児虐待死事件（最判平成26年7月24日）

　この事件では、検察の求刑（懲役10年）よりも重い懲役15年の判決を行った第一審（裁判員裁判）の判断に対して、最高裁判所は、過去の裁判の量刑傾向よりも重い判決を下す根拠が不明であり、他の裁判結果との公平性を保つべきだと述べて、判決を破棄しました。

★ポイント★

*16 当初審議会は、国民の中から選ばれた裁判官が司法過程へと主体的に参加することで確保される「民主的正当性」を司法制度改革の軸と位置づけていました。司法に対する「民主的正当性」とは、限られた司法エリートである裁判官の裁判に対する強烈なアンチテーゼ（対立命題）を含みます。つまり、審議会のいう「強固な国民的基盤」とは、司法に対する「国民の理解の増進とその信頼の向上」を目的とする現行裁判員法の目的よりも、現在の司法制度への批判的視点がより強くあらわれた表現だといえます。

*17 アレキサンダー・ポープ『髪の掠奪―五詩篇』（岩崎泰男訳、同志社大学出版部、1973年）より。

の目的である「国民の理解の増進とその信頼の向上」は、司法制度改革審議会意見書にいう「強固な国民的基盤[*16]」の言い換えと見ることもできますが、これはけっして国民に気を遣いながら裁判結果を支持してもらうことを意味しません。むしろ、伝統的に形成されてきた法の統一的解釈に可能な限りのっとりながら、公正な裁判を実施していくことで獲得される「司法への信頼＝民主的正当性」であると考えます。そうであるならば、裁判官も裁判員も、検察官も弁護士も、司法を担う責任をしっかりと自覚して、「裁判」の本分をまっとうすることこそが、あるべき裁判制度を実現することにつながるのではないでしょうか。

「空腹の裁判官は判決にすぐサインをする。かくて哀れな被告人は絞首刑に処され、陪審員は食事にありつける[*17]」というようなことにならないよう、私たち市民には、裁判とのかかわりのなかで裁判の本質と役割を守ることが求められているといえそうです。

6 H君の決断

　冒頭のCASEに戻ってH君の今後の決断を想像してみましょう。そもそも裁判員を辞退することが可能かどうかという点では、学生であるH君は裁判員を辞退することができます（裁判員法16条3号）。参加する場合は、法律についてほとんど知らないというH君なりの心配事は気にするようなことではありません。常識人だという彼の自負に従って、思うように判断し行動することこそ裁判員としての望ましいあり方だといえます。

　問題は、大学の試験期間と重なっているという点です。労働者であれば、裁判員として勤務する期間の権利は法律で保障されています。しかし、学生に関しては学業が優先ということで、裁判員として裁判に参加した期間の出欠などの取扱いは学校次第となります。H君の通う○○大学が、裁判員制度への参加による欠席を「公認欠席」として扱ってくれるかどうか、また、大学の教員が、H君の欠席した試験の代替手段を用意してくれるかどうかによります。なによりもまず、H君は大学にこれらのことを尋ねてみるべきかもしれません。

○×問題

① 日本の裁判制度は三審制を採用しており、第三審は常に最高裁判所で行われる。

② 裁判員制度は、司法手続に市民の感覚を取り入れるべく導入されたもので、裁判員は被告人が有罪か無罪かだけを判断すればよい。

2 なんでも白黒ハッキリつけられる？──司法権の独立と限界

◆**CASE**◆　クシャミをすると修行失敗？

　ある宗教団体 A の教義では、無言の修行（「3,000日間無言をつらぬくべし」）を達成した信者に対して「聖者」の称号を与えるとされていました。無言の修行に挑んでいた信者 B は、2,999日目の深夜11時59分に「ハックション」とクシャミをしました。これを見ていた教団の幹部たちは、「ハックション」というのが教義上の「無言」に反するとして、信者 B に修行が失敗に終わったことと、「聖者」の称号を与えないことを通告しました。

　それに対して信者 B は、教義上禁止されているのは、みずからの意思を伝える言葉を発することであり、何の意味もない「ハックション」という言葉が口から出たとしても教義には反していないとして、修行の達成を認め「聖者」の称号を与えるように教団に求めました。しかし、教団側がこれに応じなかったため、信者 B は修行達成と「聖者」の称号の確認を求めて裁判所に提訴しました。さて、裁判所はこのケースを裁判できるでしょうか。

裁判官はどこまで判断できるかな？

1 公正な裁判を求めて──司法権の独立

　これまでに、裁判の本分として「公正な審理」があると説明しました[*1]。では、裁判官があからさまに不公平な判断をしたらどうでしょうか。裁判に対する信頼は地に落ちてしまいます。なので、公平な裁判を実現するためのシステムを作っておくことは、司法権の信頼がかかった一大事です。

　そこで憲法では、公平な裁判を実現するために、裁判を国会や内閣のような他の国家機関から独立させ、裁判官がみずからの良心と法に従って独立して裁判することができるようにしています。これがいわゆる**司法権の独立**です。

(1) 裁判所の独立

　司法権の独立は、2つの要素から成り立っています。まず1つめは、裁判が立法機関や行政機関から独立して行われるべきとする、**裁判所の独立**です。これを実現するために有効な手段は、裁判所が「自分たちのことは自分たちで決める」ことができるように制度を設計し、裁判所の自律性を確保することです。

　そこで大事なのは、裁判官の採用です。国会や内閣が自分たちに都合のよい裁判官だけを採用、もしくは都合の悪い裁判官を排除することが可能になると、司法権の独立は困難です。そのため憲法80条1項は、最高裁判所に内閣が任命する下級裁判所裁判官の名簿作成権を認めています。また、裁判官を懲戒処分する必要がある場合でも、行政機関が処分することは禁じられています（憲法78条）。

　さらに、裁判所の運営に関するルール作りを裁判所みずからが行うことができ

*1　第6章1（p.141～）を参照。

ることも、司法権の独立性を確保するために大事です。そのため憲法は、裁判所内部の規律および事務処理に関するルールや、訴訟に関する手続や弁護士に関する規則を制定する権限を、最高裁判所に与えています（憲法77条1項）。また、憲法上明記されているわけではありませんが、下級裁判所裁判官の指名権や規則制定権から、最高裁には司法行政を監督する権限が憲法上認められていると考えられています。

(2) 裁判官の独立

公平な裁判を実現するためには、裁判所の独立を確保したうえで、個々の裁判官への介入を防ぐ必要もあります。そこで、憲法76条3項は、裁判官がみずからの自律的な判断にもとづいて裁判を行い、他の誰にも、どんな機関にも拘束されることのない職権の独立を保障しています[*2]。

裁判官に職権の独立を保障したとしても、裁判官としての良心に従って国会や内閣にとって都合の悪い判決を下した裁判官がクビにされたり、懲戒されたり、給料が減らされたりしてしまったら、司法権の独立を実現するのは困難です。そこで憲法には裁判官の身分を保障する規定も置かれています[*3]。

(3) 司法権の独立が問われた事件

司法権の独立が問われた事件は、以下でみる**大津事件**や**平賀書簡事件**をはじめとして、参議院が国政調査権を行使して裁判所の判決を批判した**浦和（充子）事件**などいくつもあります。ここでは、有名な大津事件と平賀書簡事件を紹介します。

(a) 大津事件　1891年5月、滋賀県の大津に滞在中のロシア皇太子ニコライ・アレクサンドロビッチ（後の皇帝ニコライ2世）が、警備にあたっていた津田三蔵巡査に切りつけられて負傷しました。憲法を備えた近代国家として産声を上げたばかりの日本にとって、大国ロシアを敵にまわしかねないこの事件は政治的に大問題でした。ロシアからの報復をおそれた当時の松方正義内閣は、天皇や皇族に対して危害を加えた場合に適用される大逆罪を使って、津田巡査を死刑にするように裁判所に申し入れを行います[*4]。しかし、津田巡査が切りつけたのは天皇や皇族ではなくロシアの皇太子です。なので、罪刑法定主義の観点から、津田巡査に大逆罪を適用するのは無理な話です。法的にいえば、津田巡査に対しては殺人未遂罪を適用すべきです。

当時の大審院長（当時の終審裁判所の長）であった児島惟謙は、内閣の申し入れが司法権の独立の侵害であるとして内閣を批判し、津田巡査には殺人未遂罪が適用されるべきだと主張します。そして実際に大津事件の担当裁判官と面談し、みずからの主張を述べます。最終的には児島の主張どおり、津田巡査には殺人未遂罪が適用されて、無期懲役となりました。児島は、内閣による介入から**裁判所の独立**を守ったということで「護法の神」と高く評価されることになります。

(b) 平賀書簡事件　時は現代に近づいて、いわゆる長沼ナイキ基地訴訟の札

憲法76条
3項　すべて裁判官は、その良心に従ひ独立してその職権を行ひ、この憲法及び法律にのみ拘束される。

★ポイント★
*2　憲法76条3項における「良心」とは、憲法19条のいう個人の主観的な良心ではなく、あくまでも裁判官としての客観的な良心であると考えられています。裁判官の主観的な良心を広く認めすぎると、法の支配が崩れてしまう危険性があるからです。

★ポイント★
*3　憲法78条は、裁判官が「公の弾劾によらなければ罷免されない」と規定しています。つまり、国民の目の届かないところで裁判官を罷免することはできません。また、裁判官が定期的に相当額の報酬を受けることや、報酬の減額を禁じた規定もあります（憲法79条6項・80条2項）。

*4　旧刑法116条「天皇三后皇太子ニ対シ危害ヲ加ヘ又ハ加ヘントシタル者ハ死刑ニ処ス。」

*5　詳しくは、第7章1（p.167）を参照。

幌地方裁判所判決が下されます。この判決が出される前の係争中の段階で、この訴訟を担当していない平賀健太札幌地方裁判所所長が担当裁判長である福島重雄裁判官に手紙を送りました。この手紙には「貴兄の…先輩のアドバイスとしてこのやうな考え方も有り得る」という断りをいれながら、「裁判所も農林大臣の裁量によるこの判断を尊重すべきものである」と書かれていました。すなわち、国側の判断を尊重して住民側の申し立てを却下するのが妥当であるとの「アドバイス」が書かれていたのです。

　福島裁判官は、この手紙が裁判官の独立を侵害するものであるとして、手紙の公表に踏み切りました。すると当時のメディアでも裁判官の独立が侵されたとしてこの問題が大きく取りあげられます。その結果、最高裁は、憲法80条の司法監督権にもとづいて、平賀所長を注意処分として東京高等裁判所への転出を決定しました。たとえ親切心であったとしても、所長という立場にある先輩裁判官からのアドバイスは、裁判官の独立との間で問題になります。ちなみに、先ほど裁判所の独立を守った事例として紹介した大津事件ですが、こちらでは児島が担当裁判官にみずからの意見を伝えています。そう考えると、大津事件における児島の行動は、裁判官の独立との関係では問題があったといえるでしょう。

② 司法権の担い手としての裁判所

　憲法76条1項は、「すべて司法権」を最高裁判所と下級裁判所に属させています。ここでいう司法権というのは「具体的な争訟について、法を適用し、宣言することによって、これを裁定する」権力のことだと理解されています。

　裁判所の構成などを定めている裁判所法では、裁判所の権限として「一切の法律上の争訟を裁判」することを規定しています。[*6]「法律上の争訟」に該当するためには、①**事件性の要件**と、②**終局性の要件**という2つの要件を満たす必要があると考えられています。[*7]

　事件性の要件というのは、紛争の当事者の間で具体的な権利や義務、法律関係の存否に関する紛争であることです。そしてもう一方の、終局性の要件とは、法を適用することによって最終的に紛争が解決できることです。

③ 司法権の限界

　テレビのチャンネル争いからお金の貸し借りに関する争いにいたるまで、世の中にはさまざまな紛争があります。こういった紛争に巻き込まれたとき、公平な第三者の判断をあおぐのはひとつの有効な解決方法です。そして、裁判はその方法のひとつです。もっとも、実は裁判所が扱うことのできる紛争には一定の限界

🕊 **憲法76条**
1項 すべて司法権は、最高裁判所及び法律の定めるところにより設置する下級裁判所に属する。

*6 裁判所法3条
1項 「裁判所は、日本国憲法に特別の定のある場合を除いて一切の法律上の争訟を裁判し、その他法律において特に定める権限を有する。」

⚖ **判 例**

*7 板まんだら事件（最判昭和56年4月7日）。
　ある宗教団体が「板まんだら」を安置する本堂を建立するための寄付を募り、当時その信者であった原告たちは寄付に応じます。そして後に、その「板まんだら」が偽物であるとして、原告たちが教団に対して寄付金の返還を求めて訴訟を提起した事件。

があります。裁判所は世の中のすべての紛争について判断することができるわけではありません。

(1) 「法律上の争訟」に該当しない紛争

先ほど紛争を裁判所が裁判をするには、法律上の争訟要件を満たす必要があると説明しました。つまり、事件性の要件と終局性の要件を満たしていない場合、裁判所に裁判を提起したとしても門前払いされてしまいます。

たとえば、隣の家の人がみなさんの家の窓ガラスをわざと割った場合、みなさんには窓ガラスの修理代を求める権利（損害賠償請求権）が、逆に隣の家の人には修理代を払う義務が民法上生じます。もし隣の家の人が修理代を支払わないといった場合には、民法上の権利や義務に関する紛争が実際に発生していることになるので、みなさんが損害賠償を求めて裁判を提起したとすれば、裁判所は裁判を行うことができます。しかし、隣の家の人がまだ実際には窓ガラスを割っていない状態では、民法上の権利義務関係が生じていないため、事件性の要件を満たしておらず、裁判所に提訴したとしても取り扱ってもらえません。

また、異星人がいるかどうかについて科学者たちの間で紛争が生じたとしても、法を適用することでこの紛争を解決することはできません。科学者たちが研究を進めて異星人を発見することによって解決するしかありません。なので、こういった紛争は終局性の要件を満たしていないので、裁判所に提訴したとしても門前払いされてしまいます。

実際に、事件性の要件が認められなかった事件としては、警察予備隊（現在の自衛隊の前身）を設置したことが憲法９条との関係で問題となった事件があります。このとき、最高裁は、まだ「具体的な争訟事件が提起され」ていないとして、警察予備隊が憲法９条に反するか否かの判断を行わずに却下[*8]しました[*9]。また、終局性が認められなかった事件としては、宗教上の教義の正しさが問題となった事件[*10]や、学問上や技術上の正しさが問題となった事件[*11]が有名です。

(2) 憲法や国際法上の限界

憲法では、いくつかの事柄について裁判する権限を裁判所以外に与えています。たとえば、憲法55条では、議員の資格争訟について両議院が裁判すると定めています。また、憲法64条では罷免の訴追を受けた裁判官を裁判する裁判所を国会が設けると定めています。このように裁判所以外が裁判することが憲法で定められているケースについては、裁判所が裁判することができません。

また、国際法上も国内の裁判所の裁判ができない事柄があります。たとえば、外交官に認められている刑事裁判免除特権などがあります[*12]。

(3) 権力分立の観点から求められる限界

権力分立の観点からも、立法権および行政権に対して司法権には限界があると考えられています。たとえば、国会との関係では、国会議員の懲罰権（憲法58条

📝 用語解説

*8 却下
　裁判所が審理することなく申し立てを門前払いすることをいいます。よく似た言葉として「棄却」がありますが、こちらは申し立てを審理したうえで退けることです。

⚖️ 判例

*9 警察予備隊事件
（最大判昭和27年10月8日）。
　自衛隊の前身である警察予備隊を設置したことが、憲法9条2項のいう「陸海空軍その他の戦力は、これを保持しない」に反するとして、原告がその設置を取り消すように裁判所に求めた事件。

*10 板まんだら事件
（最判昭和56年4月7日）。

⚖️ 判例

*11 技術士国家試験事件（最判昭和41年2月8日）。
　原告は、1950年に実施された技術士国家試験を受験したが、不合格と判定されます。これに対して、原告は自分の解答が本当は正解であると考え、不合格とされるのはおかしいとして、国を相手取り合格へと判定を変更するように裁判所に提訴した事件。

*12 外交関係に関するウィーン条約31条1項を参照。

2項）など議院の自律に憲法上ゆだねられていると考えられる事項については、裁判所が裁判することができないと考えられています[*13]。行政との関係では、国務大臣の任免（憲法68条）や国務大臣の訴追に対する同意権（憲法75条）など内閣総理大臣にゆだねられた事項についても、司法権が及ばないと考えられています。

（4）　高度な政治性をもった国会・内閣の行為に関する紛争

　法律上の争訟に該当したとしても、その紛争が統治行為に関するものであった場合には、あえて裁判をしないという考え方があります。**統治行為**とは、国家統治の基本に関する高度な政治性をもった議会・内閣の行為のことです。そして、統治行為について、裁判所は裁判を控えるべきだとする考え方を**統治行為論**といいます。**砂川事件**最高裁判決は、日米安保条約が「わが国の存立の基礎に極めて重大な関係をもつ高度の政治性を有するもの」であって、裁判所の機能には「原則としてなじまない性質のもの」であるから、「一見極めて明白に違憲無効であると認められない限りは、裁判所の司法審査権の範囲外のもの」と判示し、統治行為論を採用しています[*14]。

　統治行為論の根拠としては、裁判所が国会や内閣の政治的決定に介入すると権力分立の観点から問題があるとする理由や、裁判所が政治的問題に巻き込まれないようにするためという理由がいわれています。しかし、どのような場合に「高度な政治性を有する」と判断できるのかは明確ではありません。このようなあいまいな基準で裁判の空白地帯を設けることは、法の支配の観点から問題があると批判されています。

　もっとも、砂川事件最高裁判決では「一見極めて明白に違憲無効であると認められない限りは」裁判を控えると述べています。ここでは、誰からみても違憲無効である場合には、裁判所が裁判する可能性が残っています。なんでもかんでも統治行為論で裁判を回避できるわけではない点には注意が必要です。

（5）　部分社会内部の紛争

　統治行為論と同じように、裁判の空白地帯を生み出す考え方として**部分社会論**（**部分社会の法理**）があります。これは、政党のように、「高度の自主性と自律性を与えて自主的に組織運営をなしうる自由」[*15]が保障されなければならない団体内部の紛争に関しては、その内部的な規律の問題にとどまるかぎり、裁判所は裁判すべきではないという考え方です。

　これまで部分社会論は、地方議会の地方議会議員が3日間の出席停止という懲罰が問題になった事件[*16]や、政党内部における紛争に関する事件[*17]のなかで形成されてきました。みなさんにも深く関係しそうなケースとしては、大学の授業の単位認定が問題となった、富山大学単位不認定事件があります。この最高裁判決では、大学がその設置目的を達成するために「自律的、包括的な権能を有し、一般市民社会とは異なる特殊な部分社会を形成している」から、大学における「法律上の

判例

*13　警察法事件（最大判昭和37年3月7日）。
　1954年、国会では警察法の改正をめぐって与野党が激しく対立し、議長が議場に入れないほどの大混乱に陥ります。このような状況で会期延長が決定され、その後に可決された警察法の改正法が無効であるとして、住民が裁判所に訴訟を提起した事件。

判例

*14　砂川事件（最大判昭和34年12月16日）。
　米軍基地に反対するデモ隊の一部が東京都砂川町（現在の立川市）にある米軍基地内に立ち入ったことが、日米安保条約にもとづく行政協定に伴う刑事特別法に違反したとして起訴された事件。これに対して被告人たちは、そもそも米軍が日本に駐留していること自体が憲法前文および9条に反すると主張しました（⇒第7章1）。

判例

*15　共産党袴田事件（最判昭和63年11月20日）。
　日本共産党は、党の規約に反したとして、党員である袴田氏を除名処分としましたが、袴田氏が党所有の建物に住んでいたため、党はその明け渡しを求めて袴田氏を相手取り裁判所に提訴した事件。えん罪事件として有名な袴田事件とは異なる事件です。

⚖ 判例

*16 地方議会議員懲罰事件（最大判昭和35年10月19日）。
　新潟のある村議会が、議員2名に対して3日間の出席停止とする懲罰を決議したことに対して、出席停止とされた議員たちが、同懲罰決議が無効であることの確認と、取り消しを求めて裁判所に提起した事件。

*17 共産党袴田事件（最判昭和63年11月20日）。

⚖ 判例

*18 富山大学単位不認定事件（最判昭和52年3月15日）。
　1966年に富山大学は、ある教授の講義の停止を決定し、受講している学生には代替講義へ出席するように指示したにもかかわらず、学生のなかには同講義に出席し続け、さらには試験を受け、教授から単位を認定されます。しかし、大学側は教授の単位認定を認めず、当該学生達の単位は認められなかったので、当該学生達が大学に対して単位を認定するように求めた事件。

係争のすべてが当然に裁判所の司法審査の対象になるものではな」いと示しています。[*18] つまり、単位認定を認めるか否かという大学内部の問題だから、裁判所は判断しませんよということです。

　もっとも、この最高裁判決では、「一般市民法秩序と直接の関係を有しない内部的な問題」について審査権が及ばないと述べているので、一般市民法秩序と直接の関係を有する内部的な問題については裁判できると考えることができます。ただし、部分社会論に対しては、どういう団体が部分社会といえるのか、なぜ部分社会だと裁判所の審査が及ばないのか、という問題も残っています。部分社会の法理が適用される領域が広くなればなるほど、裁判所に判断を求めることのできる領域が狭くなっていきます。そう考えると、法の支配の観点からすれば、部分社会の法理が適用される領域を安易に拡大させることの危険性を意識することが大切です。

④ 信者の訴えは「法律上の争訟」か？

　ここまでの説明をふまえて、あらためて冒頭の CASE について考えてみましょう。おそらく直前で登場した部分社会論が頭をよぎる人が多いでしょう。つまり、この CASE では宗教団体内部の争いだから、裁判所は口出しできないのではないかと考える人が多いと思います。たしかに、信者 B が修行を達成したことを認めて「聖者」の称号を授けるか否かは、宗教団体内部での問題です。そう考えると、部分社会論の観点から、信者 B の訴えは門前払いされる可能性があります。

　もっとも、部分社会論を考える以前に、そもそも信者 B の訴えが法律上の争訟要件を満たしているか否かを検討する必要もあります。まず、この CASE ではなにか法律上の権利や義務が問題になっているとはいえません。なので、事件性の要件を満たしていないことになります。さらに、無言の修行における「無言」に「ハックション」という言葉があてはまるか否かについて、法を適用したとしても解決できません。つまり、終局性の要件も満たしていません。以上のことから、信者 B の訴えは、部分社会論以前に、そもそも法律上の争訟要件を満たしていないとして却下されるでしょう。

🔨 ○×問題

　① 裁判所はタイムマシーンが実現可能か否かという科学者たちの間で起きた紛争を判断し解決することができる。　☐

　② 憲法は、裁判官に対して憲法や法律に従うのではなく、みずからの良心のみに従って裁判することを要請している。　☐

3　法律や条約も裁かれる？——違憲立法審査制

◆**CASE**◆　もしこんな条約ができてしまったら？

　20XX 年内閣は、国会の事前承認を得たうえで、アメリカと「国民データ相互提供条約」を締結しました。この条約は、日本もしくはアメリカに対して第三国から武力攻撃があった際に、両国の全国民の氏名・性別・年齢・住所・前科に関する情報、そしてマイナンバー（アメリカは社会保障番号）の 6 情報を相互に提供しあうという条約でした。

　条約が締結されるやいなや、日本国民である A は、この条約が憲法13条の保障するプライバシー権を侵害しているとして、条約の違憲無効を確認するために裁判所に提訴しました。

　条約も憲法と関係あるんだよ

1　憲法の枠組みを維持するために

　さて、裁判所に関する勉強のしめくくりとして、憲法との関係で裁判所が担っている大切な役割を紹介しておきましょう。その役割とは、憲法の枠組みを維持する「憲法の番人」としての役割です。

　そもそも憲法とは、国の最高法規であり、それに反する法律や命令、その他の国家行為は違憲無効です（憲法98条1項）。もし憲法に反する法律がまかり通っていたら、憲法の最高法規性は実現されていないことになります。それゆえ、憲法の最高法規性を担保するためには、法律などが憲法に反していないかをチェックして、もし反しているようであればそのことを宣言する「誰か」が必要になります。

　さらに、そもそも憲法の目的とは、国家権力をしばることで個人の人権を保障することにありました。それゆえ、もし憲法で保障された人権を不当に侵害するような法律がある場合に、それを審査し、人権侵害であるか否かを「誰か」が判断することも必要です。

　憲法81条は、「一切の法律、命令、規則又は処分が憲法に適合するかしないかを決定する権限」を裁判所に与えています。憲法適合性をチェックする権限のことを**違憲立法審査権**といいます。裁判所には、憲法を逸脱する疑いのある法律などが存在した場合に、その法律の憲法適合性をチェックし、憲法に反する場合は違憲判決を下すことによって憲法の枠組みを維持する役割も担っているのです。とくに終審裁判所としての最高裁が「憲法の番人」とよばれる理由です。

　この役割は人権保障とも直結します。つまり、憲法が保障する人権を侵害する疑いのある法律があった場合、その法律によってみずからの人権を侵害された個人は、裁判所に法律の憲法適合性を判断するように求めることができます。また、

> **憲法81条**
> 最高裁判所は、一切の法律、命令、規則又は処分が憲法に適合するかしないかを決定する権限を有する終審裁判所である。

人権が侵害されたことによって損害を被った場合には、憲法17条の保障する国家賠償請求権および国家賠償法にもとづいて、国に対してその損害を賠償するように裁判所に提訴することもできます（**国家賠償訴訟**）。このことから最高裁判所は「人権保障の最後の砦」ともいわれます。

以上をふまえると、違憲立法審査制は、政府が憲法の枠組みから逸脱することを防ぐため、言い換えるならば、立憲主義を実現するためにとても重要な仕組みということができます。本書でも、これまで裁判所の違憲／合憲判決がいくつも紹介されてきましたが、いずれも違憲立法審査制の枠組みで下された判決です。そう考えると、この制度の重要性は明らかですね。

表6-2　法令を違憲とした最高裁判決・決定（2020年現在）

事件名	判決内容	判決・決定年月日	法改正等の対応
尊属殺重罰規定違憲訴訟 （⇒第3章2のp.60）	親族に対する殺人の刑罰を重くした刑法200条は、憲法14条に反する。	昭和48年4月4日	平成7年5月、刑法改正
薬局距離制限事件 （⇒第4章1のp.77）	薬事法における薬局設置の適正距離の規制は合理性を欠き、憲法22条に反する。	昭和50年4月30日	昭和50年6月、薬事法改正
衆議院選議員定数不均衡訴訟 （1972年）	1票の格差が1対4.99である定数配分は、憲法14条に反する（ただし、選挙は有効）	昭和51年4月14日	昭和50年、定数是正
衆議院選議員定数不均衡訴訟 （1983年）	1票の格差が1対4.4である定数配分は、憲法14条に反する（ただし、選挙は有効）。	昭和60年7月17日	昭和61年、定数是正
森林法事件 （⇒第4章2のp.82）	森林法における共有林の分割制限は立法目的に照らし、憲法29条に反する。	昭和62年4月22日	昭和62年5月、森林法改正
郵便法違憲訴訟	故意や過失による損害の賠償を免責する郵便法の規定は合理性がなく、憲法17条に反する。	平成14年9月11日	平成14年12月、郵便法改正
在外邦人選挙権事件 （⇒第5章1のp.111）	国外に居住する日本人に選挙権の行使を認めない公職選挙法の規定は、憲法15条に反する。	平成17年9月14日	平成18年、6月公選法改正
国籍法違憲訴訟 （⇒第3章2のp.61）	両親が婚姻していなければ国籍を取得できないとする国籍法の規定は、憲法14条に反する。	平成20年6月4日	平成20年12月、国籍法改正
非嫡出子法定相続分規定違憲訴訟 （⇒第3章2のp.61）	非嫡出子の相続分を嫡出子の2分の1とする民法の規定は、憲法14条に反する。	平成25年9月4日	平成25年12月、民法改正
再婚禁止期間違憲訴訟 （⇒第3章2のp.60）	民法における女性についての100日以上の再婚禁止期間は合理的な根拠がなく、憲法14条・24条に反する。	平成27年12月16日	平成28年6月、民法改正

② 違憲立法審査制の種類

現在、世界的にみても数多くの国が違憲立法審査制を採用しています。これら違憲立法審査制は、**付随的違憲審査制**と**抽象的違憲審査制**という2種類に分けることができます。

　付随的違憲審査制というのは、通常の裁判所が実際に提起された紛争（具体的争訟）を解決するなかで、憲法の適合性についても付随的に判断する制度です。日本の違憲審査制度は付随的違憲審査制です。これまでに登場した「法律上の争訟」要件のひとつである事件性の要件を思い出してみてください[*1]。そもそも日本の裁判所が裁判できるのは、紛争が当事者の間で具体的な権利や義務、法律関係の存否に関する場合でした。すなわち、日本の違憲立法審査制において、裁判所はこの事件性の要件を満たした紛争を裁判する過程で憲法適合性を判断することになります[*2]。

　もう一方の抽象的違憲審査制とは、憲法適合性を専門的に審査する特別な憲法裁判所が、違憲の疑いがあると申し立てられた法令について、具体的な事件がない状態で判断する制度です。抽象的違憲審査制を採用している国としてはドイツが有名です。

*1　詳しくは、第6章2（p.153）を参照。

★ポイント★
*2　付随的違憲審査制のルーツは、1803年にアメリカ合衆国最高裁が下したマーベリー対マディソン事件判決にあります。

3）　違憲立法審査権は、誰が行使できるの？

　最高裁が違憲立法審査権を有していることは、憲法81条の主語をみれば明らかです。では、下級裁判所についてはどうでしょうか。憲法81条の主語が最高裁判所となっていることから、最高裁だけが違憲立法審査権を有していると解釈できそうです。しかし、憲法81条の終わりの部分に注目してみてください。そこでは、最高裁が「**終審裁判所**」となっています。つまり、憲法、最高裁に先立って下級裁判所が違憲立法審査権を行使することが前提とされています。このことから、通説・判例では、下級裁判所も違憲立法審査権を行使できると考えられています。

　また、最高裁の裁判官に限らず、すべての裁判官は、憲法と法律に拘束されると同時に、憲法を尊重し擁護する法的な義務を負っています（憲法76条3項・99条）。そう考えると、具体的な事件に法令を適用して裁判する際に、その法令が憲法に適合するか否かを判断することは、裁判官に課せられた憲法上の職務であるととらえることもできます。これらのことから、違憲立法審査権は最高裁裁判官に限らず、下級裁判所も行使可能であると解釈されています。

4）　違憲判決の効力

　裁判所がある法律に対して違憲判決を下した場合、その法律に効力があるのかどうかが問題となります。この点について、裁判所が違憲判決を下した瞬間にその法令の効力は失われるとする立場（一般的効力説）と、裁判所が違憲判決を下したとしてもその事件に限って無効であり、法令の効力自体が失われるわけではないとする立場（個別的効力説）の間で議論が交わされてきました。法令を廃止

することは一種の立法行為であるため、裁判所の仕事ではなく、国会の仕事に含まれます。そう考えると、裁判所の違憲判決によって法令の効力が失われるとする一般的効力説は、裁判所に立法権を認めていることになるため権力分立の観点や、国会を唯一の立法機関とする規定との関係で難点を含んでいるといえます。そのため、現在では個別的効力説が通説となっています。

　個別的効力説に立つと、違憲判決後には法改正が必要になります。一票の格差訴訟のように裁判している途中で定数が是正されたり、尊属殺重罰規定のように法改正まで20年近くかかったりするケースもありますが、おおむね半年から１年前後で法改正がなされる傾向にあります（図表6-3）。

5　立法不作為は違憲立法審査権の対象となるか

　日本国憲法81条によれば、違憲法令審査権の対象となるのは「一切の法律、命令、規則又は処分」とされています。一見すると、この81条では対象が明確に定められているようにも思えますが、実はいくつかの「漏れ」が存在します。なかでも特に問題となってきたのが**立法不作為**です。

*3　第5章3 (p.121)
を参照。

　立法というのは、新しく法律を制定したり、すでに制定されている法律を改廃することです。[*3]立法不作為とは、憲法上、立法することが国会に求められているにもかかわらず、国会が立法していない、もしくは、一応の立法がなされているが憲法の要求する水準を下回っていることを指します。つまり立法不作為というのは、国会が制定すべき法律を制定していないこと、改廃すべき法律を改廃せずに放置することです。

　立法不作為というのは、憲法が求めていることに国会が従っていないわけですから、憲法の枠組みを逸脱した状態だといえます。このような状態を認めてしまうと、憲法の最高法規性は絵に描いた餅に終わってしまいます。しかしながら、憲法81条には違憲法令審査権の対象として立法不作為が書かれていません。裁判所は、このような立法不作為に対しても違憲立法審査権を行使し、それが違憲であると判断することができるのでしょうか。

*4　第5章3 (p.123)
を参照。

　この点について特に問題になるのは、どのような場合に立法不作為と認めるか否かです。憲法は国会を「**唯一の立法機関**」としています[*4]（憲法41条）。立法権は国会だけにあります。それゆえ、いつ法律を制定（もしくは改廃）するのかというタイミングについては国会の判断に任されていると考えることができます。そうすると、裁判所が国会に対して「まだ立法していないのは違憲だ」と判断してしまうと、国会を「唯一の立法機関」と定めた憲法41条と、権力分立の観点から問題が生じてきます。

　このことから、昔は、よほどのことがない限り立法不作為として認定しないと

いう立場を最高裁はとっていました。しかし現在は、若干それが緩和されています。たとえば2005年に最高裁は、在外日本人に選挙権を付与していなかったことが憲法15条の保障する選挙権などとの関係で問題となった事件[*5]で、立法不作為を認めて違憲判決を下しています。また、下級裁判所の判決ですが、ハンセン病患者に対する立法不作為が問題になった事件も人権保障との観点から重要です。

6　条約は違憲立法審査権の対象か

立法不作為とならんで、違憲立法審査権の対象となるかどうかが問題となるのが条約です。条約と司法審査の関係性でまず問題となるのは、憲法と条約のどちらが上位の法規範であるか、ということです。憲法優位説に立つならば、条約に対する違憲立法審査権の行使は理論上可能です。しかし、条約優位説に立つならば、条約に対する違憲立法審査権の行使は理論上不可能です。

現在の憲法学では憲法優位説が通説となっています。とはいえ、憲法優位説を前提としても、憲法81条で列挙されていない条約について違憲立法審査権が及ぶか否かという問題が残ります。憲法81条の列挙事項に条約が存在しないことや、そもそも条約が国家間の政治的な合意であることなどを理由として、条約が違憲立法審査の対象とはならないとする考え方もあります。しかし現在は、上位の法規範である憲法が保障している人権を侵害するような条約については、やはり違憲法令審査の対象とすべきであるとする考え方が有力です。

条約の憲法適合性が問題となった事件として、砂川事件[*6]があります。この事件の最高裁判決が統治行為論を採用して、裁判を回避したと紹介しました。この事件で問題となっていたのは条約（旧日米安保条約）です。すでに述べたように、ここで最高裁が示した論理に従えば、「一見極めて明白に違憲無効であると認められる場合」であれば、裁判所の違憲立法審査権が及ぶと考えることができます。つまり判例上は、条約に対する違憲立法審査権は及ぶことが前提となっているといえます。

7　「国民データ相互提供条約」も裁いてもらえる？

以上をふまえると、冒頭のCASEで問題となった「国民データ相互提供条約」は、条約である以上、違憲立法審査権の対象となるか否かが問題となりそうです。また、安全保障という点を強調する論者からは、統治行為論が主張されるでしょう。その際、砂川事件最高裁判決によれば、「一見極めて明白に違憲無効であると認められる」ならば、違憲立法審査権の対象になり得ます。それゆえ、この条例が憲法13条のプライバシー権[*7]との関係で明らかに違憲無効であるかを考える必要が

⚖️ 判例

*5　在外邦人選挙権事件（最大判平成17年9月14日）。
　かつて公職選挙法では、外国に住んでいる日本国籍保有者（在外邦人）に対して選挙権を認めていませんでした。この規定が憲法14条の定める法の下の平等や、選挙権を国民固有の権利とする憲法15条などの規定に反するとして、実際に投票できなかった在外邦人が裁判所に訴えを提起した事件（⇒第5章1）。

*6　詳しくは、第6章2（p.155）を参照。

*7　詳しくは、第2章1（p.36～）を参照。

＊8 第2章1 (p.38)
を参照。

あるでしょう。前科照会事件最高裁判決[8]をふまえると、この条約が前科情報を提供する点については違憲の疑いが強く残ります。このように考えると、裁判所はこの条約に対して違憲立法審査権を行使すべきだといえます。

　ただ、このCASEの場合だと、法律上の争訟要件を満たしているか否かがそもそも問題となります。すでに説明したように、日本の違憲立法審査制は、具体的な事件を審理する過程で憲法適合性をチェックする付随的違憲審査制でした。Aさんは、実際にアメリカに個人情報が提供される前の段階で提訴しています。それゆえ、Aさんの訴えについて、裁判所は法律上の争訟要件を満たしていないとして却下する可能性が高いといえるでしょう。もっとも、実際に個人情報の提供が行われた後の段階であれば、すでに述べたように違憲立法審査権を行使すべきです。

〇×問題

① 裁判所には、違憲立法審査権の行使を通じて、人権保障の砦（とりで）となる役割がある。

② 憲法81条は最高裁判所だけに違憲立法審査権を与えており、下級裁判所が違憲判決を出すことはできない。

Column⑥……裁判を傍聴してみませんか？

　思っていたよりも狭く、シンプルな法廷。弁論を行う人が発する物音以外では、エアコンの音が聞こえてくるほど静かで、咳（せき）をするにも気を遣うほどの空気。神妙な心持ちでこれから行われる審理の内容を想像し、証言台に立つ人の心理を思いやりながら、早鐘を打つように高く鳴る心音…。これはあくまで筆者が初めて裁判を傍聴した際に感じた主観的な感覚ですが、おそらく初めて裁判を傍聴する人は誰でも多かれ少なかれ似たような感覚を抱くのではないかと思います。

　裁判を傍聴することで感じるものは、何も法廷の雰囲気のような表面的なものだけとは限りません。裁判は普通の人にとってはあまり身近なものではありませんが、裁判にかかる人というのは、実際のところ私たちとなんら変わりのないひとりの人間です。審理の内容に耳を傾けることは、ある事件にかかわった人々の思いや経験を通じて、人間や自己、社会について哲学をするきっかけにもなるでしょう。

　裁判に関心がある人だけでなく、裁判員に選ばれたことのないあなたも、裁判を傍聴してみませんか？

世界の平和に貢献するために

第 **7** 章

1 平和ってあたりまえのこと？──憲法9条と日本の安全保障

◆**CASE**◆ 平和のために武器をもつ？

　高校生のK君は、現代社会の授業で出された「平和主義」に関するレポート課題を作成するために市立図書館で文献を探していたところ、次の一節が書かれた本が気になりました。

　「いまやっと戦争はおわりました。二度とこんなおそろしい、かなしい思いをしたくないと思いませんか。……戦争は人間をほろぼすことです。……だから、こんどの戦争をしかけた国には、大きな責任があるといわなければなりません。（中略）そこでこんどの憲法では、日本の国が、けっして二度と戦争をしないように、二つのことをきめました。その一つは、兵隊も軍隊も飛行機も、およそ戦争をするためのものは、いっさいもたないということです。これからさき日本には、陸軍も海軍も空軍もないのです。これを戦力の放棄といいます。……しかしみなさんは、けっして心ぼそく思うことはありません。日本は正しいことを、ほかの国よりさきに行ったのです。」

　先日友達に誘われて行った航空祭で戦闘機を目にしたK君は、「戦力の放棄をしているはずなのに、なぜ戦闘機があるのだろう？」と疑問に感じました。後日、このことについてK君から質問を受けた高校の先生は、どのように説明したのでしょうか。

パンダは友好のシンボルにもなってるね

1 人権にとって平和は大切

　本書で学習してきたさまざまな権利は、私たちの生命や身体、そして財産を保障し、みずからの考えを持ち、それを表現し、あるいは活動することによって豊かな人生にしていく──幸福を追求する──ことにその目的があります。

　しかし、世の中が平和な状態でなければ、人々にとって人権は何も意味をもちません。ひとたび戦争が起きれば多くの人が犠牲になるばかりではなく、戦時という状況のもとで人々の人権は強く制約され、場合によっては人権そのものが無視されることもあり得るのです。

　したがって、憲法で保障された人権が人々にとって意味あるものとなるためには、平和であること、つまり戦争や武力の行使が存在しないことが、なによりも重要といえます。では、日本国憲法は、「平和」をどのように確保しようと考えているのでしょうか。

② 正戦論から戦争の禁止へ

　歴史をひも解くと、古代ギリシャの時代から平和と戦争について語られてきました。そこでは、平和は正義が確立されて初めて獲得できるもの、つまり、正義が実現することで平和が得られるという目的達成の手段として戦争があると考えられてきました。そのため、みずからの信じる正義に従って、自分たちの敵には断固として戦い、その敵を打ち破って平和を獲得することに国家としての役割がある（＝**正戦論**）としてきたのです。

　その後、20世紀に入ると、戦争の違法化をめぐる国際的な動きがみられるようになりました。1919年には国際連盟が発足するとともに、1928年の不戦条約では、国家の政策の手段としての戦争、すなわち**侵略戦争**を完全に禁止しました。しかし、このような努力にもかかわらず、第二次世界大戦が勃発し、戦争の惨禍を回避することはできませんでした。

　侵略戦争ではなく自衛戦争であるとの名のもとに起きた第二次世界大戦の終戦とともに、戦争禁止への流れはいっそう強くなりました。第二次世界大戦後の1945年に設立された国際連合憲章（以下、「国連憲章」といいます）では、侵略戦争に加えて戦争に至らないような「**武力行使**」を原則的に禁止し[*1]、それが認められる例外として国連の集団安全保障にもとづく場合か、**集団的自衛権**の行使に制限しました[*2]。しかし、国連憲章によって禁じられる戦争とは、侵略戦争を意味すると考えられており、その他の自衛権の発動としての戦争である**自衛戦争**や侵略国に対する**制裁戦争**は含まれていません。では、日本はこの例外についてどのように考えているのでしょうか。憲法9条の特色やその成立経緯をふまえて考えることにしましょう。

③ 憲法9条の特色と成立経緯

(1) 憲法9条の特色

　日本は、このような国際的な枠組みとは異なる姿勢をとっていることが、日本国憲法の条文をみてみるとわかります。まず、憲法を制定するにあたって、「政府の行為によつて再び戦争の惨禍が起ることのないやうにすることを決意」（憲法前文一段）するとともに、「日本国民は、恒久の平和を念願し、人間相互の関係を支配する崇高な理想を深く自覚」したうえで、「平和を愛する諸国民の公正と信義に信頼して、われらの安全と生存を保持しようと決意した」ことが示されています。日本国憲法において平和を希求することがきわめて重要なものと考えられていることが理解できます。このような**平和主義の原理**をふまえて、憲法は9条で「戦力の不保持」を定め、交戦権を否認して、戦争を徹底して否定するといっ

*1　国連憲章2条4項「すべての加盟国は、その国際関係において、武力による威嚇又は武力の行使を、いかなる国の領土保全又は政治的独立に対するものも、また、国際連合の目的と両立しない他のいかなる方法によるものも慎まなければならない。」

*2　国連憲章51条「この憲章のいかなる規定も、国際連合加盟国に対して武力攻撃が発生した場合には、安全保障理事会が国際の平和及び安全の維持に必要な措置をとるまでの間、個別的又は集団的自衛の固有の権利を害するものではない。」

憲法9条
1項　日本国民は、正義と秩序を基調とする国際平和を誠実に希求し、国権の発動たる戦争と、武力による威嚇又は武力の行使は、国際紛争を解決する手段としては、永久にこれを放棄する。
2項　前項の目的を達するため、陸海空軍その他の戦力は、これを保持しない。国の交戦権は、これを認めない。

た諸外国にはみられない特色をもつものとなっています。平和主義を規定する憲法9条が、どのような経緯で成立したのかを次にみていきましょう。

(2)　憲法9条の成立経緯

　憲法9条の成立にあたっては、戦争遂行能力の否定・軍隊の完全武装解除などを内容とする1945年の**ポツダム宣言**や、一切の戦争の放棄・軍備の不保持・交戦権の否認を内容とする1946年の**マッカーサー・ノート**などが大きな影響を与えています。特に、後者を受けて作成された連合国軍総司令部（以下、「GHQ」といいます）草案は憲法9条の原案となりました。そこでは、「国権の発動たる戦争は、廃止する。武力による威嚇又は武力の行使は、他の国民との紛争解決の手段としては、永久に放棄される。陸軍、海軍、空軍又はその他の戦力は、将来も与えられることなく、交戦権が日本国に与えられることもない」と定められていました。このGHQ草案の規定は日本政府に手渡され、日本政府とGHQとの間で交渉を経て、憲法改正草案が作成されました。その後、衆議院での修正（**芦田修正**[*3]）を経て、現在の9条の形となりました。

④　再軍備の動きと自衛権

　日本国憲法が制定された当時、政府は現行憲法のもとで、軍事力の保持は**一切許されない**との立場をとっていました。しかし、朝鮮戦争の勃発に伴い、朝鮮戦争に従事する占領軍に代わって、日本の安全保障を担うべくアメリカの要請により1950年に**警察予備隊**が創設されました。政府は警察予備隊をあくまで「警察力を補う」ためのものという理由から憲法に違反しないと説明しました。続く1952年には、警察予備隊は**保安隊**と**警備隊**に改組され、保安隊は増強されました。そこで、政府は憲法9条の禁止する「戦力」を「近代戦争を有効適切に遂行しうる装備、編成を備えるもの」と定義することで、保安隊は戦力にあたらないため憲法に違反しないと説明したのです。

　また、日本は1951年にサンフランシスコ平和条約を締結すると同時に、日米安全保障条約を締結するに伴って、1954年に日米相互防衛援助協定（MSA協定）を結びました。この協定により、日本はアメリカに対して防衛力を増強する義務を負うことになり、同年に自衛隊法を制定、保安隊と警備隊は**自衛隊**に改組・増強され、それまでの治安維持ではなく、**防衛目的**が正面から掲げられるようになりました。

　そのため、これまでに行ってきた自衛隊の合憲性の説明ではむずかしいことから、政府は憲法改正を試みましたが憲法改正の発議の要件（各議院の総議員の3分の2以上の賛成[*4]）に届かなかったために断念し、あくまで憲法の解釈によって自衛隊の合憲性をなんとか説明しようと考えました。その際に政府が解釈の根拠

*4　憲法改正について、詳しくは、第11章（p.197～）を参照。

*5 最高裁も日本に自衛権が存在することを、砂川事件（⇒第6章2）で示しています。最高裁は、「〔憲法9条〕は、同条にいわゆる戦争を放棄し、いわゆる戦力の保持を禁止しているのであるが、しかしもちろんこれによりわが国の主権国として持つ固有の自衛権は何ら否定されたものではなく、わが憲法の平和主義は決して無防備、無抵抗を定めたものではない」としました。しかし、最高裁は武力による自衛権を意味するのか、武力なき自衛権を意味するのかは明確にしていません。

用語解説

*6 戦争
憲法9条1項の「戦争」とは、宣戦布告や最後通牒の交付によって始められる国際法上の戦争を意味します。これに対して、「武力の行使」とは国際法上の手続に従わない事実上の国家間の武力闘争を指します。また、「武力による威嚇」とは、他国に対して武力行使の可能性を示すことによって自国の要求を受け入れさせようとする行為を指します。

用語解説

*7 戦力
戦力とは一般に、外敵の攻撃に対して実力をもって抵抗し、国土を防衛することを目的として設けられた人的組織および物的組織であると考えられています。なお、戦力は、国内の治安維持にあたる警察の有する警察力とは区別されます。

として持ち出したのが「国家固有の自衛権」という超憲法的概念なのです。この考え方は、国家に固有の権利として自衛権が認められており、それは国家または国民に対して外国からの武力によって急迫不正の侵害（法益が現に侵害されている、または侵害が差し迫った状態）があった場合に、これを阻止するために反撃することができるというものです。しかし、自衛権が存在することと、自衛権を現実にどのような手段によって行使するのかは別の問題であるため、[*5]憲法上どのような手段をとることができるかについて憲法9条の解釈が分かれることになります。

5 憲法9条の解釈

まず、憲法9条1項の「国際紛争を解決する手段として」という文言については、「戦争[*6]」にどのようにかかるのかが不明確であることから、同項が全面的に戦争を放棄したか否かをめぐって意見の対立があります。A_1説（**全面放棄説**）は、「**国際紛争を解決する手段**」には侵略を目的とするものだけではなく、自衛を目的とするものも含まれるとし、あらゆる戦争が放棄されると考えます。これに対してA_2説（**限定放棄説**）は、国際法上の用例（不戦条約1条）に従って、憲法9条1項では「国際紛争を解決する手段として」の戦争、すなわち侵略戦争のみを放棄したと考えます。つまり、憲法9条1項によって放棄されるのは、自衛目的以外の戦争および武力行使・武力による威嚇を指すということになります。

次に、憲法9条2項の「**前項の目的**」という言葉をどのように理解するかによって結論が異なってきます。大きく分けると、あらゆる戦力の保持が禁じられるとするB_1説（**完全非武装説**）と、自衛目的の戦力の保持は認められるとするB_2説（**自衛力留保説**）があります。先ほどの1項の解釈の際にA_1説は、2項ではB_1説をとることになります。それに対して、1項の解釈でA_2説をとった場合には、2項の解釈においてB_1説・B_2説のいずれにも接合します。

したがって、A_2説＋B_1説の場合には、1項においては自衛目的の武力行使は放棄されませんが、2項で戦力が全面的に禁止されることになります。つまり、「前項の目的」を1項に書かれた「正義と秩序を基調とする国際平和を誠実に希求」する目的と理解するため、その理念のために2項で戦力[*7]の保持および交戦権が否[*8]認されていることになり、自衛戦争や制裁戦争を含めて、一切の戦争が放棄されているという結論になります。これに対して、A_2説＋B_2説の場合には、1項においては自衛目的の武力行使は放棄されず、2項でも自衛のための戦力は保持できることになります。

A_2説＋B_1説が通説的見解ですが、A_2説＋B_2説も前述の芦田修正などを根拠に一定の支持があり、見解が対立しています。芦田修正によれば、1項でA_2説をとった場合に、2項の「前項の目的」とは自衛目的以外の武力行使の放棄にあ

るとされ、自衛目的の戦力は保持することができるという解釈になるわけです。しかし、通説が2項をこのように理解しないのは、自衛のためのものも含め一切の戦力を放棄しない限りは、前項の目的である正義と秩序を基調とする国際平和の実現を達成することはできないし、また日本国憲法に自衛のための戦争や軍備の存在を想定するような規定がないことに理由があります。

こうした9条をめぐる解釈上の問題について、政府は戦後どのような立場をとってきたのでしょうか。

6 政府の解釈と自衛隊裁判

(1) 政府の解釈と自衛力の限界

憲法9条をめぐる政府の解釈の背景には、前述したような現在の自衛隊の創設に至るまでの過程への対応という事情があります。1954年の自衛隊の創設以来、次のような考え方をとってきました。政府は、憲法9条1項が侵略戦争を放棄しているだけで自衛戦争を放棄しておらず、また国際法上わが国に認められている国家固有の自衛権を放棄しているわけではないという立場をとります。そして、2項が保持を禁止する戦力とは、自衛のための必要最小限度の実力を超えるものを指し、**自衛のための必要最小限度の実力**（＝**自衛力**）にとどまる限り、憲法によって禁止される戦力には該当しないとします。[*9]

そして、政府は必要最小限度であるか否かは、「その時々の国際情勢、軍事技術の水準その他の諸条件」によって変わり得るとしています。そのため、政府見解によれば、武器の保有に関しては、「性質上他国の壊滅的な破壊に用いられる兵器」（大陸間弾道ミサイルなど）のみが禁止されるにすぎず、核兵器であってもその保有が認められる場合があるとしています。

もちろん、政府解釈を前提にしても、自衛権発動には**三要件**（①**急迫不正の侵害**、②**他の適当な排除手段の不存在**、③**必要最小限度の実力行使**）が求められるほか、集団的自衛権[*10]についてもその保有はしているものの、自衛権発動の①要件を満たさないことからその行使が認められないなど、政治過程において一定の歯止め（自衛力の限界）が存在していました。

(2) 自衛隊をめぐる裁判

自衛隊の合憲性について、これまでに裁判所は判断してきたのでしょうか。この問題については長い間にわたって、裁判所による判断を求めて数多くの訴訟が提起されてきました。下級審裁判例のなかには、自衛隊が憲法の禁止する「陸海空軍その他の戦力」に該当するため違憲としたものがあるものの、いわゆる統治行為論[*12]にたって国会・内閣による政治的決定にゆだねられるとする判決もあり、自衛隊の合憲性の問題に正面から答える最高裁の判例はありません。

用語解説
*8 交戦権
交戦権とは一般に、交戦国が国際法によって認められるさまざまな権利（相手国兵力の殺傷や破壊、相手国領土の占領と占領行政、船舶の立入検査・捕獲など）を指すと考えられています。

ポイント
*9 政府見解を示したものとしては、1980年12月5日の衆議院森清議員の質問主意書に対する政府答弁書があげられます。

用語解説
*10 集団的自衛権
集団的自衛権とは、自国が直接攻撃されていないにもかかわらず、自国と密接な関係にある外国（同盟国など）に対する武力攻撃があった場合に、実力をもってこれを阻止する権利のことです。従来の政府見解では認められてこなかった集団的自衛権の行使が、2014年の閣議決定によって一定の条件のもとで可能になるように政府見解が変更されました（⇒第7章2）。

判例
*11 長沼ナイキ基地訴訟第一審判決（札幌地判昭48年9月7日）
防衛庁（現在の防衛省）が北海道長沼町の山林にミサイル基地を建設しようとしたところ、基地建設のために国有の保有林の指定を解除したことに反対した住民が、自衛隊は違憲で保有林解除は違法であるとして、その処分の取消しを争った事件。札幌地裁が自衛⁄

　隊を9条2項の禁じ
る「戦力」に該当し、
違憲であるとしたのに
対して、最高裁（最判
昭和57年9月9日）は
「住民に訴えの利益が
ない」という点から原
告の主張を退け、自衛
隊の合憲性の問題には
なんら触れないまま訴
訟を終結させました。

*12　詳しくは、第6
章2（p.155）を参照。

⑦　K君の疑問は何だったのか？

　冒頭のCASEでK君が手に取った本は、1947年に文部省（現在の文部科学省）
が日本国憲法の解説のために、中学1年生用の社会科教科書として発行した『あ
たらしい憲法のはなし』です。日本国憲法の制定当初の政府の考えと同様に、い
かなる理由であれ「軍事力の保持は許されない」ということがあらわれています。
そのため、K君にとってみれば、戦争に転化し得る飛行機が現行憲法のもとでは
禁止されているはずなのに、実際には「戦闘機」が存在していることに疑問をもっ
たのでしょう。ここまで学習してきたみなさんはK君の疑問にきちんと答えて
あげることができるはずです。つまり、政府の解釈にもとづけば、憲法9条1項
では侵略戦争のみを放棄するが、国家固有の自衛権を放棄しているわけではない
ことを前提に、2項では自衛のための必要最小限度の実力にとどまる限りで禁止
される戦力に該当しないと考えることによって、自衛隊は必要最小限度の実力組
織にすぎないため憲法に違反しないということになります。

　しかし、現実の社会に自衛隊が存在し、それが果たす役割の重要性や国民的な
支持があることは、こうした自衛力論に問題がないことを意味するわけではあり
ません。この政府の自衛力論をかなり苦しい解釈だと感じた人も少なくないで
しょう。それに、自衛のための必要最小限度の実力である「自衛力」と自衛のた
めの必要最小限度を超える「戦力」との境界を設けるのはきわめて困難なことで
す。しかも、その必要最小限度かどうかが「その時々の国際情勢、軍事技術の水
準その他の諸条件」によって変化するとすればいっそう困難をきわめるでしょう。
そうだとすると、このような自衛力論は、日本が超軍事大国にならないというこ
と以上にどのような保証をしていると考えられるでしょうか。

○×問題

① 　憲法9条1項の「武力の行使」とは、宣戦布告や最後通牒（つうちょう）の交付によっ
て始められる国際法上の戦争を意味する。　　　　　　　　　　□

② 　判例によれば、憲法9条は、わが国が主権国としてもつ固有の自衛権を
否定するものではなく、憲法の平和主義はけっして無防備、無抵抗を定め
たものではない。　　　　　　　　　　　　　　　　　　　　□

2 日本が果たすべき役割とは──集団的自衛権と安全保障

◆CASE◆ 何を守るための集団的自衛権？

「今や海外に住む日本人は150万人、さらに年間1,800万人
の日本人が海外に出かけていく時代です。その場所で突然
紛争が起こることも考えられます。そこから逃げようとす
る日本人を、同盟国であり、能力を有する米国が救助、輸
送しているとき、日本近海で攻撃があるかもしれない。こ
のような場合でも日本自身が攻撃を受けていなければ、日
本人が乗っているこの米国の船を日本の自衛隊は守ること
ができない」。

2014年5月に、集団的自衛権の行使容認とそれに伴う解
釈改憲を閣議決定した安倍首相が会見を行った際に、パネ
ル資料（右図）を使ってこのように説明しました。

邦人輸送中の米輸送艦の防護

出典：首相官邸ホームページ
（http://www.kantei.go.jp/jp/96_abe/
statement/2014/__icsFiles/afieldfile/
2014/05/15/20140515_kaiken_panel.pdf）

集団的自衛
権ってなんだ
ろう？

憲法9条は、これまでの日本の安全保障政策に一定の歯止めをかけてきました。他
方で、日本は自国の安全だけを守るのではなく、国際社会の平和と安定にも積極的に
貢献していくべきだとの考え方も主張されてきました。「国際貢献」の名のもとに行
われてきた自衛隊の海外派遣や、「集団的自衛権」の問題をふまえて、今後日本がど
のような安全保障体制を築くべきか法的に考えてみましょう。

1 自衛隊の海外派遣

これまで学習したように、これまでの政府の「自衛力」論（自衛のための必要
最小限度の実力は憲法9条に反しない）によれば、自衛隊は、日本が急迫不正の侵
害を受けた場合に対抗するための実力組織とされてきました[*1]。そのため、自衛隊
が海外に行って他国の軍隊を支援できるのかが問題となるわけです。国連軍への
参加に関しても、**国連憲章**43条[*2]にもとづく正規の国連軍は武力の行使を伴うこと
から参加できないとしてきましたが、1991年の湾岸戦争以降、「国際貢献」のた
めに自衛隊を海外に派遣する仕組みが作られてきました。まず、1992年に**PKO
協力法**[*3]が制定されました。この法律によって、**国連平和維持活動**（Peace Keeping
Operations ＝ PKO）[*4]への自衛隊の参加が認められることになりました（海外派遣
には国会の事前承認が必要）。自衛隊はこの法律のもとで、カンボジア、東ティモー
ル、スーダンなどにおいて任務を果たしてきました。

国際平和協力業務のうち、選挙監視や、警察行政事務に関する助言・指導、医
療、紛争によって被害を受けた施設・設備の復旧、整備などは自衛官以外の者も
行うことができますが、停戦監視や、緩衝地帯等での駐留・巡回（パトロール）、

*1 第7章1（p.163
～）を参照。

*2 国連憲章43条
1項 「国際の平和及
び安全の維持に貢献す
るため、すべての国際
連合加盟国は、安全保
障理事会の要請に基き
且つ1又は2以上の特
別協定に従って、国際
の平和及び安全の維持
に必要な兵力、援助及
び便益を安全保障理事
会に利用させることを
約束する。」

*3 正式名称は、「国
際連合平和維持活動等
に対する協力に関する
法律」です。

武器の搬入・搬出の有無の検査、確認などの軍事的な性格をもつものは自衛官のみが行うことができます。ただし、強い反対があったことから、**平和維持軍**（Peace Keeping Force ＝ PKF）[*5]への参加を可能にする規定も置かれましたが、その実施は凍結されていました。しかし、2001年に、アフガニスタンでのPKO展開を念頭に、この凍結は解除されています。

② 有事関連立法と自衛隊の任務拡大

　2001年に発生した**アメリカ同時多発テロ**や2003年の**アメリカ・イギリス**などによる**イラク戦争**などを背景に、2003年、他国からの武力攻撃に対処するため首相の権限強化や自衛隊のすみやかな活動を図るための武力攻撃事態法が制定され、その翌年には国民保護法など、有事に関連するいくつもの法律が制定されました。

　これらの法律は、有事において自衛隊だけではなく国をあげて有効な対応がとれるようにすることを目的に作られました。しかし、「**有事**」の定義をめぐっては、いわゆる「**武力攻撃事態**」（武力攻撃の発生または発生する明白な危険の切迫）のみならず、「**武力攻撃予測事態**」（武力攻撃事態には至っていないが、武力攻撃が予測されるに至った事態）を含んでいます。そのため、日本の周辺の有事の際に「武力攻撃予測事態」であるとして国家総動員体制[*6]が作られてしまうという危険も指摘されています。

　また、2006年に防衛庁設置法の一部改正法案が成立したことによって、防衛庁を**防衛省**に「昇格」させるとともに、自衛隊の任務の改変が行われました。防衛省への昇格はたんに名前が変更された以上に重要な意味をもちます。それは、これまでの内閣府の外局という位置づけから、内閣府と並ぶ「省」になったことで、内閣における発言力が高まることを意味するからです。

　さらに、自衛隊法が改正され、自衛隊の任務に、従来から考えられてきた自衛権を担保する手段としての役割を超えて、「**国際社会の平和及び安全の維持に資する活動**」も、本来的任務のひとつとして明記されることになりました。

③ 日米安全保障体制とアメリカ軍への支援

(1) 日米安全保障条約

　日本国憲法はその制定当初、国連による**集団的安全保障**（国連加盟国［仲間］のうち裏切り者を仲間みんなで懲らしめる）を想定していましたが、国際政治においてはそれが十分に機能しませんでした。そこで、日本政府は、自衛権を担保する手段としての自衛隊を設置するとともに、**日米安全保障条約**による安全保障体制を構築するという政策を選択したのです。現行憲法下の日本の安全保障は、ア

メリカとの**軍事同盟**と国際政治の状況を軸に変化してきました。

　日本は、アメリカと「相互協力」をうたった日米安全保障条約を締結しました。日米安全保障条約では、日本国の施政下にある領域におけるいずれか一方に対する武力攻撃があった場合の**共同防衛行動**を約束し（同5条）、また、日本国の安全に寄与ならびに極東における平和と安全の維持を図るとして（同6条）、日本における**アメリカ軍の駐留**^{*7}を認めています。ただし、日米共同の武力行使といっても、日本の領域への武力攻撃が生じた場合に、日本は個別的自衛権の行使をし、アメリカは集団的自衛権の行使をする（日本の援助を行う）ことを意味します。その代わりに、日本は米軍に基地を提供し、米軍が極東地域で存在感を高められるよう援助をしているわけです。

(2)　アメリカ軍への支援

　(a)　日米防衛協力のための指針　　1997年に、「日米防衛協力のための指針」（新ガイドライン）が合意されました。これは、①平素、②日本有事（日本に対する武力攻撃）、③周辺有事（日本周辺地域における事態で日本の平和と安全に重要な影響を与える場合［**周辺事態**］）に場合分けし、物資の輸送・補給などアメリカ軍に対する**後方地域支援**、不審船舶の検査、民間の空港・港湾の提供、非戦闘員退避のための活動、侵攻時の機雷掃討など40項目の具体策を盛り込んでいます。

　これを受けて、1999年に**周辺事態法**が制定されるに至りました。周辺事態法では、日本周辺地域における日本の平和および安全に重大な影響を与える事態（周辺事態）に対して日本のとる措置が定められています。新ガイドラインに関連した法改正に伴い、活動を行っているアメリカ軍の後方支援として自衛隊の役割が著しく拡大されることになりました。

　(b)　アメリカ軍の支援　　2001年に発生したアメリカ同時多発テロを契機として、自衛隊の活動方針やアメリカ軍の支援の方針も大きく転換することになりました。まず、2001年に制定された**テロ対策特別措置法**では、アメリカその他の外国の軍隊のテロ防止の活動に対して、自衛隊が給油などの物品および役務の提供などの協力支援活動や捜索救助活動を行うことができることとされ、また地域的にも（周辺事態法の定める）「我が国周辺の地域」にとどまらず、公海や同意がある場合には外国の領域でも認められることになりました。

　次に、2003年のイラク戦争後、イラクの復興および治安確保にあたるアメリカ・イギリス軍の後方支援にあたる自衛隊を派遣するために、**イラク復興支援特別措置法**（4年間の時限立法）が制定されました。この法律は、戦争後のイラクの国家再建を通じて国際社会の平和と安全の確保に資することを目的とし、自衛隊を非戦闘地域に派遣して、イラク国民への人道・復興支援をするほか、治安維持活動にあたるアメリカ・イギリス軍などの後方支援をするというものです。ただし、イラクでの戦闘地域と非戦闘地域^{*8}の区別の困難性、自衛隊の具体的任務が不明確

★ポイント★

*7　アメリカ軍を日本国内に駐留させることの合憲性が争われた砂川事件（最大判昭和34年12月16日）（⇒第6章2）で、最高裁は憲法9条2項によって保持が禁止される戦力とは、日本が主体となって指揮権や管理権を行使できる戦力のことであり、外国の軍隊はそれにあたらないとしました。

★ポイント★

*8　（イラク復興支援特別措置法2条3項より）「〔非戦闘地域とは〕我が国領域及び現に戦闘行為が行われておらず、かつ、そこで実施される活動の期間を通じて戦闘行為が行われることがないと認められる……地域」。

★ポイント★

*9 いずれの訴訟も原告の請求（差止め、損害賠償）は退けられ、国側の全面勝訴になっています。ただし、2008年の名古屋高裁判決は、戦闘行為が継続していたイラクの首都バグダッドを特措法が活動を禁ずる「戦闘地域」と認定し、自衛隊による同地への多国籍軍兵員の空輸活動は他国の武力行使と一体化した活動で同法および憲法9条1項に違反する活動を含んでいたと判断しました。

であることから、憲法の禁止する武力行使に該当するおそれが強いと指摘されていました。実際に、自衛隊のイラク派遣をめぐっては、各地でその違憲性を争う訴訟が提起されました。[*9]

なお、他国軍への後方支援は、これまでの特別措置法という時限立法によって認められてきましたが、2015年に恒久法として**国際平和支援法**が制定され、随時行えることになりました。

④ 集団的自衛権の限定的行使容認へ

以上の出来事をふまえ、自衛隊の海外派遣、自衛隊による武器使用をより広く行えるようにするために、2014年7月1日の**閣議決定**において、政府は、日本をめぐる安全保障環境が変化したことを主たる理由に、従来の憲法解釈を変更して、**集団的自衛権の行使を限定的に容認する立場**に転向しました。

ここで「限定的」というのは、集団的自衛権の「全部」を行使できるようにするというわけではないということを意味します。それは、国連憲章が認める集団的自衛権を個別的自衛権と同じように控えめに行使するという解釈に変更するということです。従来の政府解釈では、自国が攻撃を受けた場合にしか自衛権の発動が認められませんでしたが（個別的自衛権）、解釈を変更した後は、①日本に対する攻撃だけではなく、日本と密接な関係にある国家に対する攻撃によって、日本国民の人権が根底から覆され、日本国の存立が脅かされる**明白な危険**が生じた場合、②他に適当な手段がないときに限り、③必要最小限度の実力を行使できることになりました（武力行使の新三要件）。

この閣議決定を受けた翌年、政府はこの解釈変更に対応すべく大規模な法改正（**安全保障関連法制**の整備／表7-1）を行いました。この安全保障関連法制は、自衛隊法をはじめ、周辺事態法、船舶検査活動法、PKO協力法などの改正による自衛隊の役割拡大と、「存立危機事態」への対処に関する法制の整備を内容としています。たとえば、2015年9月には自衛隊法が改正され、前述のような場合を「**存立危機事態**」と定義して、自衛隊による武力の行使が認められることになりました（同法76条1項・88条）。

この解釈変更やそれを受けて行われた法改正は大きな社会的な論争を招き、激しい反対運動が国会前でのデモをはじめ、全国各地で行われました。批判の対象となる事項は多岐に及びますが、法解釈そのものにかかわる問題のほか、解釈変更の過程で従来政府の憲法解釈——特に9条解釈——を担ってきた**内閣法制局**[*10]に対する政府の介入が行われたことも大きな問題としてあげられます。

*10 Column⑦(p.174)を参照。

表7-1　改正された主要事項

新　　設	
国際平和支援法	海外で自衛隊が他国軍を後方支援する（武力行使は×）
平和安全法制整備法（一部改正を束ねたもの）	
自衛隊法	在外邦人救出や米艦防護を可能にする。武器使用基準を緩和。
PKO協力法	PKO以外にも自衛隊による海外での復興支援活動を可能にする。治安維持や駆けつけ警護など任務を拡大し、武器使用基準も緩和。
重要影響事態安全確保法	周辺事態を「重要影響事態」と変更。日本のために活動するアメリカ軍や他国軍へ弾薬提供や兵士輸送などの後方支援を可能にする。
船舶検査活動法	日本周辺以外での船舶検査が可能になる。
武力攻撃事態法	集団的自衛権の行使要件を明記。
米軍等行動関連措置法	支援対象をアメリカ軍以外にも拡大。
特定公共施設利用法	アメリカ軍以外も港湾・飛行場などの利用が可能になる。
海上輸送規制法	外国の武器などの海上輸送を実施可能にする。
捕虜取扱い法	捕虜等の取扱いについて存立危機事態での対応を追加。
国家安全保障会議設置法	存立危機事態や重要影響事態の認定など審議事項を追加。

5 安全保障法制を考えるにあたって

　冒頭のCASEの図は、集団的自衛権の行使容認とそれに伴う解釈改憲の必要性を説くために、安倍首相が会見を行った際に用いたものです。この会見を見た人のなかには、パネルに書かれた邦人の親子を助けるために「集団的自衛権」は日本にも必要なのではないかと漠然と思った人もいるのではないでしょうか。

　しかし、2015年8月26日の参議院の平和安全法制特別委員会で、中谷元防衛相は「〔米艦に〕邦人が乗っていないからといって、存立危機事態に決して該当しないというものではない」と答弁しています。この見解は、閣議決定時に首相が国民に示した米艦防護の「目的」が変わることにならないのでしょうか。そもそも、民間人を紛争地域から脱出させる場合には航空機を使用しますし、かりに艦船を使うとしてもアメリカ軍が無防備で船舶を航行させることは考えられませんので、当初から目的は違うところにあったのではないかという指摘もあります。

　前述したように、日本の安全保障体制は日米の軍事同盟を軸に展開されてきたといっても過言ではありません。国際政治を取り巻く状況の変化に伴い、同盟国の強い要請から自衛隊の任務（活動範囲）の著しい拡大を図ってきました。そのため、従来の政府解釈のもとでは形式面を別にしても、実質面では許容される範囲を超えていた疑いは非常に強かったと考えられます。こうしたことから、自衛隊の海外派遣、自衛隊による武器使用をより広く行えるように、集団的自衛権の限定行使の容認という政府解釈の変更に至ったといえるでしょう。

　では、自衛隊が集団的自衛権を「限定的に」行使できるという以上、その行使が「限定的」となるように歯止めをかける装置はきちんと整備されているのでしょうか。集団的自衛権の発動を限定する要件としての「存立危機事態」は基準として明確でしょうか。また、他国への攻撃が日本国民の人権を「根底から」否定することなどあり得るのでしょうか。さらに、日本から遠く離れた外国（地球の裏側）への攻撃も、日本を脅かす「明白な危険」と判断されてしまうのでしょうか。こうした問いにきちんと説明できないとすれば、それは「限定的な」行使とはいえず、憲法9条に反する疑いが強まることになるでしょう。

⚖ ○×問題

① 憲法9条のもとでも、一定の限度内では、日本国と緊密な関係にある他国に対する武力攻撃が発生した場合に、自衛権を行使することができるというのが政府見解である。

② 日本の周辺で有事の事態が生じた場合には、日本が直接攻撃を受けていなくても、自衛隊にアメリカ軍の後方支援活動を行わせることはできないというのが政府見解である。

☕ Column⑦……内閣法制局って何をするところ？

　第2次安倍内閣が、2013年8月8日に内閣法制局の山本庸幸長官を退任させ、これまでの集団的自衛権を違憲とする政府解釈とは正反対の解釈を打ち立てるため、その後任に元外務省国際法局長で駐仏大使の小松一郎氏を任命したことは記憶に新しいでしょう。では、内閣法制局とはどのような機関なのでしょうか？

　内閣法制局は、1885年、内閣制度の発足とともに作られた政府・内閣の法律顧問団に端を発します。第二次世界大戦後の1948年にGHQの指令によって一度内閣直属の地位を失うことになりますが、その後の1952年に復活します。現在の内閣法制局の主な業務としては、閣議に付される法令案を審査すること（審査事務）と、法律問題につき首相や各省大臣等に意見を述べること（意見事務）などがあります。法令案の審査では、精緻な逐条審査を通じて、当該法令案が憲法を頂点とする日本の法体系との整合性や、これまでの政府見解や判例との適合性が確保されたものになります。日本が諸外国に比して違憲判決が少ない理由のひとつもここにあるといえます（裁判官が違憲と考えるような法律がもともと少ない）。これに対して、意見事務は主に法律制定後の業務になります。省庁からの法令解釈に関する照会への回答のほか、国会議員の質問主意書に対する答弁書案の作成・審査、法令解釈に関する国会での答弁や政府見解の調整・作成も担当します。このような仕事からもわかるように、内閣法制局は日本の法的安定性の一翼を担ってきた重要な機関といえるでしょう。

第 **8** 章　財政と地方自治

第　章

---

1 │ **国のお金の使い道**──**財政**

◆**CASE**◆　私立大学は違憲なお金を受け取っている？

　A君は、全学生数1万人規模の私立大学に通っています。

　私立大学には国から補助金が交付されていますが（私学助成）、交付には条件があります。全学生数が8,000人規模の大学には、定員を1.10倍以上超過した場合、補助金を交付しないというのです。A君が入学した年、A君の大学は定員を1.11倍に超過してしまいました。

　したがって、A君の通う大学には補助金が交付されないことになりました。A君には直接の影響はありませんが、いつ授業料が引き上げられるのか不安でたまりません。しかし国立大学に進学した友達のB君との会話でこの話題に触れたとき、B君からは、「そもそも私学助成の制度が憲法違反でおかしい制度だ」と逆に突っ込まれてしまいました。

一番身近な税金は消費税だね

1　財政に関する基本原則

　サークルの飲み会、合宿、就職活動の交通費……。世の中、何か活動をしようとするとどうしてもかかるのがお金です。まさに「先立つもの」という表現があるとおりで、お金がなければ何もできません。国家の場合はもっと複雑で、お金を誰からどのように集めるのか（税金や借金）、そしてみんなのお金を何のために使うか（支出）を、民主的に決めなければなりません。

（1）　財政民主主義

　財政とは、**財源の調達・管理・使用**を意味します（このうち、お金の使い方の手続を会計とよびます）。**財政民主主義**とは、このような財政全般については、国民の代表で構成される国会での審議によって決定し、行政機関を統制しなければならないことを意味します。内閣が国の財政状況を国会と国民に、定期的に少なくとも年に1回報告しなければならないとする憲法91条もこの趣旨に立っています。

　お金をどのように集めて、どのように使うかは、個人の財産権、社会における実質的平等のあり方、そして広く社会経済にも影響を与える重大な問題です。だからこそ、財政は民主的に決定されなければなりません。したがって財政民主主

憲法91条

内閣は、国会及び国民に対し、定期に、少くとも毎年1回、国の財政状況について報告しなければならない。

義が必要なのです。

(2) 租税法律主義

　国がお金を調達する方法のひとつは、課税して**税金**を徴収することです。しかしお金を徴収されることは、財産に対する侵害を意味するため、やはり国民にとっては大きな負担です。

　歴史的には、ヨーロッパ中世の時代に国王が課税してくることに対して、人々は恣意的な課税であるとして反発してきました（たとえばあの有名なマグナ・カルタはこのような対立のなかで書かれた文書です）。そこで、人々からの代表を議会に集め、議会の承認を通して初めて課税できるという仕組みが導入されることとなりました。この原則は、アメリカ独立戦争などを経て、近代憲法に引き継がれます。アメリカ独立戦争の理念のひとつが「代表なくして課税なし」だったのです。

　日本国憲法も、この理念を具体化して**租税法律主義**を掲げています（憲法84条）。税金は法律、つまり国会の制定する法によって決定されなければならないという意味です。

　それでは、税金について法律でどこまで定められなければならないのでしょうか[1]。それは、税金を課す・課さないという決定だけではなく、**課税要件**（納税義務者、課税物件[2]、課税標準[3]、税率）と徴収の手続、およびそれらの明確性だとされています。課税要件や徴収の手続は法律で定められていなければならないことを**課税要件法定主義**といい、それらの規定が一義的で明確でなければならないことを**課税要件明確主義**といいます[4]。

② 財政の統制

(1) 財源調達に対する統制

　国の収入（歳入）には、租税以外にも、**公債**（**国債**、**地方債**など）や**借入金**があります。いわゆる国の借金です。これらに対しても財政民主主義の規定が及び[5]、国会が法律で規律しています。そして財政法4条は国の歳入を租税に限り[6]（租税優先主義）、インフラ整備のためだけに**建設国債**を発行できるとしています。しかし、この規定の特例を認める特例公債法が1994年以降毎年制定されてきたことにより、**特例公債（赤字国債）**も毎年発行されるに至り、結果的に財政法4条は死文化してしまっているといわれています。

　その結果、いわゆる国の借金が膨大なものとなっていますが、これに対する憲法的な統制はありません。そこで、これまで、政府主導で予算・支出の統制を行うことで財政健全化を図る試みもなされてはきました。

　もっとも予算をいきなり縮小させることもできませんし、借金をいきなり止めることもできません。また、財政健全化を実現するといっても、そのような条文

を憲法や法律に置けばいいというわけにもいきません。財政民主主義の原則を重視して、やはり国会で国の経済財政政策について透明性のある議論を行い、国民の合意にもとづく政治を行うことが重要です。

(2) 予算と決算

財政民主主義を特に財政の支出の統制という面で具体化するのが、予算制度です。**予算**には、毎会計年度の収入と支出が記載されます[*7]。日本国憲法86条は、予算の作成を内閣にゆだねつつ、予算の議決を国会の権限としています[*8]。

このような役割分担の趣旨は、次のように説明されています。予算編成は政策全体の方向性を決定づけるものであり、統一的な意思決定プロセスによって決められることが便宜的なので、内閣にゆだねられている一方で、財政民主主義の観点から国会の議決で決定させる、ということです。

それでは、内閣の作成した予算案に対して国会が修正を行うことはできるのでしょうか。明治憲法のもとでは、予算案に対する減額修正は限定され、**増額修正**は禁止されていましたが、財政民主主義を規定する日本国憲法においては、国会による増額修正も可能と主張されています。ただし政府は、内閣に予算作成権があるということを前提として、この権限を損なわない範囲内に限って国会の予算修正が可能であるとしています[*9]。

予算が執行されると、内閣は次に**決算**を作成しなければなりません。予算とは違い、決算には法的効果がありません。内閣は、決算を作成すると、会計検査院の検査を経たうえで、決算を国会に提出しなければなりません（憲法90条）。当然、国会は決算の提出を受けつけるだけではなく、それに対する議決権をもっていると解釈されています。国会の各議院が決算を否決した場合、政府の支出に法的な影響はありませんが、内閣の政治責任が問われる事態となります。

(3) 公金支出の制限

憲法89条は、一定のお金の使い方を禁止しています。まず、「宗教上の組織若しくは団体の使用、便益若しくは維持」のための公金支出や公の財産の提供は、政教分離の観点から禁止しています[*10]。他方で、89条後段の「**公の支配**に属しない慈善、教育若しくは博愛の事業」に対する公金支出や公の財産の提供については、その意味をめぐって議論があります。

この規定がどのような趣旨で存在するかについては、公権力の公金支出という名目から行われる権力的介入から「慈善・教育・博愛」事業を行う民間団体の**自主性を確保**するためだとか、「慈善・教育・博愛」を名目とした**濫費を抑制**するためだ、といった考え方が対立しています。自主性を確保するための趣旨と読んだ場合、「公の支配」とは人事や事業内容への監督といった「強い監督」を意味すると解釈されることになります。これに対して濫費抑制のための趣旨と読んだ場合、「公の支配」は、会計について報告を求めるなどの、もっと「緩(ゆる)やかな監督」

↘を通して解釈変更をし、ここにパチンコ球遊器も含まれるとして新たに課税したことが、租税法律主義に反するのではないかと問題となりましたが（いわゆる通達課税の問題）、最高裁はあくまで法律にもとづく課税であるとしました。

★ポイント★

*5　憲法85条は「国の債務負担」に対しても国会の議決を必要としています。

*6　財政法4条1項「…但し、公共事業費…については、国会の議決を経た金額の範囲内で、公債を発行し又は借入金をなすことができる。」

*7　会計年度は、財政法11条が、4月1日から翌年3月31日までと定めています。

*8　内閣については第5章4（p.132～）、国会については第5章3（p.120～）を参照。

★ポイント★

*9　これに関連して、そもそも予算とは法律なのか否かが議論されています。明治憲法のもとでは、予算は行政権の一部だったので法律ではありませんでした（予算行政説）。日本国憲法のもとでは、予算は法とされてはいるが、予算は法律であるという説（予算法律説）と、予算は法律とは別の形式の法規範であるという説（予算形式説）が対立しています。

*10　詳しくは、第1章5（p.26～）を参照。

を意味すると解釈されることになります。

③ 私学助成は合憲

　私立大学への補助金（私学助成）は、憲法89条に照らして合憲なのでしょうか。前述のように、「公の支配」を「強い監督」として読む場合、私立大学には国からの強い監督権限は及んでおらず、したがって「公の支配」には属していないことになるため、私立大学への公金支出は違憲となります。他方で、これが通説なのですが、「公の支配」を緩やかな監督として読むと、私立大学も会計や業務上の規制を国から受けているので「公の支配」に属していることになり、それへの支出は可能となります。そして支出の目的が公教育の趣旨に合致した教育活動に対するものであり、また学生に還元されるものであるため、目的においても正当だということができるでしょう。私学助成は合憲であると考えられます。

　したがって、冒頭のCASEでA君はB君からの批判をかわせます。A君は正々堂々と私立大学で勉強を続けることができるのです。とはいえ、補助金の支出のルールがあまりに恣意的だと、私立大学も右往左往することとなり、結果として大学の自治や教員・学生の学問の自由も脅かされかねません。A君としては補助金の支出をありがたがると同時に、公正に支出されることを願ってやみません。[*11]

★ポイント★

*11　なお、国のお金の使い方を正しいものにするためには、憲法89条のように使い道を限定すること以外にも、お金を使う計画（つまり予算）を国会が事前にチェックすることも有効です。この点、2020年度の第二次補正予算ではコロナ対策の予備費として10兆円が計上されました。予備費は、「予見し難い予算の不足」に備えて計上されるもので、憲法86条で認められたものですが、さすがに大金であり、事前のチェックを入れる必要があるという視点から、使い道を明示すべきだと批判されました。

○×問題

① 財政民主主義の原則からすれば、税金を支払った者はすべて参政権を有するべきことになる。

② 国会は毎年予算案を作成し、議決しなければならない。

Column⑧……国の借金

　財務省の発表によれば、国債、借入金、政府短期証券の残高を合計した「国の借金」は、2020年6月の時点で1,159兆289億円になりました。これは、日本の総人口（2020年9月1日で概算1億2,581万人）で割ると、国民1人あたり約921万円の借金に相当します。国の借金のうち、国債は991兆1,207億円とほとんどを占めています。

　この財政状況は、一般家庭でいえば、月収50万円の家庭が毎月30万円の借金をしている計算になるようです。この状況をみなさんはどのように考えますか？

2　日常の民主主義──地方自治

◆**CASE**◆　ずっと同じ市長はイヤだ？

　現職のＡ市長（65歳）は 2 期 8 年を務めあげ、その実績をもとに 3 期目に突入したベテラン市長です。ただし、市内では、同じ人が長年にわたって市長の座に居つづけることへの不満の声もあがっていました。そこで、市議会は、市長になることができるのは 3 期12年までとして、 4 期目の市長選への立候補を禁止する条例を制定しました。これに対してＡ市長は、市議会が市長になる人をあらかじめ限定する点で、この条例が「地方公共団体の長」について住民が直接選挙すると定めた憲法93条 2 項に反するとして、裁判所に提訴しました。

国と地方の政治の違いは何かな？

1　日常生活にとって大切な地方自治

　みなさんのなかには、都道府県庁や市区町村の役所といった地方公共団体（地方自治体ともいいます）で働く地方公務員を目指している人も多いでしょう。もっとも、地方公共団体の役割について、公務員試験を目前に控えている人は別にしても、それ以外の人はあまり把握していないかもしれません。

　地方公共団体が担当する仕事は、実にさまざまです。たとえば、日常生活に欠かすことのできない水道、大学へ行くときに使う道路の大部分、街なかにある公園、公立小学校・中学校・高校、警察署や交番、消防署の設置・管理・運営などは、地方公共団体の仕事です。ほかにも、役所で住民票を発行したり、婚姻届や出生届を受けつけるといった業務も地方公共団体の仕事です。まだまだほかにもたくさんの役割を地方公共団体は担っていますが、いずれも日常生活に密着した大切な仕事ばかりです。

　民主主義の考え方にもとづくと、これらの仕事は人々の意思にもとづいて行われる必要があります。しかも、そのような日常生活に密着した仕事については、地域に合わせたサービスとなっている必要があります。それを実現するのが、**地方自治**です。地方自治は住民の日常生活の質と直結する、とても大切なことです。こういった仕事に携わる地方公務員もまた、とても重要な存在です。

2　地方自治の本旨

(1)　「地方自治の本旨」ってなに？

　憲法92条は、地方公共団体の組織と運営については法律で定めるとしています。

憲法92条
地方公共団体の組織及び運営に関する事項は、地方自治の本旨に基いて、法律でこれを定める。

これを受けて、地方自治の詳細を定める「地方自治法」といった法律などが制定されています。もっとも、憲法では、法律が「**地方自治の本旨**」にもとづいていることも要求されています。「本旨」とは、本来の趣旨を意味します。つまり、地方自治の本旨は、地方自治の本来の趣旨のことです。それゆえ、地方自治の本来の趣旨を侵害する法律が制定された場合には、憲法違反で無効な法律だと裁判所によって判断されるのです。

では、地方自治の本旨とは、具体的に何を意味するのでしょうか。憲法には「地方自治の本旨とは○○のことである」と説明している条文がありません。そのため、これまで憲法学では、地方自治の本旨として2つの要素があると解釈してきました。それが**住民自治**と**団体自治**です。

(2) 住 民 自 治

住民自治とは、地方自治をその地方の住民の意思と責任にもとづいて行うという原則です。つまり、地方自治が国の意思にもとづいて行われてはならないということになります。地方の問題はその地方の住民で決めるべきである。この考え方は、自分たちのことは自分たちで決める、という民主主義の考え方といっても過言ではありません[*1]。

🔍★ポイント★

*1　地方自治が身近な問題をみんなで話し合って解決するために適した場であることから、イギリスの政治学者ジェームズ・ブライスは「地方政治は民主政治の最良の学校」であると述べています。

後で述べるように、憲法93条2項では、「地方公共団体の長」（都道府県知事や市町村長）と議会の議員（都道府県議会議員と市町村議会議員）は、その地方公共団体の住民が直接選挙することになっています。まさに、これは住民自治を実現するための規定だといえます。

(3) 団 体 自 治

団体自治とは、地方自治が国から独立した団体によって行われるべきだ、という原則のことです。これは住民自治を実現するための手段にあたる原則です。住民が地方自治にあたるといっても、個人ひとりではできません。だからといって、国がしゃしゃり出てきて「地方」自治を行うというのも本末転倒です。そこで、国から独立した団体が地方自治を行うべきなのです。

憲法では、地方公共団体という団体に地方自治を行わせることが前提とされています。憲法94条は、地方公共団体に自分たちの財産を管理したり、自分たちの仕事の範囲を自分たちで決めて進めたり、**条例**とよばれる地方公共団体の範囲内で通用するルールを制定する権限などを定めることによって、団体自治を保障しています。地方公共団体が具体的にどんな団体を指すのか、憲法自体では明らかにされていませんが、都道府県と市町村であると考えられています。

③　地方公共団体の組織と権限

(1)　地方議会の組織と権限

　憲法93条１項から、地方公共団体には、**議事機関**として議会（地方議会）を設置する必要があります。具体的にいえば、**都道府県議会**や**市町村議会**のことです。地方議会は、その地方公共団体の重要な案件について、議員たちが審議して議決する機関です。地方自治法では、条例を制定・改正・廃止すること、予算を定めること、適正な対価なくして地方公共団体の財産を譲渡したり貸しつけることなど、多くの重要事項について地方議会の議決が必要であると定めています（地方自治法96条１項）。

　地方議会の議員は住民の直接選挙によって選ばれます。地方議会議員選挙には、日本国籍を有している満18歳以上の人で、３か月以上その区域内に住所がある人が投票できます（公職選挙法９条２項）。また、その地方公共団体の選挙権を有していて、満25歳以上の人には被選挙権が認められています（公職選挙法10条１項３号・５号）。地方自治法で任期は４年と定められていますが、首長が議会を解散した場合や、住民による**解散・解職請求**が成立した場合は、任期満了前に議員の地位を失う可能性もあります。

(2)　首長の組織と権限

　憲法93条２項の規定から、地方公共団体には「地方公共団体の長」も置かれます。これは都道府県知事や市町村長のことで、**首長**とよばれます。

　(a)　**首長の権限**　　地方議会の場合は「議事機関」としての役割が憲法で規定されていますが、首長の場合は何も役割が規定されていません。もっとも、地方自治法では、その地方公共団体を統括してこれを代表すること、そして、その地方公共団体の事務を管理してこれを執行することが首長の役割として掲げられています（地方自治法147条・148条）。このことから、議決機関たる議会との対比で、**首長**は**執行機関**とよばれます。実際の首長の仕事の例として、議会の議決を経るべき事柄について議会に議案を提出することや、予算を調整・執行すること、公の施設を設置・管理することなどが書かれています（地方自治法149条）。これらはあくまでも例として示されたものなので、首長はそれ以外の事柄についてもさまざまな権限をもっています。

　このように首長という一個人にさまざまな権限が与えられているのは、国政と比較すると興味深い点です。というのも、国政レベルだと行政権は、内閣総理大臣という一個人ではなく、合議体である内閣に与えられています。内閣は国会に連帯責任を負っているため、閣議では全員一致が原則となっています。すなわち、内閣総理大臣一個人に行政権が与えられているわけではなく、閣議において他の大臣からある程度の抑制が効く可能性があります。それと比べると、地方自治レ

🕊 **憲法93条**

１項　地方公共団体には、法律の定めるところにより、その議事機関として議会を設置する。

２項　地方公共団体の長、その議会の議員及び法律の定めるその他の吏員は、その地方公共団体の住民が、直接これを選挙する。

ベルでは、首長という一個人に多くの権限が与えられているため、首長が暴走した場合にブレーキがかからないおそれがあります。しかも、すぐ後でみるように、首長は地方議会に対して、拒否権という内閣総理大臣には認められていない権限をも有しています。

　(b)　首長選挙　　地方議会議員と同様、首長も住民による直接選挙で選ばれます。首長選挙における選挙権については、すでに述べた地方議会議員選挙と同じです。つまり、その地方公共団体に３か月以上住んでいる**満18歳以上**の人が投票できます。しかし、首長選挙の被選挙権については地方議会議員選挙と異なります。都道府県知事については**満30歳以上**の者、そして、市町村長の場合は**満25歳以上**の者でなければ立候補することができません。さらに、地方議会議員に立候補する場合はその地方公共団体の住民である必要がありましたが、首長に立候補する場合は住民である必要はありません。任期は４年ですが、議会から**不信任決議**がなされたり、住民からの**解職請求**が成立した場合、任期満了前に失職する可能性があります。

(3)　議会と首長の関係性──二元代表制

　地方議会議員と首長、どちらも住民の直接選挙で選ばれています。両者ともに民意を直接反映しており、対等な立場にあります。このようなシステムを**二元代表制**[*2]とよびます。

　国政レベルを少し思い出してみましょう。国会議員は国民の声を直接反映した存在です。それに対して、内閣総理大臣は国会の指名によって選ばれた存在であり、国民が「あなたが内閣総理大臣にふさわしい」として直接選んだわけではありません。それゆえ、より国民の民意を直接反映している国会が「国権の最高機関」であるとされ、内閣が国会に対して責任を負う議院内閣制という仕組みが採用されていたわけです[*3]。国政と地方自治では統治のシステムはずいぶん異なります。

　二元代表制のもとで、地方議会と首長は自分の役割をこなしつつ、権力分立の観点から、一方が暴走しないように歯止めをかける「**抑制と均衡**（チェック・アンド・バランス）」のシステムが作られているのです。もっとも、地方議会に対して首長には強い権限が認められています。当選回数を重ねている首長個人が地方公共団体内部で強い政治的権力をもっていた場合、議会における討議に首長個人の意向が反映されてしまうおそれがあります。

　(a)　抑制と均衡の仕組み①──拒否権　　首長は、議会の議決に異議がある場合には、10日以内に理由を示して、その議決を再議するように求めることができます。条例の制定・改廃もしくは予算に関する議決については、議会が出席議員の３分の２以上の賛成で同じ議決を再びしたときに、その議決が確定します。ここで３分の２以上の賛成が得られなかった場合は、その議案は廃案となります。

<figure>
🔍★ポイント★

*2　二元代表制の典型例としては、アメリカの大統領制があります。日本の地方自治のシステムは、この大統領制に類似するものです。しかし、あとでみるように、不信任決議や議会の解散といった、議院内閣制的な要素も日本の地方自治にはあります。

*3　第5章4 (p.138) を参照。
</figure>

首長が地方議会の議決を拒否していることになるので、拒否権とよばれています。

　(b)　抑制と均衡の仕組み②——不信任決議と解散　こんな首長とはもう一緒にやっていけないと考えた議会は、首長の不信任決議をすることができます。不信任決議がなされると、首長は、みずから辞職するか、逆に議会を解散するかを10日以内に選びます。議会の解散を選択した場合、選挙が行われて新しい議会が作られます。この新しく召集された最初の議会でも、この首長とはやっていけないと議員たちが考えた場合、1回目よりも簡単な手続で、ふたたび不信任決議を行うことができます。[*5] 2回目の不信任決議がなされた場合、首長は議会を解散させることはできず、失職します。

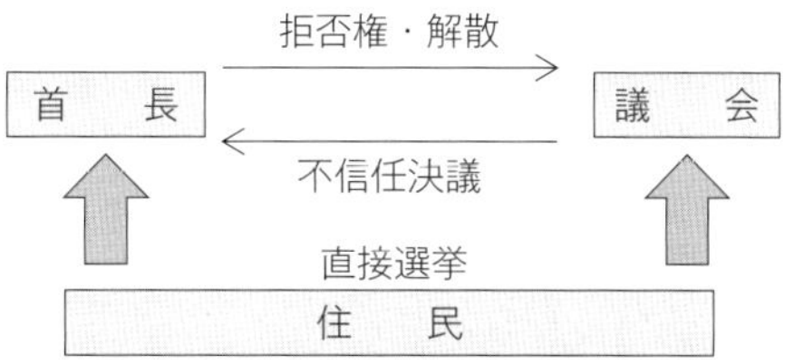

図 8-1　首長と地方議会の関係性

4　多選禁止は憲法違反？

(1)　多選を禁止することの意義と緊張関係

　昔から、同じ人が権力の座に長く居続けると、権力の腐敗を招く危険性があると考えられてきました。権力の暴走を防ぐため、たとえばアメリカ憲法では大統領の3選が禁止されています。アメリカの大統領は、どんなに優れた人物であっても、2期8年までしかできません。[*6] 多選を禁止する発想は、権力の暴走を防ぐという点で、憲法の前提である立憲主義[*7]というコンセプトと適合的です。加えて、地方公共団体内部において首長という一個人が強い権限をもっていること、特に地方議会に対して拒否権をもっていることをふまえると、冒頭のCASEで市議会が制定した条例はそれなりに理にかなっていると考えられます。

　日本では、1950年代中頃から、とくに地方公共団体の首長の多選が問題視されてきました。国会や地方議会でも多選を制限する法律や条例が提案されていますが、廃案となったり、多選自粛といった弱い形で条例を制定するにとどまっています。というのも、首長の多選を禁止すると、次の選挙でもA市長に一票入れたいと思っている住民からすれば、本当に選びたい候補者に投票できない可能性も出てきます。こうなってくると、民主主義の観点から問題が生じてきます。ひいては、A市長の言うように、住民の直接選挙で首長は選ばれるとする憲法93条2項との整合性が問題となるからです。

★ポイント★

*4　不信任決議（1回目）をするためには、議員数の3分の2以上が出席し、その4分の3以上の者が同意する必要があります（地方自治法178条1項・3項）。

★ポイント★

*5　2回目の不信任決議については、議員数の3分の2以上が出席し、その過半数の者の同意があれば成立します（地方自治法178条2項・3項）。1回目の不信任決議だと「4分の3以上」というかなり高いハードルをクリアしなければならなかったのと比べると、「過半数」でよいとする2回目のハードルはかなり低いといえます。

★ポイント★

*6　アメリカ以外にも、韓国憲法では大統領の再選それ自体が禁止されています。韓国の大統領の任期は5年なので、5年ごとに大統領が替わるシステムとなっています。

*7　詳しくは、第9章（p.186~）を参照。

(2)　地方自治の民主主義はどうあるべきか

　ただし、憲法93条２項が求めているのは、首長が住民の直接選挙で選ばれるという選び方についてです。それゆえ、多選を禁止すること自体は憲法の許容範囲であると考えることができます。たしかに、多選の禁止は民主主義の観点から問題視することができるかもしれません。しかし、ひとりの者がずっと首長でありつづけるのは民主主義とよべるでしょうか。むしろ、地方自治における民主主義というものが、多様な考え方をもった候補者どうしが選挙活動を通じて議論をし、それをふまえて住民が投票するものだと考えると、多選禁止は民主主義と合致しているとも考えられます。つまり、どのような民主主義を想定するかで議論は変わってくるのです。

　かりに多選禁止が憲法には反しないとしても、それを国会が制定する法律と地方議会の制定する条例のどちらで規制すべきかが議論になりそうです。憲法92条では地方公共団体の組織・運営については法律で定めると書かれている以上、多選禁止も法律で定める必要があります。しかし、首長の当選回数という重要な問題を国が決めてしまうのは、地方自治の本旨の観点から問題があるかもしれません。

○×問題

①　地方自治の本旨とは、地方自治をその地域の住民の意思と責任にもとづいて行う住民自治と、国から独立した団体が地方自治を行うという団体自治の２つの要素から成り立っている。

②　首長は、地方議会とうまくやっていけないと感じたならば、何度でも議会を解散することができる。

Coiumn⑨……道州制問題

　現在、少子高齢化や大都市への人口流出によって道府県や地方の市町村では財政が悪化し、住民サービスの質が低下を招くといった問題があります。そこで、47都道府県を全国10程度の道州に再編し、現在の市町村を合併してより大きな「基礎自治体」を設置しようとする構想（道州制）がこれまでひとつの政策として示されてきました。

　道州制を導入することによって、地方公務員などがこれまでと比べて少なく済むため、地方自治のコストを抑えることが期待されています。しかし、これまでの市町村よりも地方公共団体の規模が大きくなることから、住民が自治に参加するのがむずかしくなってしまい、住民自治が損なわれるという危険性もあります。

第 III 編

憲法の基本的な考え方
―――さらに深く学びたい人へ

本編では、憲法の成り立ちをふりかえりながら、
その基本原理について学びます。

第9章　憲法の歴史と立憲主義

◆**CASE**◆　立憲主義とはなにか？

（Ｔ高校のホームルームの時間）

先　生：今日は各自の将来の夢について話してもらいます。じゃあ、まずＡ君、どうかな？

Ａ　君：俺から？　ええと、将来の夢は王様になって好きなように生きること。みんな俺の言うこときけよ。

一　同：笑

Ｂさん：あのさあ、子供じゃないんだから、もっと現実的に考えようよ。たしかに今の日本を立憲君主制とみる考え方もあるだろうけど、Ａ君のいうような君主は、立憲主義に反するから無理に決まってるじゃない。

Ａ　君：は？　「りっけんくんしゅせい」とか、「りっけんしゅぎ」だとか、意味わかんないし。

Ｂさん：要するに、憲法に反するような体制はとれないってことよ。

Ａ　君：憲法とか面倒くさいな。よくわかんないけど、それって憲法に書いてあるの？

Ｂさん：ええと、先生、どうでしたっけ？

先　生：それに答えるためには、立憲主義の沿革を知ることが必要だね。じゃあ、せっかくだから、立憲主義について考えてみよう。

立憲主義がわかると賢くなった気がしない？

① 立 憲 主 義

　「立憲主義」という言葉を聞いたことがあるでしょうか。2015年に政府が集団的自衛権に関する憲法解釈の変更を打ち出したとき、立憲主義に反するかどうかという問題が浮上しました。このとき、政治家のなかに、学生時代の講義で立憲主義を聞いたことがないという人がいて話題になり、結果的に立憲主義が大きくクローズアップされました。なので、日ごろからニュースを見ている人は立憲主義という言葉を聞いたことがあると思います。実は高校の政治経済の教科書にも載っているので、社会が得意だった人はこの言葉を知っているでしょう。しかし、言葉自体は知っていても、その内容をきちんと説明できるでしょうか。これを理解するためには、立憲主義の沿革を知っておかなければなりません。

　立憲主義は、文字どおり「憲法を立てる」ことであり、「憲法にもとづく体制」を意味する言葉です。そのため、「憲法」を知らなければ、この言葉の意味を理解することができません。憲法はもともと欧米で発達した概念で、原語はconstitution です。この単語は、「構成／枠組」などを意味するもので、「憲法」と訳す場合には、国家の基本構造をあらわす言葉として使います。つまり、憲法

は国家の基本構造を意味するものなのです。

　といっても、どうして国家が出てくるのか、基本構造と何のことなのか、よく
わかりません。そこで、憲法の歴史的経緯をひも解きながら、憲法の意味を理解
していきましょう。

② 憲法の成立

(1) 自然状態

　まず、ときは原始時代にさかのぼります。原始時代、人は単独で狩りをして生
活し、食料をめぐって殺し合いをすることもありました。このように、人が欲望
のままに生き、無秩序な状況で生活する状態を、自然状態といいます。ところが、
自然状態では安定した生活を送ることができませんし、いつ殺されるかわからな
いという不安におびえながら暮らすことになります。人生一度きりですから、早
死にしてしまうことは望ましくありません。そこで、人間は、安全に暮らすため
にはどうすればいいかを考えます。その結果、人々は協力するという方法を採用
します。お互いに助け合って、お互いの身を守ることで、安全な暮らしを手に入
れようと考えたのです。協力関係は、家族という小さな単位から始まり、徐々に、
村、町、都市と大きくなっていきます。

(2) 国家の登場

　そして、最終的に行き着いたのが国家でした。国家は、人々の安全な暮らしを
守るために、犯罪を取り締まったり、外敵から守ったりする存在として登場した
わけです。もちろん、国家はただ守ってくれるわけではないので、人々はそれぞ
れに与えられた役割を果たしたり、一定の負担を負ったりすることで、国家を維
持しました。

　当初の国家は、君主制が主なスタイルでした。勇敢で能力のある人が王様とな
り、王様がリーダーシップを発揮して国を治め、外敵と戦ったのです。ところが、
王様のなかには乱暴な者がいたり、権力を振りかざしたりして自分勝手なことを
行う者もいました。また、世襲制がほとんどだったので、生まれながら王様になっ
た者はわがままな政治を行い、重い税金をとったり、気に入らない者を罰したり
する者も出てきました。

　そうなると、安全を守るためのはずの国家が安全を壊す存在になってしまいま
す。そこで、人々はジレンマに陥ります。国家が暴力によって安全を害したり自
由を奪ったりするのはよくないので国家をなくしてしまったほうがいいか。しか
し、国家をなくしてしまうと、また自然状態に逆戻りしてしまって、安全な暮ら
しができなくなってしまう。どちらを選んでも安全な暮らしができないので、な
んとかこのジレンマを解決する方法をあみ出す必要がありました。

(3)　憲法の誕生

　実はそこで登場するのが、憲法です。人々の安全な暮らしを守るために国家が必要だけれども、王様の好き勝手に任せると安全や自由が脅かされてしまうのだとすれば、国家を維持したままその権力行使に歯止めをかければいいわけです。そこで、憲法を頂点において、国家の仕組みを定め、国家が守らなければならないことを定めることにしました。つまり、**権力分立**[*1]を採用して、また権力を好き勝手に使われないようにし、国家といえども人々の**自然権**（自然状態にあっても持っている権利＝生命や財産）を侵してはならないとしたのです。みなさんは、ロックという名前を聞いたことがありますよね。中学や高校の歴史や政治経済の授業で登場する有名な思想家です。ロックはこの自然権を唱えたことで有名です[*2]。

*1　詳しくは、第5章3のminiコラム（p.124）を参照。

*2　第4章2 (p.81)を参照。

3　立憲主義の諸要素

　このような歴史的ストーリーをふまえて、現在では、憲法の本質は、国家権力を制限し、人権を保障することにあると考えられています。これを端的に示したのが、1789年のフランス人権宣言でした。**フランス人権宣言16条**は、権力分立と人権保障が定められていなければ憲法とはいえないと規定しています。この権力統制と人権保障の要素こそが憲法の基本原理であり、立憲主義の中身をあらわしています（**近代立憲主義**）。

　ただし、これはあくまで基本中の基本原理をあらわすものにすぎず、現在ではもう少し広い内容を含むようになっています。たとえば、権力制限や人権保障を実践するためには、憲法が最上位に置かれなければなりません。つまり、いかなる国家権力であっても、憲法には従わなければならないという規範を定立しなければ、立憲主義の構想はもろくも崩れてしまいます。そのため、憲法が最高法規であることが立憲主義に含まれていると考えられます（**最高法規性**）。また、王様の時代のような人の支配（人治）が続いても、立憲主義の構想は実現できません。憲法を頂点とした法に従って統治が行われなければ、権力制限や人権保障ができないからです。よって、**法の支配**も立憲主義の一要素になっています。また、人権を保障するためには、国家が特定の宗教や価値観を押しつけてはならず、各人を個人として尊重することが原則となります。そのためには、人々が多様な見解をもつことを認める多元的な社会が前提となります（**多元主義**）。

　さらに、現代国家は、行政が市民に対して幅広いサービスを提供しています。いわゆる福祉国家を迎えた現代では、社会権的要素も人権保障のなかに入れる必要があるのではないかという議論が出てきています。近代立憲主義は国家権力に対する懐疑的姿勢を基本的スタンスとしていたのですが、現代国家においては、社会権のような国家による自由の側面も立憲主義の要素に含むべきではないかと

いう問題が出てきているのです。

④ 立憲主義の展開

(1) フィクション？

ただし、以上のような立憲主義の成り立ちは、実はフィクションです。これまでの歴史的経緯をふまえて説得的な理論を構築すると、このようなストーリーになるというのが立憲主義の内容ということになります。ですから、これ以外にもっと説得的な理論を提示することができるのでしたら、そちらのほうが憲法や立憲主義の中身としてふさわしい可能性もあります。

それでは、なぜこのようなフィクションを提示する必要があるのでしょうか。それは、憲法の内容は基本的に抽象的で、その内容を明らかにするためには理論や解釈が必要だからです。先ほど述べたような立憲主義のかなめともいえる権力分立は、日本国憲法はおろか世界最古の憲法典であるアメリカ憲法にも直接の規定がありません。しかし、憲法が制定されるに至った経緯や三権に権力が分割されていることをふまえると、権力分立原理が要請されていることがわかります。それを論理的に説明することが重要なのであり、憲法学はまさにそのような作業を行うのが主な任務となるのです。

(2) 立憲主義の拡大

それでは、立憲主義はその後どうなっているのでしょうか。もし、立憲主義が社会にとって不要であったり不都合であったりすれば、廃れている可能性もあります。しかし、1789年以来、立憲主義は世界中に広がる傾向にあります。たとえば、アジア圏では、1889年に大日本帝国憲法が制定され、内容的には不十分な面もありましたが、立憲主義を打ち出しました。さらに、冷戦が終結する1989年には西側諸国の立憲主義が東側諸国にも浸透するようになり、今では多くの国が立憲主義を採用するに至っています[*3]。

その際、重要なのが、憲法の最高法規性を実践するための司法審査制です。かつて、ドイツのナチスが民主主義の力を利用して合法的にワイマール憲法[*4]を有名無実にしてしまったのは有名な話です。国会や内閣（大統領）は選挙で選ばれたという正当性（**民主的正当性**）があるので、民意を背景に少数者の人権を侵害してしまうことがあります。そのとき、憲法にもとづき、それを止める方法が必要です。その役割を担うものとして期待されるのが、裁判所の**司法審査権**（違憲審査権）です。司法審査権は裁判所が政治部門の行為が憲法に違反するかどうかをチェックするもので、司法権は憲法を守るための機関と位置づけられています（憲法の番人）。そのため、最近では、立憲主義を採用する国は司法審査制を設けているところが多くなっています。

🔍 ★ポイント★

*3　立憲主義の歴史については、4つの「89」がターニングポイントになっていると指摘されています。1689年の権利章典、1789年のフランス人権宣言、1889年の大日本帝国憲法、1989年の冷戦終結です（樋口陽一『個人と国家──なぜ今立憲主義か』集英社、2000年）。

🔍 ★ポイント★

*4　1919年に制定されたドイツの憲法で、国民主権や社会権などの規定を設け、当時最も民主的な憲法といわれました。

ただし、裁判所は司法審査権をもっているからといって、違憲判断（憲法に違反するという判断）ばかり出すことは望ましくありません。政治部門も憲法によって設けられた機関ですし、政治部門がさまざまな法制度を保障しなければ、適切な人権保障がなされたとはいえないからです。さらに、司法審査権には理論的にやっかいな問題も抱えています。それが「反多数決の難点」です。そもそも民主的正当性の弱い裁判所が、なぜ民主的正当性のある政治部門の決定を無効にすることができるかという問題があるのです。[*5]

★ポイント★

*5 この問題は「司法審査と民主主義」として設定されることがあり、学説では憲法学の永遠のテーマと位置づけられています。

⑤ デッドハンドの問題

「憲法は多数派の決定によっても侵すことのできない人権を守るために司法審査を認めたのだから、反多数派の難点の問題は生じないのでは」と思うかもしれません。けれども、司法審査を創設した憲法を制定する作業に、我々はかかわっていません。それにもかかわらず、司法審査は現在の多数派の意思を覆すことができるのでしょうか。言い換えれば、なぜ我々は昔の人が作った憲法に拘束されなければならないのでしょうか。

テロ対策の問題を例に考えてみましょう。憲法は適正手続に関する定めを置いていて（憲法31条）、犯人を逮捕するためには令状が必要であるとする令状主義（憲法35条）を要請しています。[*6]ところが、テロの危険性が高まっている現在では、テロ容疑者を捕まえる際には令状はいらないと考える人が増え、国会がテロ容疑者の逮捕について令状を不要とする法律を作ったとします。これに対して、裁判所が憲法35条に反し違憲であると判断したとしましょう。ここでは、過去の意思（憲法）と現在意思（法律）が衝突しています。憲法が定めた司法審査によって現在意思の代表たる国会の決定が覆されているからです。

*6 第3章4（p.69）を参照。

このような過去の拘束のことを、**デッドハンド**（死者の拘束）といいます。立憲主義において司法審査が大きな役割を果たしているとすれば、このデッドハンドの問題は立憲主義の正当性にかかわる大きな問題といえます。

⑥ プリコミットメント

これについてはさまざまな議論がありますが、ここではプリコミットメント論を紹介しておきましょう。プリコミットメント論はギリシャ神話のオデュッセウスに登場するセイレーン（人魚）の歌声のエピソードにヒントを得たものです。セイレーンは美しい歌声で有名なのですが、それを聴くと船乗りたちはその声に魅入ってしまい、船が岩礁帯に引き寄せられて沈没してしまいます。オデュッセウスはなんとかして暗礁に乗り上げないままセイレーンの歌声を聴くための方法

を考えます。その方法とは、あらかじめ自分の体を船のマストに縛りつけておき、船乗りたちはセイレーンの歌声を聴かないように耳栓をさせて、自分がどのような指示を出しても船乗りたちが従わないようにすることでした。自分が正気のうちに、将来正気でなくなるかもしれない自分の意思を拘束しておいたわけです。

　そこで、憲法も同じような原理であると考えます。つまり、憲法を制定した過去の意思は通時的に重要である人権規定を保障し、将来世代が一時の多数派の意思によって誤った判断を下しても対応できるように、司法審査を設けたと考えるわけです。このように、将来の自分が誤った判断をしても対応できるように、あらかじめ自分の意思を縛っておくことを**プリコミットメント**といい、それを司法審査の正当化に応用したものをプリコミットメント論というのです。

　もっと身近な例を出しましょう。車で居酒屋に行ったとき、あらかじめ店主に車のカギを渡して、「後で自分が車を運転して帰ると言っても絶対にカギを渡さないでくれ」と頼んだとします。これも、正常な判断ができる状態のうちに将来の自分の意思を拘束するプリコミットメントのひとつといえるでしょう。

　ただし、この議論にも問題があります。オデュッセウスや酒酔い運転防止の例は同じ人の話をしているのですが、憲法を制定した人と現在または将来の人は異なります。つまり、個々の人間と抽象的な国民を同一視できるのかという問題があるのです。そのため、自己統治システムが個人とどのように結合していくのかを説明する必要があるでしょう。

　また、プリコミットメント論は憲法を制定した世代の人のほうが将来世代よりも正しい判断をしていると想定しているようにみえますが、なぜそのようなことがいえるのかも疑問です。これに答えるためには、制定世代が憲法改正手続と同等のハードル（特別多数など）を満たしていたとか、広く全国レベルで相当の熟慮と討議のすえに制定したなど、制定世代も現在世代も同様の憲法改正の契機があると説明する必要があるでしょう。

⑦ 立憲主義の要請

　このように、立憲主義を知るためには、憲法制定の経緯をふまえたうえで、権力分立や人権保障を維持することの重要性を理解し、その際に民主主義や司法審査などがどのように機能しているのかを考えることが肝要です。

　冒頭のCASEでは、A君が王様になりたがっていましたが、A君は中世の王様のように恣意的な政治を行うことをイメージしているようです。しかし、立憲主義はそのような権力濫用を許さないものなので、残念ながら、A君の描く政治体制は立憲主義に反することになりそうです。

　もっとも、君主制自体が立憲主義に反するわけではないことに注意が必要です。

たとえば、立憲君主制という言葉があるように、立憲主義と君主制が融合していることがあります。立憲君主制は、君主にどれだけの権限を認めるかによってばらつきがありますが、「立憲」が頭についていることからわかるように、憲法にもとづく君主制を指します。したがって、立憲君主制といった場合、一般に、君主は好き勝手な政治を行えるわけではなく、憲法によって権限が制限されている状態を指します。日本が立憲君主制を採用しているかどうかについては、立憲君主制をどのように理解するか、現在の天皇の権限をどのように位置づけるかによって変わってきますが、少なくともＡ君の考えるような体制とは異なるといえるでしょう。

○×問題

① 立憲主義とは憲法にもとづく国家体制のことを指し、近代立憲主義は権力分立と人権保障をその内容とする。

② 憲法が司法審査制を採用している場合、民主主義との衝突は理論上問題にならないと考えられている。

Column⑩……憲法の意味

憲法には、形式的意味の憲法と実質的意味の憲法の両方があり、前者は憲法典（条文）をもつかどうか、後者は立憲主義的内容をもつかどうかがポイントになります。日本は憲法典があり、内容も立憲主義的なので、形式的意味の憲法と実質的意味の憲法の両方を備えていることになります。最近では、多くの国が憲法典をもつようになり、立憲主義的内容を含むようになっています。ただし、実際には立憲主義が十分尊重されていない国もあり、憲法価値をどのように実現するか、どの程度憲法に愛着をもっているかなども重要な考慮要素だといえます。

第**10**章 天皇と国民主権

◆**CASE**◆　日本で一番えらい人

（T高校の休み時間）
A　君：日本で一番えらい人って誰なのかな？
B　君：そりゃあ、総理大臣に決まっているでしょ。政治関連のニュースでもよく出てくるし。外国の大統領とかに会っているのも総理大臣だ。
Cさん：いやいや天皇でしょ。総理大臣でも芸能人でも、天皇について話すときはみんな敬語で話しているじゃん。それに天皇の家族の話はテレビでよく放送しているけど、総理大臣の家族の話が放送されているところはほとんど見たことないよ。
B　君：天皇は何の権力ももってないだろ。天皇が政治について発言しているとことか見たことないぞ。やっぱり政治とか重要な問題について発言している人が一番えらいと思う。
先　生：たしかにテレビとか見ていると総理大臣が政治の方針について決めているように思えてくるね。でも、その総理大臣って誰が選んでいるのかな？

日本の主役はやっぱり私たちでしょ！

1　日本の行く末を決定できるのは誰か

　日本では、少子高齢化などの社会福祉問題、非正規雇用と正規雇用などの労働問題、集団的自衛権などの防衛・外交問題など、解決しなければならないさまざまな問題があります。これらの問題に対して実際に解決策や方針を世の中に示しているのは総理大臣やそのほかの大臣、あるいは国会議員ですので、彼らが日本という国の責任者に思えてきます。しかし、彼らは生まれたときから自然とそのような役職を務めているわけではありません。国会議員は選挙を通して国民から選ばれ、総理大臣はその国会議員が選び、ほかの大臣はその総理大臣が選びます。[*1]したがって、もとをたどればすべて国民に行き着くことになり、究極的には国民がみずから望む解決策や方針を世の中に示しているということになります。日本を会社にたとえるならば、会社のオーナー・株主が国民、会社のCEO（最高経営責任者）・社長・取締役が大臣や国会議員ということです。日本国憲法では日本という会社の保有権のことを**主権**といい、その主権が国民にあるという**国民主権**の原理が基本原則として掲げられています。憲法1条でも「主権の存する国民」との規定が置かれています。

＊1　第5章3（p.120～）と第5章4（p.132～）を参照。

憲法1条
天皇は、日本国の象徴であり日本国民統合の象徴であつて、この地位は、主権の存する日本国民の総意に基く。

② 天皇という存在

　大日本帝国憲法では、天皇主権が掲げられ、天皇が日本の行く末を決める唯一の存在であり、国会・内閣・裁判所といった国家機関はすべて天皇を支える存在にすぎませんでした。現在では主権が国民に移ったことを受けて、「天皇は、日本国の象徴であり日本国民統合の象徴であつて、この地位は、主権の存する日本国民の総意に基く」（憲法1条）との規定がおかれています。つまり、天皇は日本のシンボルにすぎず、しかも日本国民がその地位を決めているのです。したがって、日本国憲法のもとでは、天皇よりも日本国民のほうが上の立場といえます。

　そして、憲法4条1項では「天皇は、この憲法の定める国事に関する行為のみを行ひ、国政に関する権能を有しない」として、天皇が政治へかかわることが禁じられています。この「国事に関する行為」（**国事行為**）の具体的な内容は7条などであげられています。これらの行為は一見するときわめて政治的ですが、あくまで内閣と助言と承認等にもとづいて行われますので、実質的な決定権は内閣や国会にあります。一方で、天皇も日本国民ですので、天皇の地位とは関係ないプライベートな行為（**純然たる私的行為**）も当然認められています。たとえば、現在の天皇は歴史（水上交通史）について研究しており、2018年には世界水フォーラムで「水と災害」に関する基調講演を行いました。なお、天皇は国事行為としてあげられていないがプライベートな行為ともいえない行為（**公的行為**）も、実際には行っています。具体的には、外国への訪問、国会の開会式への参加などです。最近では、現上皇（前天皇）が「象徴としてのお務め」についてのお気持ちを述べたことが話題になりましたが、その行為も公的行為です。これら公的行為は日本の政治に少なからず影響があるため、憲法であげられていないのは問題があるように思えます。この点に関して、学説では憲法上の問題はないとの結論でほぼ一致しています。ただし、その考え方についてはさまざまに主張されています。たとえば、憲法7条10号の「儀式を行ふ」としてとらえればよいとする見解（国事行為説）、憲法1条で天皇が象徴であると定めた以上、象徴に関連するような行為も当然憲法で認めているとする見解（象徴行為説）、天皇も総理大臣や最高裁長官のように国家機関に所属する者であるから公職者に関連するような行為も憲法で認めているとする見解（公人行為説）などが主張されています。

③ 主権とは

　日本国憲法では国民に主権があるという国民主権を基本原理として掲げていますが、そもそも主権とは何なのでしょうか。主権という言葉は主に3つの意味で用いられています。

　1つめは、国家権力そのものという意味です。言い換えれば、主権とは国家が有する支配権であり、立法権・行政権・司法権などの国家権力をまとめて指している**統治権**という言葉とほぼ同じ意味になります。たとえばサンフランシスコ平和条約1条（b）項のなかで用いられている主権がこれにあたります。同条項では日本国を構成する地域（本州、北海道など）などに対して立法権などの国家権力を行使できるのは日本国民であることが確認されているわけです。

　2つめは、**国家権力の最高独立性**という意味です。この意味については対内的な場合と対外的な場合の2通りがあり、対内的には他のいかなる権力を有する者や組織よりもえらい、最高であるという意味、対外的には他のいかなる権力者や組織からも干渉されず独立であるという意味で、前者を対内主権、後者を対外主権とよぶこともあります。たとえば、憲法前文3項のなかで用いられている主権がこれにあたります。前文3項では、日本国が他国から干渉されず対等な立場であることが確認されているわけです。

　3つめは、**国政についての最高の決定権**という意味です。国民主権の「主権」がまさにこの意味となります。つまり国民主権とは、国の政治のあり方を最終的に決定する力または権威が国民にあるということです。たとえば、憲法前文1項1段のなかで用いられている主権がこれにあたります。なお、「力」とは国のあり方を最終的に決める権力を実際に有していることであり、**権力的契機**（**主権の権力性の側面**）といわれることもあります。会社にたとえると、会社のオーナーが会社経営に直接関与しているイメージです。したがって、権力的契機を重視するならば、日本の政治について具体的に決定する権限が国民に与えられていないと、国民主権が実現されているとはいえなくなってしまいます。一方で、「権威」とは国家権力の行使を正当化する究極の根拠となっていることであり、**正当性の契機**（**主権の正当性の側面**）といわれることもあります。会社にたとえると、会社のオーナー自身は会社経営に直接関与しておらず、経営は取締役などが行っているというイメージです。したがって、正当性の契機を重視するならば、日本の政治について具体的に決定する権限が国民に与えられていなくても、政治について具体的に決定する国会議員が国民の判断に従って選ばれている限りは国民主権が実現されているといえることになります。なお、日本国憲法では、憲法改正につき国民の直接投票が定められている（憲法96条1項）など国民が政治的な決定を直接下す場面が想定されているとともに、前文1項2段や43条1項など国民が選挙を通じて国会議員という代表者を選び、その代表者に国家を運営させることも定められているため、主権のいずれの側面も確認されています。

　以上のように、正当性の契機を強調すれば代表者を通じて国民の意思が政治に反映される間接民主制が導かれやすくなり、権力性の契機を強調すれば国民が政治に対して直接働きかける直接民主制が導かれやすくなります。

★ポイント★

＊4　第二次世界大戦後に日本と連合国48か国の間で締結された平和条約。この条約によって連合国の日本の占領が終わり、日本の主権が回復しました。正式名称は、「日本国との平和条約」です。

＊5　サンフランシスコ平和条約1条（b）項　「連合国は、日本国及びその領水に対する日本国民の完全な主権を承認する。」

④ 国 民 と は

　日本国憲法は日本のあり方を「国民」が最終的に決めるという原理を採用しているわけですが、ここでいう「国民」とはどのような人たちを指しているのでしょうか。国民というと日本国籍をもった人というのが素直な読み方ですが、国民主権における「国民」については、大きく分けて2つの読み方が主張されています。

(1) 有権者主体説

　ひとつは、「国民」を有権者のすべて（選挙人団）と考える説で、**有権者主体説**といいます。つまり、有権者主体説は国民主権を国民が実際に政治的な決定を下すイメージでとらえており、主権の権力性の側面を重視しています。しかし、この説に関しては、すべての国民のなかで主権がある者（選挙権を有する大人）と主権がない者（選挙権を有しない子ども）に二分されることになるところ、そのように政治的な意思決定に参加できない国民を明らかに認めることは民主主義に反するのではないかなどの批判がなされています。

(2) 全国民主体説

　もうひとつは、「国民」を老若男女や選挙権の有無とは関係なくすべての国民と考える説で、**全国民主体説**といいます。このように考える場合、国民すべてが実際に政治的な決定を下すことは現実的に不可能ですから、全国民主体説は国民主権を日本のオーナーは国民であるという看板を掲げつつ、別の者によって経営が行われているイメージでとらえており、主権の正当性の側面を重視しています。しかしこの説に関しても、国民主権をそのような名ばかりの原理としてとらえるのはよくないなどの批判がなされています。

(3) 有権者主体説と全国民主体説の融合

　以上のように、いずれの説に対しても問題点が指摘されているため、両者を融合的にとらえようとする考えも主張されています。すなわち「国民」は全国民を意味することもあれば有権者を意味することもあるという考えです。

　日本国憲法の規定に関していえば、前文1項2段や43条1項などのように国会議員という代表者が国家を運営することが明らかにされている一方で、96条1項のように国民が直接自分の政治的な意思を示す機会も与えられているので、このように融合的にとらえたほうがよいのかもしれません。

〇×問題

① 天皇の行為は国事行為以外いっさい認められない。

② 国民主権における「主権」とは、国政についての最高の決定権という意味である。

第 **11** 章　憲 法 改 正

◆**CASE**◆　　理想の憲法！？

（Ｔ高校の政治経済の時間）

Ａさん：今朝の新聞記事読んだ？　Ｘ首相が「憲法改正に挑戦していきたい」といっているらしいよ。
　　　　せっかくだから、来週のグループ報告のテーマは「憲法改正」にしない？

Ｂ　君：憲法改正って憲法を変えるってことだよね？　確か、日本国憲法は一度も変わったことが
　　　　ないと聞くし、世の中は不景気だから、この際、憲法を変えて、ぱあっと空気を変える
　　　　のも悪くないかも！

Ｃさん：変えるといっても憲法のどこをどう変えるつもり？　そもそも、今の憲法を根本的に変え
　　　　ることなんてできるの？

Ｂ　君：それはよくわからないけど……。

Ｄ　君：さすがに、全部は変えられないんじゃないかなあ。授業でプライバシー権や環境権は憲
　　　　法に書かれていないという話を聞いたことがあるから、そういった権利を今の憲法に書
　　　　き込むというのは、どう？

Ｆさん：うーん。自分としては、自衛隊に関連する憲法９条を変えたほうがよいと思
　　　　う。いつどこからミサイルが飛んでくるかわからないし……。あと、日本国
　　　　憲法が「押しつけ憲法」だという話も気になるな。

Ｃさん：憲法について、いろいろな意見があるんだね。とはいえ、憲法をどうやって
　　　　変えるんだろう？　なにか手続ってあるのかな？

Ａさん：それについては高校生が憲法改正の模擬国民投票をしたという新聞記事を読
　　　　んだことがあるよ。じゃあ、うちのグループのテーマは「憲法改正」でよい？

一　同：異議なし！

憲法の改正に
賛成かな？
反対かな？

① 憲法改正とその意義

　CASE[*1]のＡさんのように、みなさんも憲法改正という言葉に一度は触れたこ
とがあるかもしれません。憲法改正とは、憲法に定められた特別の手続にしたがっ
て、憲法を修正することです。憲法制定以降に生じた国民の価値観や社会の変化、
制定時には気づかれなかった憲法の欠点に対応するために、ほとんどの憲法は、
憲法改正手続を定めています（可変性の要請）。もっとも、何度も憲法改正が行わ
れると、国家のあり方を定めた基本的なルール[*2]が不安定になってしまいます（安
定性の要請）。そこで、日本国憲法は、憲法改正手続を定めるだけでなく、その
要件を厳格にすることで（硬性憲法[*3]）、こうした可変性と安定性の要請の調和を
図っています。

＊1　上記のCASE
は、朝日新聞東京本社
版朝刊「菅カラー、ど
う打ち出す　デジタル
庁・携帯値下げに意欲
自民新総裁」(2020年9
月15日・3面)、朝日新
聞西部本社版朝刊「憲
法って？　一票に学ぶ
高校生　広がる模擬投
票」(2018年5月4日。第
1社会面) などを参考
に作成しています。

＊2　憲法の基本につ
いて、詳しくは、序章
(p.2) を参照。

② 憲法改正の手続

　憲法改正手続は、憲法96条に定められています。同条によると、憲法改正は、①国会の発議（1項前段）、②国民の承認（1項後段）、③天皇の公布（2項）という3段階を経ることになっています。

(1) 国会の発議

　憲法96条1項の「発議」とは、国民に提案する憲法改正案を国会が決定することです。この発議が成立するためには、議員が憲法改正原案を提出する必要があります。もっとも、これを内閣が提出することができるのかについて明文の規定がないことから議論があります。同様の対立は法律案の提出についてもありますが、[*4]法律案提出権については肯定しながらも、憲法改正原案提出権については否定する学説もあります。しかし、内閣の憲法改正原案提出権を否定したとしても、大臣の過半数は国会議員の資格をもつので（憲法68条1項）、議員として憲法改正原案を提出することができます。さらに、憲法審査会[*5]も、会長を提出者として憲法改正原案を提出することができます（国会法102条の7）[*6]。

　法律案の提出の場合、衆議院で20人以上、参議院で10人以上の議員の賛成を必要とするのに対し（同法56条1項）、憲法改正原案の提出の場合、衆議院で100人以上、参議院で50人以上の議員の賛成が必要となっています（同法68条の2）。

　こうして提出された憲法改正原案は、各々の議院の憲法審査会（同法102条の6）、あるいは、他の議院の憲法審査会との合同審査会による審査を受けます（同法102条の8）。この審査の後、憲法改正原案は本会議で審議されます。

　本会議で憲法改正原案を決定するためには、「各議院の総議員の3分の2以上の賛成」が必要です（憲法96条1項）。この「総議員」の意味について、①法定議員数とする説と、②現在議員数（法定議員数から欠員を除いた数）とする説が対立しています。②説は欠員を反対票とみなすことを問題としますが、欠員の分だけ改正が容易になってしまうので、①説が妥当とされます。

　なお、法律案と異なり、ここでは衆議院の優越は認められません[*7]。

(2) 国民の承認

　国会の発議がなされると、60日以後180日以内において、国会の議決した日に国民投票が行われます（国民投票法2条1項）[*8]。満18歳以上の日本国民が投票権をもち（同法3条）、投票用紙に記載された「賛成」または「反対」の文字を○で囲むことで投票を行います（同法56条・57条1項・別表様式）。

　憲法96条1項は、国民投票における「過半数の賛成」をもって「国民の承認」としますが、この「過半数」の意味についても、①有権者の過半数とする説、②総投票数の過半数とする説、③有効投票数の過半数とする説があります。この点、国民投票法では「投票総数」を「憲法改正案に対する賛成の投票の数及び反対の

投票の数を合計した数」と定めており（98条2項）、③説が採用されています。

（3）　天皇の公布

　国民の承認によって、憲法改正は成立するので、天皇は「国民の名で、この憲法と一体を成すものとして、直ちにこれを公布」します（憲法96条2項・7条1号）。

　それでは、このような憲法改正手続にしたがえば、どのような内容の改正も許されるのでしょうか。

3　憲法改正の限界

（1）　全部改正と一部改正

　先ほど見たように、日本国憲法の改正手続では、その規定上、憲法を全部改正する「全部改正」と個別の条文を修正・追加・削除する「一部改正」を区別していません。しかし、一部改正を何度も行えば、結果的に全面改正になってしまうこともあるので、実のところ、両者の区別は相対的なものです。したがって、単純に全部改正だから許されないというのではなく、そもそも、いかなる内容の憲法改正も許されるのか（憲法改正の限界）が問題となります。

（2）　憲法改正禁止規定

　この点、あらかじめ憲法改正の限界を憲法に明文で規定している国もあります。たとえば、フランス第五共和国憲法には共和政体の変更を禁じる条文があります[9]し、ドイツ連邦共和国基本法にも国民主権と人権の基本原則に影響を及ぼす改正を禁じる条文があります[10]。これに対して、日本国憲法にはこのような規定（憲法改正禁止規定）はありません。

（3）　憲法改正の限界説と無限界説

　そこで、憲法に定められた特別の手続にしたがえば、いかなる内容の憲法改正もできるとする無限界説が主張されています。しかし、学説では、憲法改正にも一定の限界があるとする限界説が多数を占めています。ただし、限界説の論拠は、以下のとおり、大きく2つに分かれています。

　第一は、憲法のなかに自然法に由来する根本規範があるとして、この根本規範を変更する憲法改正はできない、とする説です。この説では、自然権を実体化した根本規範とそれ以外の憲法条文を区別したうえで、前者の改正のみを憲法改正の限界とします。したがって、この説によると、憲法の中のどの条文が根本規範に該当するのかが問題となります。

　第二は、憲法を改正する力（憲法改正権）は、憲法を制定する力（憲法制定権力）によって与えられた権限なので、憲法制定権力を否定するような憲法改正はできない、とする説です。この説では、憲法制定権力を否定するような改正、つまり憲法制定権者を変える改正や憲法制定権力の基本的決定を変更する改正が憲法改

*9　フランス第五共和国憲法89条
5項　「共和政体は、これを改正の対象とすることができない。」（初宿正典・辻村みよ子編『新解説 世界憲法集［第5版］』三省堂　2020年　p.244）。

*10　ドイツ連邦共和国基本法79条
3項　「この基本法の変更によって、連邦の諸ラントへの編成、立法に際しての諸ラントの原則的協力、または、第1条および第20条にうたわれている基本原則に触れることは、許されない。」（同上 p.176）。

*11 国民主権について、詳しくは、第10章（p.193）を参照。

正の限界となります。国民主権を掲げる日本国憲法の場合、憲法制定権者は国民と考えられるので[*11]（憲法前文・１条）、国民主権原理を変えることは許されません。もっとも、なにが憲法制定権力による基本的決定なのか、さらに、それがどの条文に具体化されているのかについては、別途、明らかにする必要があります。

このように、限界説にもいろいろな類型がありますが、具体的にどのような条文の改正が憲法改正の限界を超えるとされるのでしょうか（実体的憲法改正禁止規定）。

(4) 実体的憲法改正禁止規定

限界説の多くは、憲法11条、前文、９条１項などの文言から、基本的人権の尊重、国民主権、そして平和主義といった憲法の基本原則を改正することはできないとしています。これらに加えて、憲法改正手続について定める憲法96条を改正できるのかについても問題となりますが、憲法96条は憲法改正を根拠づけている条文であり、改正の対象となっている他の条文よりも、法的に一段上にあるので、改正することができない、とも考えられます。

それでは、これまで憲法改正に限界があると理解するのが通説だということを確認してきましたが、その限界を超えた改正がなされた場合、法的にどう評価されるのでしょうか。

(5) 憲法改正の限界を超えた場合

憲法改正の限界を超えた改正がなされたとしても、改正後の憲法は法的に無効ではなく、有効とされます。もっとも、その場合、それは法的には現行憲法の「改正」とは認められず、現行憲法を無視した、まったく新しい憲法の「制定」と理解されます。したがって、変更前の憲法と変更後の憲法の間には法的な連続性はない、ということになります。

*12 主権について、詳しくは、第10章（p.194）を参照。

*13 大日本帝国憲法73条
１項「将来此ノ憲法ノ条項ヲ改正スルノ必要アルトキハ勅命ヲ以テ議案ヲ帝国議会ノ議ニ付スヘシ」
２項「此ノ場合ニ於テ両議院ハ各々其ノ総員三分ノ二以上出席スルニ非サレハ議事ヲ開クコトヲ得ス出席議員三分ノ二以上ノ多数ヲ得ルニ非サレハ改正ノ議決ヲ為スコトヲ得ス」

しかし、このような理解に立つと、日本国憲法の正統性が問題となります。なぜなら、大日本帝国憲法（以下、「明治憲法」といいます）と日本国憲法は主権原理が異なるにもかかわらず[*12]、日本国憲法は明治憲法の改正手続によって、「改正」[*13]されているからです。この問題について、八月革命説という学説は、明治憲法の根本的な変更を要求するポツダム宣言の受諾によって、法的な革命が生じ、明治憲法の主権原理が変わったので、こうした「改正」ができたのだ、と説明します。

④ 憲法変遷

ところで、日本国憲法の条文は抽象度が高く、条文の解釈には一定の枠があります。解釈の変化がこの枠の範囲内である場合には、たんなる憲法解釈の変化となりますが、この枠を超えた解釈に基づいて憲法が運用され、違憲の実践が反復・継続された結果、国民によってこれが支持されることがあります（社会学的意味

での憲法変遷）。このような事実が生じることに学説上の対立はありません。

　しかし、憲法に定められた改正手続を経ていないにもかかわらず、こうした事実によって、憲法の条文を変える法的効果を生じることを正当化できるのか（法的意味での憲法変遷）については、これを、①肯定する説と②否定する説とで学説が対立しています。

　①説からすると、長い間、違反された法は消滅したものとして扱われ、それによって生じた法の「欠缺」を埋めるために、広く国民に支持された事実が憲法慣習として法的効力を生じることになります。これに対して、②説からは、政府によって国民の支持が都合よく利用される危険性があること、硬性憲法（憲法96条を参照）であることを無意味化することなどから批判が加えられています。

　しかし、①説をとったとしても、憲法の制限規範という側面を重視するのであれば、その時々の多数派によって、変更されるべきでない内容（基本的人権の尊重等）があるといえます。

📝用語解説

*14　欠缺
　欠けた状態などを表します。

*15　憲法の制限規範について、詳しくは、序章（p.3）を参照。

⑤　憲法改正論議と日本国憲法の正統性

　このように、憲法改正には厳格な手続が定められるだけでなく、その限界に関する議論も重ねられており、ある時代の多数派の一存で簡単に憲法を変えられるものではありません。したがって、憲法改正を論じる際には、冒頭のCASEでCさんが指摘するように、「憲法のどこをどのように変えるのか」という点を明確にすることが重要になります。

　先のCASEでは、B君・D君・Fさんが憲法改正に肯定的な立場をとっていたので、ここで、それぞれの発言について簡単に検討してみましょう。

　まず、D君は憲法改正の理由として、プライバシーや環境権を書き込むこと（加憲）をあげています。もっとも、先に学んだとおり、両者は憲法13条の幸福追求権から導くことができるうえに、両者を具体化する法令がなければ憲法に書きこんだとしても十分に機能しない可能性があります。確かに、B君がいうとおり、日本国憲法は一度も改正されたことがありませんが、他国の憲法と比べて日本国憲法の規定は簡潔なので、立法や解釈によって社会の変化などに対応することができ、改正の必要がなかった、とも考えられます。

　これに対し、Fさんは憲法改正の理由として、「押しつけ憲法」論に触れています。「押しつけ憲法論」とは、日本国憲法の制定過程に、アメリカによる「押しつけ」があったことを問題視して、憲法改正の理由とするものです。しかし、これに対しては、国民主権もアメリカに押しつけられたものであり、自分たちにとって都合のよいものだけを受け入れ、その他は「押しつけだから変更すべき」という主張は論理的に首尾一貫しない、などと批判されています。

*16　幸福追求権について、詳しくは、第1章1（p.7）を参照。

*17　世界各国の憲法の構造と改正の関係について、詳しくは、ケネス・盛・マッケルウェイン「日本国憲法の特異な構造が改憲を必要としてこなかった」『中央公論』（2017年5月号p.76以下）を参照。

　この「押しつけ」憲法論の前提には、憲法制定に国民が参加することが重要であるという認識がありますが、そもそも、憲法の正統性は、憲法制定の一時点で完結するものではありません。むしろそれは、日々の生活のなかで、国民が憲法の意味を問い直すことによって、憲法に対するコミットメントを確認し続けることで獲得されます。その意味では、Aさんのグループのように、みなさんが憲法について学び、考え続けることが——日本国憲法を改正するにせよ、しないにせよ——必要不可欠となります。

○×問題

① 日本国憲法の改正は、各議院の総議員の3分の2以上の賛成で、国会がこれを発議し、国民投票において、その過半数の賛成がなければ行うことができない。

② フランス第五共和国憲法やドイツ連邦共和国基本法と異なり、日本国憲法には憲法改正禁止規定はないので、一般的に、どのような内容の憲法改正も許されるとされる。

Column⑪……イギリスのEU離脱（ブレグジット）

　諸外国では、直接民主制を具体化した制度である国民投票が、重要な政治方針を決定するときの参考としても実施されています。近年の代表的なものとしては、2016年にイギリスが実施した、EUを離脱するかどうかの国民投票です。この投票において、離脱賛成派が過半数を占めたことで、EUからの離脱が決定づけられることになり、2020年2月1日に離脱が確定しました。もっとも、投票後も離脱に反対する声や軽い気持ちで離脱を支持したことに後悔する声が挙がっており、また、離脱反対派が過半数を占めたスコットランドでは、イギリスからの独立に関する議論が再燃することになりました。

　国民投票は国民の意思を政治に直接反映させることができるので、民主主義や国民主権の観点からは好ましい制度なのかもしれません。しかし、ブレグジットでみられたように、政治について詳しくない一般国民が自分の利益や感情のみで国の将来に関して安易に判断してしまうおそれや国内で社会的な分断を招くおそれがあります。日本でも、憲法改正の手続きなどで国民投票が実施されるときには、これらの弊害をどのように防いでいくのかを考えていかなければなりません。

○×問題の解答

第1章　学校生活と憲法

1	①	○	
	②	×	→環境権はその内容、主体、法的性格が不確定であることから最高裁は認めていません。
2	①	×	→憲法23条は大学教員に特別な学問の自由を保障しています（ポポロ事件）。
	②	○	
3	①	×	→事実の認識・記憶は「思想及び良心」に含まれません（通説）。
	②	×	→合憲です（君が代起立斉唱事件）。
4	①	×	→最高裁は、宗教的行為といえども他人の生命・身体等に危害を及ぼすことは信教の自由の保障の限界を超えると判断しています。
	②	×	→オウム真理教解散命令事件で、解散命令は「信者の宗教上の行為を禁止したり制限したりする法的効果」を持たないと判示されています。
5	①	×	→日本国憲法が採用するのは厳格分離型の政教分離原則ですが、国家と宗教とが一切かかわり合いをもってはならないとは考えられていません。
	②	○	
6	①	×	→判例は授業料のみとしており、教科書の無償配付を実現させるためには別の立法が必要でした。
	②	×	→判例は国家教育権説、国民教育権説の両説をともに極端なものとして退けています。

第2章　プライベートと憲法

1	①	×	→たとえ公道であってもプライバシーの権利が放棄されたとはいえません。
	②	×	→プライバシーの権利は、プライベートな事柄の公開を防ぐことがメインではあるが、勝手にそのような情報を収集されない権利も含まれています。
2	①	○	
	②	×	→最高裁は、反論によって被害者が十分に救済されるとは限らないし、インターネット上の書き込みの信頼性が低いとは限らないとして、名誉毀損的表現に関する一般的な判断基準でインターネット上の名誉毀損的表現の是非も判断しています。
3	①	×	→国や地方公共団体が公共施設の使用を拒否できるのはごく例外的な場合だけです。すなわち、「明白かつ現在の危険」がほぼ確実に予測される場合だけです。
	②	×	→道路の交通安全の観点から、デモ行進による道路使用を規制するのは、道路交通法です。公安条例は、デモ行進が公共の安全に対する脅威となりうることを前提にして規制をかけています。

第3章　友達、家族や恋人との関係

1	①	×	→判例や通説は権利性質説の立場に立っており、原則として外国人の人権享有主体性を認めています。
	②	○	

2	①	○	
	②	×	→憲法14条1項の平等は「相対的平等」を意味しており、個人の差異に応じた合理的区別を認めます。
3	①	×	→憲法で標準的な家族像が想定されているとは考えられない。むしろ、新しい家族のあり方を切り拓いていくためのツールとして憲法を活用したい。
	②	×	→最新の判例では憲法違反であるとは明言しておらず、立法によって認められる余地があるとしています（最大判平成27年12月16日を参照）。
4	①	×	→原則として憲法35条は捜索や押収の際にも令状の発行を求めています。例外として、33条による正当な逮捕に基づく捜査の時には令状なしで捜査可能ですが、常に令状なしで行えるわけではありません。
	②	○	

第4章　働くことと未来

1	①	×	→職業遂行の自由も保障されています。
	②	○	
2	①	×	→少なくとも私有財産制を保障していると考えられています。
	②	×	→損失補償が必要になるのは特別の犠牲がある場合ですが、特別の犠牲とは、ある特定の人だけが財産権の制限を受けている場合、あるいは受けた制限が大きいといった場合を指します。
3	①	×	→抽象的権利説を採るか具体的権利説を採るかは別にして、少なくとも法的権利として憲法25条を理解する学説が一般的です。
	②	○	
4	①	○	
	②	×	→憲法28条の目的にかなうような争議行為でなければ責任から免れることは認められないので、労働条件の交渉とは無関係な争議行為については刑事上の責任や民事上の責任を負わなければなりません。

第5章　選挙から国会・内閣へ

1	①	×	→憲法上の選挙原則に含まれるのは、公開選挙ではなく秘密選挙です。
	②	×	→小選挙区比例代表並立制が採用されています。
2	①	×	→近年では、2倍を超える較差が違憲と判断されています。
	②	×	→「事情判決の法理」が使われる場合には、較差が違憲でも選挙そのものは無効とされません。
3	①	×	→この原則は、国会単独立法の原則と呼ばれるものです。国会中心立法の原則は「実質的意味の法律」を定めることが出来るのは、国会のみであるということを指します。
	②	×	→権力分立の観点から、国政調査権を司法権や行政権に対して重大な影響を与えるような形で行使すること、または調査によって人権を侵害することは違憲だと考えられています。
4	①	×	→国務大臣の任免権は内閣総理大臣の専権事項にあたるため、任命のみならず罷免も閣議にかける必要はありません。
	②	○	

第6章　裁判と裁判所

1	①	×	→図にも示されているように、高等裁判所が第三審を管轄する場合もあります。
	②	×	
2	①	×	→タイムマシーンが実現できるか否かに関する論争には法を適用しても解決することができず、法律上の争訟要件を満たさないので裁判不可能です。
	②	×	→憲法は裁判官がみずからの良心に従うことを要請していますが、同時に裁判官が憲法や法律に拘束されるとも定めています（憲法76条3項）。
3	①	○	
	②	×	→憲法81条は最高裁判所を、違憲立法審査権を行使する「終審裁判所」としています。そのため、下級裁判所も違憲立法審査権を行使することは可能です。

第7章　世界の平和に貢献するために

1	①	×	→憲法9条1項の「武力の行使」とは、国際法上の手続に従わない事実上の国家間の武力闘争を意味します。設問は同項の「戦争」の説明にあたります。
	②	○	
2	①	○	
	②	×	→周辺事態法は有事の場合に自衛隊が米軍の後方支援に従事すること等を定めています。

第8章　財政と地方自治

1	①	×	→租税は対価を前提とするものではありません。つまり、税金を払っているから、代わりに何か具体的なサービスを提供しろとは言えません。また参政権は課税（あるいは財産の保有量）と無関係です。
	②	×	→予算の編成は、憲法上、内閣の専権事項となっています。国会はこれを議決する権限を有します。
2	①	○	
	②	×	→議会解散後に最初に召集した議会で2回目の不信任決議なされた場合、首長は議会を解散させることはできません。

第9章　憲法の歴史と立憲主義

	①	○	
	②	×	→たとえ憲法が司法審査を規定していても、理論上、少数派の人権を守る司法審査は民主主義と衝突します。

第10章　天皇と国民主権

	①	×	→国事行為以外にも私的行為や公的行為も認められると考えられています。
	②	○	

第11章　憲法改正

	①	○	
	②	×	→通説である限界説によると、基本的人権の尊重、国民主権、平和主義といった憲法の基本原理や憲法改正手続の改正は許されません。

索　引

日本国憲法

朕は、日本国民の総意に基いて、新日本建設の礎が、定まるに至つたことを、深くよろこび、枢密顧問の諮詢及び帝国憲法第七十三条による帝国議会の議決を経た帝国憲法の改正を裁可し、ここにこれを公布せしめる。

御 名 御 璽

昭和21年11月3日

内閣総理大臣兼

外 務 大 臣		吉 田 　 茂	
国 務 大 臣	男爵	幣 原 喜 重 郎	
司 法 大 臣		木 村 篤 太 郎	
内 務 大 臣		大 村 清 一	
文 部 大 臣		田 中 耕 太 郎	
農 林 大 臣		和 田 博 雄	
国 務 大 臣		斎 藤 隆 夫	
逓 信 大 臣		一 松 定 吉	
商 工 大 臣		星 島 二 郎	
厚 生 大 臣		河 合 良 成	
国 務 大 臣		植 原 悦 二 郎	
運 輸 大 臣		平 塚 常 次 郎	
大 蔵 大 臣		石 橋 湛 山	
国 務 大 臣		金 森 徳 次 郎	
国 務 大 臣		膳 　 桂 之 助	

日本国憲法

日本国民は、正当に選挙された国会における代表者を通じて行動し、われらとわれらの子孫のために、諸国民との協和による成果と、わが国全土にわたつて自由のもたらす恵沢を確保し、政府の行為によつて再び戦争の惨禍が起ることのないやうにすることを決意し、ここに主権が国民に存することを宣言し、この憲法を確定する。そもそも国政は、国民の厳粛な信託によるものであつて、その権威は国民に由来し、その権力は国民の代表者がこれを行使し、その福利は国民がこれを享受する。これは人類普遍の原理であり、この憲法は、かかる原理に基くものである。われらは、これに反する一切の憲法、法令及び詔勅を排除する。

日本国民は、恒久の平和を念願し、人間相互の関係を支配する崇高な理想を深く自覚するのであつて、平和を愛する諸国民の公正と信義に信頼して、われらの安全と生存を保持しようと決意した。われらは、平和を維持し、専制と隷従、圧迫と偏狭を地上から永遠に除去しようと努めてゐる国際社会において、名誉ある地位を占めたいと思ふ。われらは、全世界の国民が、ひとしく恐怖と欠乏から免かれ、平和のうちに生存する権利を有することを確認する。

われらは、いづれの国家も、自国のことのみに専念して他国を無視してはならないのであつて、政治道徳の法則は、普遍的なものであり、この法則に従ふことは、自国の主権を維持し、他国と対等関係に立たうとする各国の責務であ

ると信ずる。

日本国民は、国家の名誉にかけ、全力をあげてこの崇高な理想と目的を達成することを誓ふ。

第一章　天皇

第1条　天皇は、日本国の象徴であり日本国民統合の象徴であつて、この地位は、主権の存する日本国民の総意に基く。

第2条　皇位は、世襲のものであつて、国会の議決した皇室典範の定めるところにより、これを継承する。

第3条　天皇の国事に関するすべての行為には、内閣の助言と承認を必要とし、内閣が、その責任を負ふ。

第4条　天皇は、この憲法の定める国事に関する行為のみを行ひ、国政に関する権能を有しない。

②　天皇は、法律の定めるところにより、その国事に関する行為を委任することができる。

第5条　皇室典範の定めるところにより摂政を置くときは、摂政は、天皇の名でその国事に関する行為を行ふ。この場合には、前条第一項の規定を準用する。

第6条　天皇は、国会の指名に基いて、内閣総理大臣を任命する。

②　天皇は、内閣の指名に基いて、最高裁判所の長たる裁判官を任命する。

第7条　天皇は、内閣の助言と承認により、国民のために、左の国事に関する行為を行ふ。

一　憲法改正、法律、政令及び条約を公布すること。

二　国会を召集すること。

三　衆議院を解散すること。

四　国会議員の総選挙の施行を公示すること。

五　国務大臣及び法律の定めるその他の官吏の任免並びに全権委任状及び大使及び公使の信任状を認証すること。

六　大赦、特赦、減刑、刑の執行の免除及び復権を認証すること。

七　栄典を授与すること。

八　批准書及び法律の定めるその他の外交文書を認証すること。

九　外国の大使及び公使を接受すること。

十　儀式を行ふこと。

第8条　皇室に財産を譲り渡し、又は皇室が、財産を譲り受け、若しくは賜与することは、国会の議決に基かなければならない。

第二章　戦争の放棄

第9条　日本国民は、正義と秩序を基調とする国際平和を誠実に希求し、国権の発動たる戦争と、武力による威嚇

又は武力の行使は、国際紛争を解決する手段としては、永久にこれを放棄する。

② 前項の目的を達するため、陸海空軍その他の戦力は、これを保持しない。国の交戦権は、これを認めない。

第三章　国民の権利及び義務

第10条　日本国民たる要件は、法律でこれを定める。

第11条　国民は、すべての基本的人権の享有を妨げられない。この憲法が国民に保障する基本的人権は、侵すことのできない永久の権利として、現在及び将来の国民に与へられる。

第12条　この憲法が国民に保障する自由及び権利は、国民の不断の努力によつて、これを保持しなければならない。又、国民は、これを濫用してはならないのであつて、常に公共の福祉のためにこれを利用する責任を負ふ。

第13条　すべて国民は、個人として尊重される。生命、自由及び幸福追求に対する国民の権利については、公共の福祉に反しない限り、立法その他の国政の上で、最大の尊重を必要とする。

第14条　すべて国民は、法の下に平等であつて、人種、信条、性別、社会的身分又は門地により、政治的、経済的又は社会的関係において、差別されない。

② 華族その他の貴族の制度は、これを認めない。

③ 栄誉、勲章その他の栄典の授与は、いかなる特権も伴はない。栄典の授与は、現にこれを有し、又は将来これを受ける者の一代に限り、その効力を有する。

第15条　公務員を選定し、及びこれを罷免することは、国民固有の権利である。

② すべて公務員は、全体の奉仕者であつて、一部の奉仕者ではない。

③ 公務員の選挙については、成年者による普通選挙を保障する。

④ すべて選挙における投票の秘密は、これを侵してはならない。選挙人は、その選択に関し公的にも私的にも責任を問はれない。

第16条　何人も、損害の救済、公務員の罷免、法律、命令又は規則の制定、廃止又は改正その他の事項に関し、平穏に請願する権利を有し、何人も、かかる請願をしたためにいかなる差別待遇も受けない。

第17条　何人も、公務員の不法行為により、損害を受けたときは、法律の定めるところにより、国又は公共団体に、その賠償を求めることができる。

第18条　何人も、いかなる奴隷的拘束も受けない。又、犯罪に因る処罰の場合を除いては、その意に反する苦役に服させられない。

第19条　思想及び良心の自由は、これを侵してはならない。

第20条　信教の自由は、何人に対してもこれを保障する。いかなる宗教団体も、国から特権を受け、又は政治上の権力を行使してはならない。

② 何人も、宗教上の行為、祝典、儀式又は行事に参加することを強制されない。

③ 国及びその機関は、宗教教育その他いかなる宗教的活動もしてはならない。

第21条　集会、結社及び言論、出版その他一切の表現の自由は、これを保障する。

② 検閲は、これをしてはならない。通信の秘密は、これを侵してはならない。

第22条　何人も、公共の福祉に反しない限り、居住、移転及び職業選択の自由を有する。

② 何人も、外国に移住し、又は国籍を離脱する自由を侵されない。

第23条　学問の自由は、これを保障する。

第24条　婚姻は、両性の合意のみに基いて成立し、夫婦が同等の権利を有することを基本として、相互の協力により、維持されなければならない。

② 配偶者の選択、財産権、相続、住居の選定、離婚並びに婚姻及び家族に関するその他の事項に関しては、法律は、個人の尊厳と両性の本質的平等に立脚して、制定されなければならない。

第25条　すべて国民は、健康で文化的な最低限度の生活を営む権利を有する。

② 国は、すべての生活部面について、社会福祉、社会保障及び公衆衛生の向上及び増進に努めなければならない。

第26条　すべて国民は、法律の定めるところにより、その能力に応じて、ひとしく教育を受ける権利を有する。

② すべて国民は、法律の定めるところにより、その保護する子女に普通教育を受けさせる義務を負ふ。義務教育は、これを無償とする。

第27条　すべて国民は、勤労の権利を有し、義務を負ふ。

② 賃金、就業時間、休息その他の勤労条件に関する基準は、法律でこれを定める。

③ 児童は、これを酷使してはならない。

第28条　勤労者の団結する権利及び団体交渉その他の団体行動をする権利は、これを保障する。

第29条　財産権は、これを侵してはならない。

② 財産権の内容は、公共の福祉に適合するやうに、法律でこれを定める。

③ 私有財産は、正当な補償の下に、これを公共のために用ひることができる。

第30条　国民は、法律の定めるところにより、納税の義務を負ふ。

第31条　何人も、法律の定める手続によらなければ、その生命若しくは自由を奪はれ、又はその他の刑罰を科せられない。

第32条　何人も、裁判所において裁判を受ける権利を奪はれない。

第33条　何人も、現行犯として逮捕される場合を除いては、権限を有する司法官憲が発し、且つ理由となつてゐる犯罪を明示する令状によらなければ、逮捕されない。

第34条　何人も、理由を直ちに告げられ、且つ、直ちに弁

護人に依頼する権利を与へられなければ、抑留又は拘禁されない。又、何人も、正当な理由がなければ、拘禁されず、要求があれば、その理由は、直ちに本人及びその弁護人の出席する公開の法廷で示されなければならない。

第35条　何人も、その住居、書類及び所持品について、侵入、捜索及び押収を受けることのない権利は、第三十三条の場合を除いては、正当な理由に基いて発せられ、且つ捜索する場所及び押収する物を明示する令状がなければ、侵されない。

②　捜索又は押収は、権限を有する司法官憲が発する各別の令状により、これを行ふ。

第36条　公務員による拷問及び残虐な刑罰は、絶対にこれを禁ずる。

第37条　すべて刑事事件においては、被告人は、公平な裁判所の迅速な公開裁判を受ける権利を有する。

②　刑事被告人は、すべての証人に対して審問する機会を充分に与へられ、又、公費で自己のために強制的手続により証人を求める権利を有する。

③　刑事被告人は、いかなる場合にも、資格を有する弁護人を依頼することができる。被告人が自らこれを依頼することができないときは、国でこれを附する。

第38条　何人も、自己に不利益な供述を強要されない。

②　強制、拷問若しくは脅迫による自白又は不当に長く抑留若しくは拘禁された後の自白は、これを証拠とすることができない。

③　何人も、自己に不利益な唯一の証拠が本人の自白である場合には、有罪とされ、又は刑罰を科せられない。

第39条　何人も、実行の時に適法であつた行為又は既に無罪とされた行為については、刑事上の責任を問はれない。又、同一の犯罪について、重ねて刑事上の責任を問はれない。

第40条　何人も、抑留又は拘禁された後、無罪の裁判を受けたときは、法律の定めるところにより、国にその補償を求めることができる。

第四章　国会

第41条　国会は、国権の最高機関であつて、国の唯一の立法機関である。

第42条　国会は、衆議院及び参議院の両議院でこれを構成する。

第43条　両議院は、全国民を代表する選挙された議員でこれを組織する。

②　両議院の議員の定数は、法律でこれを定める。

第44条　両議院の議員及びその選挙人の資格は、法律でこれを定める。但し、人種、信条、性別、社会的身分、門地、教育、財産又は収入によつて差別してはならない。

第45条　衆議院議員の任期は、四年とする。但し、衆議院解散の場合には、その期間満了前に終了する。

第46条　参議院議員の任期は、六年とし、三年ごとに議員の半数を改選する。

第47条　選挙区、投票の方法その他両議院の議員の選挙に関する事項は、法律でこれを定める。

第48条　何人も、同時に両議院の議員たることはできない。

第49条　両議院の議員は、法律の定めるところにより、国庫から相当額の歳費を受ける。

第50条　両議院の議員は、法律の定める場合を除いては、国会の会期中逮捕されず、会期前に逮捕された議員は、その議院の要求があれば、会期中これを釈放しなければならない。

第51条　両議院の議員は、議院で行つた演説、討論又は表決について、院外で責任を問はれない。

第52条　国会の常会は、毎年一回これを召集する。

第53条　内閣は、国会の臨時会の召集を決定することができる。いづれかの議院の総議員の四分の一以上の要求があれば、内閣は、その召集を決定しなければならない。

第54条　衆議院が解散されたときは、解散の日から四十日以内に、衆議院議員の総選挙を行ひ、その選挙の日から三十日以内に、国会を召集しなければならない。

②　衆議院が解散されたときは、参議院は、同時に閉会となる。但し、内閣は、国に緊急の必要があるときは、参議院の緊急集会を求めることができる。

③　前項但書の緊急集会において採られた措置は、臨時のものであつて、次の国会開会の後十日以内に、衆議院の同意がない場合には、その効力を失ふ。

第55条　両議院は、各々その議員の資格に関する争訟を裁判する。但し、議員の議席を失はせるには、出席議員の三分の二以上の多数による議決を必要とする。

第56条　両議院は、各々その総議員の三分の一以上の出席がなければ、議事を開き議決することができない。

②　両議院の議事は、この憲法に特別の定のある場合を除いては、出席議員の過半数でこれを決し、可否同数のときは、議長の決するところによる。

第57条　両議院の会議は、公開とする。但し、出席議員の三分の二以上の多数で議決したときは、秘密会を開くことができる。

②　両議院は、各々その会議の記録を保存し、秘密会の記録の中で特に秘密を要すると認められるもの以外は、これを公表し、且つ一般に頒布しなければならない。

③　出席議員の五分の一以上の要求があれば、各議員の表決は、これを会議録に記載しなければならない。

第58条　両議院は、各々その議長その他の役員を選任する。

②　両議院は、各々その会議その他の手続及び内部の規律に関する規則を定め、又、院内の秩序をみだした議員を懲罰することができる。但し、議員を除名するには、出席議員の三分の二以上の多数による議決を必要とする。

第59条　法律案は、この憲法に特別の定のある場合を除いては、両議院で可決したとき法律となる。

②　衆議院で可決し、参議院でこれと異なつた議決をした法律案は、衆議院で出席議員の三分の二以上の多数で再び可決したときは、法律となる。

③　前項の規定は、法律の定めるところにより、衆議院が、両議院の協議会を開くことを求めることを妨げない。

④　参議院が、衆議院の可決した法律案を受け取つた後、国会休会中の期間を除いて六十日以内に、議決しないときは、衆議院は、参議院がその法律案を否決したものとみなすことができる。

第60条　予算は、さきに衆議院に提出しなければならない。

②　予算について、参議院で衆議院と異なつた議決をした場合に、法律の定めるところにより、両議院の協議会を開いても意見が一致しないとき、又は参議院が、衆議院の可決した予算を受け取つた後、国会休会中の期間を除いて三十日以内に、議決しないときは、衆議院の議決を国会の議決とする。

第61条　条約の締結に必要な国会の承認については、前条第二項の規定を準用する。

第62条　両議院は、各々国政に関する調査を行ひ、これに関して、証人の出頭及び証言並びに記録の提出を要求することができる。

第63条　内閣総理大臣その他の国務大臣は、両議院の一に議席を有すると有しないとにかかはらず、何時でも議案について発言するため議院に出席することができる。又、答弁又は説明のため出席を求められたときは、出席しなければならない。

第64条　国会は、罷免の訴追を受けた裁判官を裁判するため、両議院の議員で組織する弾劾裁判所を設ける。

②　弾劾に関する事項は、法律でこれを定める。

第五章　内閣

第65条　行政権は、内閣に属する。

第66条　内閣は、法律の定めるところにより、その首長たる内閣総理大臣及びその他の国務大臣でこれを組織する。

②　内閣総理大臣その他の国務大臣は、文民でなければならない。

③　内閣は、行政権の行使について、国会に対し連帯して責任を負ふ。

第67条　内閣総理大臣は、国会議員の中から国会の議決で、これを指名する。この指名は、他のすべての案件に先だつて、これを行ふ。

②　衆議院と参議院とが異なつた指名の議決をした場合に、法律の定めるところにより、両議院の協議会を開いても意見が一致しないとき、又は衆議院が指名の議決をした後、国会休会中の期間を除いて十日以内に、参議院が、指名の議決をしないときは、衆議院の議決を国会の議決とする。

第68条　内閣総理大臣は、国務大臣を任命する。但し、その過半数は、国会議員の中から選ばれなければならない。

②　内閣総理大臣は、任意に国務大臣を罷免することができる。

第69条　内閣は、衆議院で不信任の決議案を可決し、又は信任の決議案を否決したときは、十日以内に衆議院が解散されない限り、総辞職をしなければならない。

第70条　内閣総理大臣が欠けたとき、又は衆議院議員総選挙の後に初めて国会の召集があつたときは、内閣は、総辞職をしなければならない。

第71条　前二条の場合には、内閣は、あらたに内閣総理大臣が任命されるまで引き続きその職務を行ふ。

第72条　内閣総理大臣は、内閣を代表して議案を国会に提出し、一般国務及び外交関係について国会に報告し、並びに行政各部を指揮監督する。

第73条　内閣は、他の一般行政事務の外、左の事務を行ふ。

一　法律を誠実に執行し、国務を総理すること。

二　外交関係を処理すること。

三　条約を締結すること。但し、事前に、時宜によつては事後に、国会の承認を経ることを必要とする。

四　法律の定める基準に従ひ、官吏に関する事務を掌理すること。

五　予算を作成して国会に提出すること。

六　この憲法及び法律の規定を実施するために、政令を制定すること。但し、政令には、特にその法律の委任がある場合を除いては、罰則を設けることができない。

七　大赦、特赦、減刑、刑の執行の免除及び復権を決定すること。

第74条　法律及び政令には、すべて主任の国務大臣が署名し、内閣総理大臣が連署することを必要とする。

第75条　国務大臣は、その在任中、内閣総理大臣の同意がなければ、訴追されない。但し、これがため、訴追の権利は、害されない。

第六章　司法

第76条　すべて司法権は、最高裁判所及び法律の定めるところにより設置する下級裁判所に属する。

②　特別裁判所は、これを設置することができない。行政機関は、終審として裁判を行ふことができない。

③　すべて裁判官は、その良心に従ひ独立してその職権を行ひ、この憲法及び法律にのみ拘束される。

第77条　最高裁判所は、訴訟に関する手続、弁護士、裁判所の内部規律及び司法事務処理に関する事項について、規則を定める権限を有する。

②　検察官は、最高裁判所の定める規則に従はなければならない。

③　最高裁判所は、下級裁判所に関する規則を定める権限を、下級裁判所に委任することができる。

第78条　裁判官は、裁判により、心身の故障のために職務を執ることができないと決定された場合を除いては、公の弾劾によらなければ罷免されない。裁判官の懲戒処分は、行政機関がこれを行ふことはできない。

第79条　最高裁判所は、その長たる裁判官及び法律の定める員数のその他の裁判官でこれを構成し、その長たる裁判官以外の裁判官は、内閣でこれを任命する。

② 最高裁判所の裁判官の任命は、その任命後初めて行はれる衆議院議員総選挙の際国民の審査に付し、その後十年を経過した後初めて行はれる衆議院議員総選挙の際更に審査に付し、その後も同様とする。

③ 前項の場合において、投票者の多数が裁判官の罷免を可とするときは、その裁判官は、罷免される。

④ 審査に関する事項は、法律でこれを定める。

⑤ 最高裁判所の裁判官は、法律の定める年齢に達した時に退官する。

⑥ 最高裁判所の裁判官は、すべて定期に相当額の報酬を受ける。この報酬は、在任中、これを減額することができない。

第80条 下級裁判所の裁判官は、最高裁判所の指名した者の名簿によつて、内閣でこれを任命する。その裁判官は、任期を十年とし、再任されることができる。但し、法律の定める年齢に達した時には退官する。

② 下級裁判所の裁判官は、すべて定期に相当額の報酬を受ける。この報酬は、在任中、これを減額することができない。

第81条 最高裁判所は、一切の法律、命令、規則又は処分が憲法に適合するかしないかを決定する権限を有する終審裁判所である。

第82条 裁判の対審及び判決は、公開法廷でこれを行ふ。

② 裁判所が、裁判官の全員一致で、公の秩序又は善良の風俗を害する虞があると決した場合には、対審は、公開しないでこれを行ふことができる。但し、政治犯罪、出版に関する犯罪又はこの憲法第三章で保障する国民の権利が問題となつてゐる事件の対審は、常にこれを公開しなければならない。

第七章　財政

第83条 国の財政を処理する権限は、国会の議決に基いて、これを行使しなければならない。

第84条 あらたに租税を課し、又は現行の租税を変更するには、法律又は法律の定める条件によることを必要とする。

第85条 国費を支出し、又は国が債務を負担するには、国会の議決に基くことを必要とする。

第86条 内閣は、毎会計年度の予算を作成し、国会に提出して、その審議を受け議決を経なければならない。

第87条 予見し難い予算の不足に充てるため、国会の議決に基いて予備費を設け、内閣の責任でこれを支出することができる。

② すべて予備費の支出については、内閣は、事後に国会の承諾を得なければならない。

第88条 すべて皇室財産は、国に属する。すべて皇室の費用は、予算に計上して国会の議決を経なければならない。

第89条 公金その他の公の財産は、宗教上の組織若しくは団体の使用、便益若しくは維持のため、又は公の支配に属しない慈善、教育若しくは博愛の事業に対し、これを

支出し、又はその利用に供してはならない。

第90条 国の収入支出の決算は、すべて毎年会計検査院がこれを検査し、内閣は、次の年度に、その検査報告とともに、これを国会に提出しなければならない。

② 会計検査院の組織及び権限は、法律でこれを定める。

第91条 内閣は、国会及び国民に対し、定期に、少くとも毎年一回、国の財政状況について報告しなければならない。

第八章　地方自治

第92条 地方公共団体の組織及び運営に関する事項は、地方自治の本旨に基いて、法律でこれを定める。

第93条 地方公共団体には、法律の定めるところにより、その議事機関として議会を設置する。

② 地方公共団体の長、その議会の議員及び法律の定めるその他の吏員は、その地方公共団体の住民が、直接これを選挙する。

第94条 地方公共団体は、その財産を管理し、事務を処理し、及び行政を執行する権能を有し、法律の範囲内で条例を制定することができる。

第95条 一の地方公共団体のみに適用される特別法は、法律の定めるところにより、その地方公共団体の住民の投票においてその過半数の同意を得なければ、国会は、これを制定することができない。

第九章　改正

第96条 この憲法の改正は、各議院の総議員の三分の二以上の賛成で、国会が、これを発議し、国民に提案してその承認を経なければならない。この承認には、特別の国民投票又は国会の定める選挙の際行はれる投票において、その過半数の賛成を必要とする。

② 憲法改正について前項の承認を経たときは、天皇は、国民の名で、この憲法と一体を成すものとして、直ちにこれを公布する。

第十章　最高法規

第97条 この憲法が日本国民に保障する基本的人権は、人類の多年にわたる自由獲得の努力の成果であつて、これらの権利は、過去幾多の試錬に堪へ、現在及び将来の国民に対し、侵すことのできない永久の権利として信託されたものである。

第98条 この憲法は、国の最高法規であつて、その条規に反する法律、命令、詔勅及び国務に関するその他の行為の全部又は一部は、その効力を有しない。

② 日本国が締結した条約及び確立された国際法規は、これを誠実に遵守することを必要とする。

第99条 天皇又は摂政及び国務大臣、国会議員、裁判官その他の公務員は、この憲法を尊重し擁護する義務を負ふ。

第十一章　補則

第100条　この憲法は、公布の日から起算して六箇月を経過した日から、これを施行する。

②　この憲法を施行するために必要な法律の制定、参議院議員の選挙及び国会召集の手続並びにこの憲法を施行するために必要な準備手続は、前項の期日よりも前に、これを行ふことができる。

第101条　この憲法施行の際、参議院がまだ成立してゐないときは、その成立するまでの間、衆議院は、国会としての権限を行ふ。

第102条　この憲法による第一期の参議院議員のうち、その半数の者の任期は、これを三年とする。その議員は、法律の定めるところにより、これを定める。

第103条　この憲法施行の際現に在職する国務大臣、衆議院議員及び裁判官並びにその他の公務員で、その地位に相応する地位がこの憲法で認められてゐる者は、法律で特別の定をした場合を除いては、この憲法施行のため、当然にはその地位を失ふことはない。但し、この憲法によつて、後任者が選挙又は任命されたときは、当然その地位を失ふ。

【編著者紹介】

大 林 啓 吾（おおばやし けいご）
慶應義塾大学大学院法学研究科博士課程修了
現在　慶應義塾大学法学部教授
［主著］
大林啓吾ほか編『憲法』（法学書院、2019年）〔共編〕
大林啓吾・手塚崇聡編『ケースで学ぶ法学ナビ』（みらい、2018年）〔共編〕

小 林 祐 紀（こばやし ゆうき）
慶應義塾大学大学院法学研究科博士課程単位取得退学
現在　琉球大学大学院法務研究科准教授
［主著］
大林啓吾編『アメリカの憲法訴訟手続』（成文堂、2020年）〔共著〕
大沢秀介・大林啓吾編『アメリカ憲法と公教育』（成文堂、2017年）〔共著〕

ファーストステップ教養講座
ケースで学ぶ憲法ナビ［第2版］

2017年3月15日　初版第1刷発行
2018年9月15日　初版第4刷発行
2021年4月1日　第2版第1刷発行
2024年3月1日　第2版第4刷発行

編 著 者　大 林 啓 吾
　　　　　小 林 祐 紀
発 行 者　竹 鼻 均 之
発 行 所　株式会社みらい
　　　　　〒500-8137　岐阜市東興町40　第5澤田ビル
　　　　　TEL　058-247-1227(代)
　　　　　https://www.mirai-inc.jp/
印刷・製本　西濃印刷株式会社

ISBN978-4-86015-549-0　C3032
Printed in Japan　　乱丁本・落丁本はお取替え致します。